TRATTORIA
ITALIA

LEM

TRATTORIA ITALIA

SÜDWEST

Einleitende Texte zu den jeweiligen Regionen
Monica Floreale

Grafische Gestaltung
Elena Pozzi

Layout
Flavio Guberti

Redaktion
Monica Floreale

Nützliche Adressen
Sergio Negrini

Bildauswahl
Roberta Garbarini

Umschlaggestaltung
Manuela Hutschenreiter

Redaktion der deutschen Ausgabe
Christine Pfützner, Andrea Schraudolph

Projektleitung der deutschen Ausgabe
Michaela Röhrl

Fotonachweis
Farabolofoto: S. 8 (Giorgio Oddi); S. 20 (Michele D'Ottavio); S. 44 (Curzio Baraggi); S. 68 (Lucio Bracco); S. 82, S. 122 (Coppola); S. 132 (Riccardo Musecchio); S. 144 (Stefano Chieppa); S. 158 (Giorgio Oddi); S. 186 (Giovanni Rinaldi); S. 200 (Giovanni Rinaldi); S. 224 (Marco Melodia)

Agenzia Stradella Milano: S. 32 (D. Ceresa); S. 58 (D. Ceresa); S. 94 (F. Giaccone); S. 108 (F. Giaccone); S. 172 (Amedeo Vergani); S. 210 (Amedeo Vergani)

Archivio fotografico R.C.S.

ISBN 3-517-07724-0

Vorwort

Was zeichnet die italienische Küche aus? Diese Frage ruft uns sofort zwei Gerichte in Erinnerung, die um die ganze Welt gegangen sind: Pizza und Spaghetti! Dabei gibt es, genau besehen, etwas, das die italienische Küche von allen anderen unterscheidet, und dieses gewisse Etwas ist die unglaubliche Vielfalt.

Und noch eine Frage taucht auf: Was haben die typischen Gerichte des Piemont oder der Lombardei mit denen aus Kalabrien oder Sizilien gemeinsam? Ohne jetzt von einem Nord-Süd-Unterschied sprechen zu wollen, ist es jedenfalls naheliegend, daß die Küche einer bestimmten Region alle vorhandenen Quellen ausschöpft und sich auch auf die eigene Geschichte beruft – eine Geschichte, die häufig mit dem Eindringen fremder Völker und den Traditionen ferner Länder verbunden war.

Der eigentliche Punkt ist, daß gar keine nationale italienische Küche existiert. Statt dessen gibt es eine regionale italienische Küche oder, wenn man so will, eine unendliche Vielfalt an Gerichten, die eng mit der Verschiedenartigkeit der italienischen Landschaft verbunden und stark vom unterschiedlichen Charakter ihrer Bewohner beeinflußt sind.

Zahlreiche Rezepte für typische traditionelle Gerichte, außerdem Hinweise zu regionalen Spezialitäten und Empfehlungen für die richtige Weinauswahl sowie Tips für gute Restaurants und Trattorien möchten Sie anregen zu einer ausgedehnteren Reise durch ein Land, in dem die gastronomische Vielfalt nur einer der faszinierenden Aspekte ist, die es zu entdecken gilt.

Inhalt

AOSTATAL

Von der Almwiese bis zum Fontinakäse

Das Aostatal wird im Norden vom Mont Blanc, dem größten europäischen Gebirgsmassiv, sowie im Westen und Osten vom Monte Rosa und dem Gran Paradiso eingeschlossen und scheint über dieses Isolationsrecht stolz zu sein. Das rauhe Klima dieser Gebirgslandschaft, deren Gipfel den ganzen Winter über mit Schnee bedeckt sind, tat der Phantasie der unternehmungslustigen Bewohner dieser Region keinen Abbruch. An den sonnigeren Hängen im langen Talgrund, den die Dora Baltea bewässert, legten die Menschen Terrassen an, um dort Wein anzubauen, während die nördlichen Hänge zur Weidewirtschaft genutzt werden. Nach uralter Tradition werden dort die Herden auf die Almen getrieben, wo sie bis in den Spätsommer bleiben, und in der Milch, die von dort oben kommt, ist der ganze Duft der blühenden Bergwiesen eingeschlossen. Bei solchen Voraussetzungen wundert es nicht, daß die Küche des Aostatals ganz besonders von all den Produkten profitiert, die aus dieser schmackhaften Milch hergestellt werden.

Die Fonduta, ein Käsefondue aus Fontinakäse, zu dem geröstete Brotstücke gereicht werden (oben).

Bekannt ist vor allem der Fontina, eine Käsespezialität, die auf den sommerlichen Weiden rund um Aosta hergestellt wird. Dieser Käse ist gleichsam der König der regionalen Küche und Hauptzutat in der weltberühmten Fonduta, dem Fondue. Außerdem verfeinert man damit Polenta oder die verschiedensten Suppen, wie sie für die einzelnen Täler charakteristisch sind. Auch die so typischen Kartoffelgnocchi sind ohne Fontinakäse nicht denkbar.

Neben den Käsespezialitäten, zu denen auch der würzige Toma und der Alm-Robiola gehören, zeichnet sich das Aostatal durch seine unterschiedlichen Konservierungstechniken aus. Da es durch die heftigen Schneefälle im Winter früher immer wieder vorkam, daß ganze Dörfer und Landstriche vollkommen von der Außenwelt abgeschnitten wurden, entwickelten die Menschen dieser Region verschiedene Methoden, sich für den Winter sichere Vorräte anzulegen. So ist es hier nach wie vor üblich, nur ein- bis zweimal jährlich große Mengen Schwarzbrot aus Weizen- und Roggenmehl zu backen, das auf Holzregalen trocken gelagert und zum Aufweichen in die heißen, schmackhaften Wintersuppen getaucht wird. Wie das Brot sollte auch das Fleisch möglichst lange haltbar sein, und es entstand die Mocetta – Gemsenkeulen, die, auf die gleiche Weise wie roher Schinken hergestellt, gerne als Antipasto gereicht werden und früher die Bauern den ganzen Winter über mit wertvollem Fleisch versorgten. Aus Konservierungsgründen wird in dieser Region auch Rindfleisch mit verschiedenen Kräutern gepökelt oder Lardo hergestellt, aus reinem Speck, der sich ideal als Brotauflage oder zur Verfeinerung von Polenta und Suppen eignet.

Die Burg von Fénis aus dem 11. Jahrhundert. Sie wurde im 15. Jahrhundert von den Herren von Challant umgebaut (rechts).

Wer die bäuerlichen Traditionen der Region genauer kennenlernen möchte, sollte an der Fiera di Sant'Orso teilnehmen, die jedes Jahr am 30. und 31. Januar in Aosta stattfindet. Dabei

Der Mont Blanc, vom Val Veni aus gesehen, einem Gletschertal, das sich vom Col de la Seigne bis nach Entrèves nahe Courmayeur zieht.

handelt es sich um eine der ältesten Ausstellungen Europas, bei der noch heute traditionelle landwirtschaftliche Gerätschaften aus Holz gezeigt werden: Melkschemel, Schaufeln, Rechen, Leitern, Körbe, Schlitten oder Butterformen, aber auch Holzfiguren und die typischen »Grolle«, hölzerne Trinkgefäße mit mehreren Schnäbeln, in denen als obligatorischer Abschluß eines Mahls ein mit Grappa und Zitronenschale verfeinerter Kaffee angeboten wird. Will man in diesem bäuerlich-ländlichen Umfeld eine etwas herrschaftlichere Lebensweise kennenlernen, sollte man eine der siebzig Burgen besichtigen, die sich zwischen Aosta und St. Martin erheben. Die interessanteste Anlage ist wohl die Burg von Fénis in unmittelbarer Nähe von Aosta, ein märchenhafter Bau, in dem heute das Museo dell'Arredamento Valdostano untergebracht ist, das verschiedene Einrichtungsgegenstände und regionales Brauchtum zeigt. Auf diesen Besuch ins Mittelalter sollte ein entsprechendes Gericht folgen: Reh nach Art des Aostatals, das zuerst drei Tage in einer Beize aus Rotwein, Lorbeerblättern, Gewürznelken, Thymian, Zimt, Wacholderbeeren, Zwiebel, Knoblauch, Sellerie, Möhren und Petersilie liegen muß, bevor es in Olivenöl und Grappa gebraten wird – eine zwar langwierige, aber lohnende Zubereitung. Naturliebhaber, die sich für Wildgerichte nicht so sehr begeistern können, ziehen vermutlich eine Wanderung im Nationalpark am Gran Paradiso vor, wo sie in freier Wildbahn Steinböcke, Gemsen, Reb- und Birkhühner, Steinadler und Murmeltiere beobachten können. Ein idealer Ausgangspunkt für einen Ausflug in den Park ist Cogne, ein Ort, in dem auch vorzüglicher Honig hergestellt wird. Und in jedem Restaurant der Gegend kann man Soupetta a' la cogneintze aus Roggenbrot, Fontinawürfeln, Reis und Fleischbrühe probieren. Um sich ein umfassendes Bild von der regionalen Küche machen zu können, sollte man auch das Tal von Gressoney an der Grenze zum Piemont besuchen. Dort leben noch heute Angehörige des alten deutschsprachigen Volksstamms der Walser, die eine Küche pflegen, wie man sie auch in Südtirol findet. Hier gibt es unter anderem »Knölle«, große Knödel aus Maismehl, die den Canederli im Etschtal ähnlich sind. Typisch sind auch Gerichte mit Speck, Kraut und Kartoffeln. Bevor man die Region wieder verläßt, muß man noch die delikaten Tegole d'Aosta probieren, Täfelchen aus einer Mandelmasse, die mit Schokolade überzogen ist. Dazu paßt ein Genepy, die Likörspezialität dieses Tals.

Ein junger Steinbock zwischen den Felsen des Nationalparks von Gran Paradiso.

Prugne valligiane

Speckpflaumen

Zubereitungszeit
15 Minuten
zuzüglich Einweichzeit

Kochzeit
15 Minuten

Schwierigkeitsgrad
einfach

Zutaten für 6 Personen
- 18 Trockenpflaumen
- trockener Weißwein
- 18 geschälte Mandeln
- 18 Scheiben geräucherter Speck

Dazu schmeckt ein weicher, aromatischer Weißwein, z. B.
- Valle d'Aosta Chambave Moscato
- Cortese dell'Oltrepò pavese

1 Die Pflaumen unter fließendem kaltem Wasser waschen und in Weißwein einweichen. Wenn sie weich sind, die Pflaumen herausnehmen und abtropfen lassen. Die Kerne entfernen und jeweils durch 1 Mandel ersetzen. Jede Pflaume mit 1 Scheibe geräuchertem Speck umwickeln und den Speck mit einem Zahnstocher zusammenhalten.

2 Den Backofen auf 220 °C vorheizen. Die Speckpflaumen nebeneinander in eine feuerfeste Form legen, mit einem Teil der Weinmarinade übergießen und etwa 15 Minuten im Backofen backen, dabei einmal wenden. Die Speckpflaumen aus dem Ofen nehmen, etwa 10 Minuten abkühlen lassen und in der Form servieren.

Soupetta a' la cogneintze

Auflauf nach Cogneser Art

Zubereitungszeit
15 Minuten

Kochzeit
30 Minuten

Schwierigkeitsgrad
mittel

Zutaten für 4 Personen
- 200 g Fontinakäse
- italienisches Weißbrot vom Vortag
- 100 g Butter
- ca. 1 l Fleischbrühe
- 250 g Arborioreis oder Risottoreis
- trockener Weißwein
- 1 Messerspitze Zimt

Dazu schmeckt ein leichter Rotwein, z. B.
- Valle d'Aosta Nus rosso
- Merlot del Piave

1 Den Backofen auf 220 °C vorheizen. Den Fontina in hauchdünne Scheiben schneiden. Das Brot ebenfalls in Scheiben schneiden, in einer Pfanne von beiden Seiten in 40 Gramm Butter rösten und warmstellen.

2 Die Brühe zum Kochen bringen. 30 Gramm Butter in einem Topf zerlassen. Den Reis darin unter ständigem Rühren mit einem Holzkochlöffel anbraten und mit etwas Wein ablöschen. Wenn der Wein vollständig verdunstet ist, nach und nach unter Rühren schöpflöffelweise immer wieder Brühe zugeben, bis der Reis die Brühe aufgesogen hat. Wenn der Reis noch gut bißfest ist, den Zimt unterrühren und den Topf vom Herd nehmen. In eine feuerfeste Form abwechselnd Brot, Risotto und Fontina schichten und mit Risotto und Fontina abschließen. Die restliche Butter zerlassen und darüber gießen. Alles einige Minuten im Ofen überbacken und sofort servieren.

Fontina ist eine Käsespezialität aus Kuhmilch von ähnlich weicher Konsistenz wie Butterkäse und wird mit dem Gütesiegel DOC ausgezeichnet. Fontina DOC wird ausschließlich im Aostatal hergestellt.

Carbonada

Rindergulasch mit Zwiebeln

Zubereitungszeit
15 Minuten

Kochzeit
90 Minuten

Schwierigkeitsgrad
einfach

Zutaten für 4 Personen
- 500 g Zwiebeln
- 800 g Rindfleisch
- 50 g Butter
- Salz, Pfeffer
- 0,5 l Rotwein
- 1 Prise Muskatnuß
- Mehl zum Wenden

Dazu schmeckt ein leichter Rotwein, z. B.
- Enfer d'Arvier
- Dolcetto

1 Die Zwiebeln abziehen und fein schneiden. Das Fleisch waschen, trockentupfen, in mundgerechte Würfel schneiden, in Mehl wenden und das überschüssige Mehl abschütteln.

2 In einem Schmortopf die Butter zerlassen. Das Fleisch darin unter Rühren mit einem Holzkochlöffel anbraten und herausnehmen.

3 Die Zwiebelwürfel in denTopf geben, salzen und zugedeckt bei mäßiger Hitze glasig dünsten. Die Fleischstücke wieder in den Topf geben, mit etwas Salz und einer großzügigen Prise frisch gemahlenem Pfeffer würzen und alles bei geringer Hitze zugedeckt etwa 1 Stunde kochen, dabei immer wieder etwas Rotwein zugießen, sobald die Flüssigkeit zu verdunsten beginnt. Am Ende der Garzeit sollte eine sämige und ziemlich dunkle Sauce entstanden sein.

4 Die Sauce mit 1 Prise Muskatnuß verfeinern, mit Salz und Pfeffer abschmecken, nochmals umrühren und mit dem Fleisch zu heißer Polenta servieren.

In früheren Zeiten wurde dieses Gericht traditionell aus gepökeltem, mit zahlreichen Kräutern gewürztem Rindfleisch zubereitet. Ein ähnliches Rezept findet sich in der flämischen Küche, bei dem jedoch anstelle von Wein Bier verwendet wird.

Torta di mele rovesciata

Gestürzter Apfelkuchen

Zubereitungszeit
30 Minuten

Backzeit
40 Minuten

Schwierigkeitsgrad
mittel

Zutaten für 6–8 Personen

- 200 g TK-Blätterteig
- 1 kg Äpfel (Renette)
- Zitronensaft
- 75 g Butter
- 150 g Zucker
- Sahne (nach Belieben)

Dazu schmeckt ein milder, süßer Wein, z. B.

- Valle d'Aosta Chambave Moscato
- Moscato di Strevi

1 Den Blätterteig auftauen lassen. Den Backofen auf 220 °C vorheizen.

2 Die Äpfel schälen, halbieren, das Kerngehäuse entfernen und die Apfelhälften mit Zitronensaft beträufeln, damit sie sich nicht braun verfärben.

3 Die Butter in einer kupferlegierten Springform von 22 Zentimeter Durchmesser und mit einem etwa 3 Zentimeter hohen Rand zerlassen. Den Zucker zugeben und unter ständigem Rühren leicht karamelisieren lassen (er sollte nicht zu dunkel werden). Die Äpfel zufügen und vorsichtig wenden, bis sie vom Zucker vollständig umhüllt sind.

4 Die Springform vom Herd nehmen. Die Äpfel gleichmäßig in der Form verteilen und etwa 10 Minuten im Backofen dünsten. Die Form herausnehmen und die Äpfel etwas abkühlen lassen.

5 Den Blätterteig auf der Arbeitsfläche mit dem Nudelholz etwa 3 Millimeter dick zu einem Kreis von etwa 26 Zentimeter Durchmesser ausrollen. Den Teig über die Äpfel legen und die ganze Form einschließlich der Ränder gut damit verschließen. Den Kuchen etwa 30 Minuten im Backofen backen, bis der Blätterteig schön goldbraun ist.

6 Den Kuchen aus dem Ofen nehmen und vorsichtig auf eine große Servierplatte stürzen, so daß die karamelisierten Äpfel oben liegen. Vor dem Servieren etwas ruhen lassen und den Kuchen in Stücke schneiden. Nach Belieben flüssige oder geschlagene Sahne dazu reichen.

AOSTATAL

Almhütten im Tal von Gressoney

TYPISCHE RESTAURANTS

Cime Bianche
La Vieille, Breuil-Cervinia
Tel. 0166/948061, Montag Ruhetag

Les neiges d'antan
Cret de Perrères 10, Breuil-Cervinia
Tel. 0166/948852

Lou Ressignon
Rue des Mines 22, Cogne
Tel. 0165/74034
Montagabend/Dienstag Ruhetag

Maison de Filippo
Entrèves, Via Passerin d'Entrèves, Courmayeur
Tel. 0165/869797, Dienstag Ruhetag

Hostellerie de la pomme couronnée
Resselin 3, Gressan
Tel. 0165/251010, Dienstag Ruhetag

Hotel Dolonne
Dolonne, Strada della Vittoria 24, Courmayeur
Tel. 0165/846671, Mittwoch Ruhetag

SPEZIALITÄTEN

Antipasti
Lardo di Arnad
Mocetta
Prosciutto crudo di Saint Marcel
Sanguinaccio (Boudin)
Tetetta

Primi
Crespelle alla valdostana
Fonduta alla valdostana
Gnocchi di ortiche
Polenta alla valdostana
Seupetta cognentse
Soupa valpellineintse

Secondi
Camoscio in civet
Carbonada
Scaloppa alla valdostana
Soça di Cogne

Desserts
Crema di Cogne con tegole
Meculin
Blanc manger

Soupa valpellineintse (Suppe aus dem Valpellina)

Spezialitäten des Aostatals

WEINE

Weißweine

Blanc de Morgex et de la Salle
Malvasia di Nus
Moscato di Chambave
Peitite Arvine

Rotweine

Arnad-Montjovet
Chambave rouge
Donnaz
Enfer d'Arvier
Fumin
Gamay
Petit rouge
Torrette

Dessertweine

Passito di Chambave
Passito di Nus

KÄSE

Fontina
Formadzo
Toma
Rebleque di Gressoney

EINKAUFSMÖGLICHKEITEN FÜR TYPISCHE REGIONALE PRODUKTE

Weine

Enoteca La Croix Blanche, *Allein*

Enoteca La Cave, *Via Festaz, Aosta*

Co. Pro. Val. *Trepont 16, Villeneuve*

Caves Cooperatives di Donnas, *Donnas*

Käse

Latteria Gerard Lale
Via De Sales 14, Aosta

Co. Pro. Val.
Trepont 16, Villeneuve

Azienda agrituristica Les Ecureuils
Homené Dessus, Saint-Pierre

Maison du Fromage
Via Roma 120, Courmayeur

Wurst

Macelleria Bertolin
Strada Statale 6, Arnad

Co. Pro. Val.
Trepont 16, Villeneuve

Macelleria Marco Jeantet
Via Grappein 38, Cogne

Cooperativa La Kiuwa,
Arnad

Lardo

Über Jahrhunderte hinweg war Lardo – Speck – eine der häufigsten Zutaten in der Küche, bis er von anderen Fetten immer mehr verdrängt und erst in jüngster Zeit auch von Feinschmeckern wiederentdeckt wurde. Lardo, der italienische Name für Speck, wird zwar in ganz Italien hergestellt, doch im Aostatal und in der Toskana findet man bis heute besonders feine Varianten, die geradezu auf der Zunge zergehen.

Heutzutage kennt zwar jeder Salami, dagegen nur wenige Lardo, den Speck, der schon in der Antike Verwendung fand, inzwischen aber zu jenen Lebensmitteln gehört, die nicht im Trend des »light food« liegen. Umso mehr erstaunt es, daß man ihn heute wieder häufiger als Antipasto in exklusiven Restaurants angeboten bekommt, wo ihn selbst verwöhnteste Feinschmecker für sich wiederentdeckt haben.

HERSTELLUNG

Lardo wird aus dem Schweinerücken gewonnen, wobei man nur die Fettschicht direkt unter der Schwarte verwendet, während die tieferen, weichen Fettschichten zu Schmalz verarbeitet werden. Guter Speck muß außerdem eine bestimmte Dicke aufweisen, die nur die sogenannten schweren Landschweine haben, was in Italien allerdings kein Problem ist, denn hier gehören noch etwa 70 Prozent aller Schweine dieser Rasse an, während das Verhältnis zwischen Land- und Mastschweinen in anderen Ländern eher umgekehrt ist. Das erklärt auch, warum die Küchen der europäischen Nachbarländer reich an mageren Schweinefleischprodukten wie etwa Kochschinken sind, den man in Italien kaum findet. Für Schweinefleisch werden üblicherweise kleine Schweine von nicht mehr als 100 Kilogramm verwendet, während Landschweine nicht selten ein Gewicht von über 200 Kilogramm erreichen und in erster Linie zur Herstellung von Wurst- und Schinkenspezialitäten genutzt werden. Außerdem sind Landschweine von Natur aus größer als Fleischschweine, ohne extra dafür gemästet zu werden, was zum einen für die Produktion von Wurst genutzt wird, bei der der Fleischanteil leicht überwiegen sollte. Zum anderen kann nur aus den großen Landschweinen guter, dicker Lardo gewonnen werden, da sich die dünneren Speckschichten der Fleischschweine nicht zur Lagerung eignen und auch nie die »Süße« und Zartheit eines echten Lardo erlangen. Die Herstellungsverfahren für den Lardo variieren von Region zu Region. Gewöhnlich wird der Speck in große quadratische oder rechteckige Stücke geschnitten, die gesalzen und mit Kräutern und Knoblauch gewürzt in eine Salzlauge gelegt werden. Dann beschwert man die Speckstücke mit Gewichten und läßt sie mindestens drei Monate reifen.

EINKAUFSTIPS

- Guter Lardo ist mindestens fünf Zentimeter dick.
- Nicht empfehlenswert sind strohgelbe Produkte, da diese meist nicht die notwendige »Süße« aufweisen und häufig leicht ranzig schmecken. Qualitativ hochwertiger Speck ist dagegen weiß oder leicht rosa.
- Lardo sollte kompakt sein und zugleich auf der Zunge zergehen.
- Er sollte delikat duften und die Kräuter zum Ausdruck bringen, mit denen er zubereitet wurde.
- Der Geschmack sollte vollmundig und angenehm salzig sein sowie eine gewisse »Süße« aufweisen, die etwas an frische Walnüsse erinnert.

KULINARISCHE EMPFEHLUNGEN

Mit Lardo verfeinert man Nudelgerichte, Polenta oder Suppen. Salate erhalten durch knusprig gebratene Speckwürfel eine würzige Note. Man kann Lardo auch über Braten legen oder in dünne Scheiben geschnitten als delikaten Brotbelag verwenden.

- Den Speck in kleine Würfel schneiden und braten, bis ein Teil des Fetts geschmolzen ist. Die knusprigen Speckwürfel über mit wenig Essig und Öl angemachten Rucola geben.
- Mit knusprig gebratenen Speckstücken Tagliatelle verfeinern, die noch mit frisch gemahlenem schwarzem Pfeffer abgeschmeckt werden. Oder den Speck bei der Zubereitung von Spaghetti alla carbonara anstelle von Bauchspeck verwenden.
- Den Lardo in kleine Stücke schneiden und diese über noch warme gebratene Polentastücke verteilen.
- Kleingeschnittenen Speck, Chili und Knoblauch als Basis für Minestrone und andere Suppen verwenden. Oder den Speck mit etwas Salbei und Knoblauch auslassen und die Sauce anstelle von Butter zu Pizzoccheri reichen.
- Kleingeschnittenen Speck mit Küchenkräutern mischen, damit die Rinderfilets bestreichen und diese anschließend auf dem Grill oder im Backofen grillen.

WELCHER WEIN PASST DAZU?

Zum Speck empfehlen sich Weißweine wie Valcalepio, Montecarlo oder Arneis.

DIE VERSCHIEDENEN SORTEN

Der bekannteste Speck stammt aus Arnad (Aostatal) und Colonnata.

Für den Lardo aus Arnad werden ausschließlich schwere Landschweine verwendet, deren Speckschicht zuerst von der Schwarte gelöst und dann in drei Schichten in speziellen Behältern gelagert wird.

Zwischen diese Schichten kommen Salz, Lorbeer, Pfeffer, Salbei, Rosmarin, Nelken, Zimt, Wacholder, Muskatnuß und Knoblauch. Dann werden sie mit Wasser bedeckt, das zuvor mit Salz und Kräutern gekocht und wieder abgekühlt wurde.

Soll der Speck länger reifen, gibt man Weißwein zu. Nun wird der Behälter mit einem Deckel verschlossen und mit einem Gewicht beschwert, bis der Speck nach einer längeren Reifezeit zwischen drei und zwölf Monaten fertig ist.

Für den Speck aus Colonnata, einem Ort in den apuanischen Alpen (Toskana) werden in der Regel Landschweine mit einem Gewicht von rund 200 Kilogramm verwendet.

Bei der Zubereitung werden die Speckstücke unter anderem mit Pfeffer, Zimt, Nelken, Salbei, Rosmarin und Knoblauch gewürzt und reifen traditionell in Trögen aus glattem Marmor, die zuvor mit Knoblauch ausgerieben wurden.

DIE BESTEN ADRESSEN

Im Aostatal sollten Sie nach Arnad fahren, wo sich im Ortsteil Extraz, Via Nazionale 11, das Wurstgeschäft Bertolin befindet, in dem man hervorragenden »süßen« Speck bekommt, der auf der Zunge zergeht, sehr angenehm schmeckt und sich vorzüglich als Brotbelag eignet.

Bei Lia Rossi in Carrara, Via del Commercio 5, gibt es einen ausgezeichneten Speck aus Colonnata, der noch in den traditionellen Marmortrögen gereift ist.

PIEMONT

Trüffel und Wein für verwöhnte Gaumen

Detailansicht des romanischen Baptisteriums der Kirche San Pietro in Asti.

Der wahre Charakter der Piemonteser enthüllt sich beim Essen – wenngleich es stimmt, daß die Bewohner der Region verschlossen sind und ihre Gefühle eher zurückhalten, so ist ein piemontesisches Menü zwar eine ernste, aber zugleich auch eine ausgesprochen ausschweifende und freudige Angelegenheit, wie man sie im Kreis von Freunden nicht besser verbringen könnte. Hier kommen die verborgensten Genüsse auf den Tisch, die das Land zu bieten hat. Beginnen wir mit den berühmten weißen Trüffeln aus Alba, die in hauchdünnen Scheiben gleichermaßen über ein Risotto, eine einfache Frittata – Rührei – oder über Agnolotti, Fettucine und Taglierini, alles regionale Nudelspezialitäten, gehobelt werden. Darüber hinaus verfeinert man damit den Geschmack von Rebhühnern und Wachteln. Der wahre Feinschmecker aber sollte nach Alba fahren und dort *Tartufi all'acciuga* probieren. Hier werden die wertvollen Knollen mit einer Mischung aus Butter, Salbei, Rosmarin und Sardellen im Holzofen gebraten und mit in Butter gerösteten Brotscheiben serviert. Und wenn man schon einmal im renommiertesten Zentrum der Langhe ist, sollte man gleich auch der regionalen Weinproduktion Beachtung schenken, denn in diesem Hügelland entstehen so bedeutende Weine wie der Dolcetto, Nebbiolo, Grignolino, Barolo und Barbaresco.

Von den Langhe aus ist es nicht weit ins Monferrato, eine ursprüngliche, von der Industrie noch weitgehend unberührte Landschaft, deren Hügel übersät mit alten Dörfern, Burgen und Türmen sind. Auch diese Gegend ist berühmt für ihre Weine, etwa den Barbera del Monferrato und Barbera d'Asti oder auch den Freisa und Moscato. In Asti wird auch ein hervorragender Sekt hergestellt, den man nach einem guten Fritto misto mit Mandeln, Amaretti, Zucker und Kakao gefüllten Pfirsichen genießen sollte. Im Fall eines Fritto misto ist die Überraschung am größten, wenn man die Zutaten nicht kennt, die hier zu einem Gericht komponiert werden: Kalbshirn, Leber, Steinpilze, Zucchini, Auberginen, Äpfel und Amaretti. Der beste Verdauungsspaziergang führt durch die Stadt, wo sich ein Besuch des romanischen Baptisteriums von San Pietro, des Doms und der Collegiata di San Secondo im Stil der Piemonteser Gotik lohnt. Hier bereitet man eines der berühmtesten Gerichte der Region, die Bagna caöda, am besten zu, denn hier wachsen die süßesten und weichsten Cardy, ein distelähnliches Kardengewächs, deren fleischige Blattstiele geschält, in Stücke geschnitten und gedünstet als Gemüse verwendet werden. Wer lieber Zwiebel statt Knoblauch mag, hält sich an Cipollata rossa monferrina,

Mit Reis und Hackfleisch gefülltes Gemüse.

eine Creme aus Frischkäse (Robiola), rotem Paprika, Zwiebeln, Chilischote und Paprikapulver, die kalt auf geröstetes Brot gestrichen wird. Im Norden schließt sich das Valsesia an, das Tal der Provinzen Vercelli und Novara, wo man unbedingt Uberlekke probieren sollte, eine Variante des Bollito misto, verschiedene gekochte Fleisch- und Gemüsesorten.

Dieses Gericht gibt es eigentlich überall im Piemont, doch hier erlangte es aufgrund seiner vielfältigen Zutaten besondere Berühmtheit. Uberlekke wird aus Rindfleisch, Kalbsbrust, Kalbskopf und -zunge, Schweinebauch und -fuß, Hammelkeule, Cotechino, Lebermortadella und Schinken zubereitet.
Das Gebiet um Vercelli ist auch das bedeutendste Reisanbaugebiet Europas. Daher sollte man hier auf jeden Fall Panissa probieren, ein mit Dicken Bohnen angereichertes Risotto. Eine gute Wahl für das Hauptgericht wäre dann Gallinelle d'acqua. Dazu werden Teichhühner verwendet, die in den Sümpfen leben und sich von den fast reifen Reiskörnern ernähren. Sie werden mit Speck umwickelt und in einem Topf zusammen mit kleingehacktem Gemüse und Lorbeerblättern gebraten.
Bevor man die piemontesischen Reisfelder verläßt, empfiehlt sich noch der Besuch von Novara. Eine Spezialität dieses Ortes, die man einfach probiert haben muß, sind Rane fritte alla novarese, fritierte Frösche. Bei einem Besuch der Basilika San Gaudenzio, deren Kuppel von Alessandro Antonelli erbaut wurde, spannt sich dann der Bogen zu Turin und dem berühmtesten Bau dieses Architekten, der Mole Antonelliana.
In der piemontesischen Hauptstadt fallen die Gerichte etwas aufwendiger aus, denn hier wird Fleisch oder Gemüse gerne mit Füllungen zubereitet. Unbedingt kosten sollte man ein Vitello farcito, Kalbsbrust, gefüllt mit magerem Kalbfleisch, Zunge, Speck, Pilzen, Trüffel, Brot, Eiern, Parmesan, Knoblauch und Petersilie, oder mit Reis gefüllte Paprika. Wenn nach einer Stadtbesichtigung noch Zeit bleibt, sollte man einen Blick ins Museo Egizio werfen. Aufgrund seiner reichen Bestände ist diese Sammlung mit denen des Ägyptischen Museums in Kairo und des Louvre in Paris vergleichbar.
Eine letzte Würdigung an die Stadt ist es, eine Schachtel Gianduiotti als Erinnerung mitzunehmen, eine unvergleichliche Pralinenspezialität, deren Name auf Gianduia zurückgeht, die vom berühmten Puppenmacher Sales zu Beginn des 19. Jahrhunderts entworfene Piemonteser Maske.

Schild einer Enoteca (Weingeschäft) in Alba, das für seine Weine und Trüffel berühmt ist (oben).

Basilica di Superga in Turin, von Filippo Juvara in der ersten Hälfte des 18. Jahrhunderts erbaut (links).

Bagna caöda

Sardellen-Knoblauch-Dip mit Gemüse

Zubereitungszeit
30 Minuten

Kochzeit
30 Minuten

Schwierigkeitsgrad
einfach

Zutaten für 4 Personen

- 8–10 in Salz eingelegte Sardellen
- 8–10 Knoblauchzehen
- ca. 250 ml Olivenöl extra vergine
- 40 g Butter

Außerdem:

- Selleriestangen
- Karotten
- Paprikaschoten
- 8 Wirsingblätter (Herzblätter)
- Topinambur
- Chicorée
- Radicchio
- im Ofen gebratene ganze Zwiebeln
- geröstete Paprikaschoten
- gedünstete Rote Bete
- italienisches Weißbrot

Dazu schmeckt ein leichter Rotwein, z. B.

- Barbera del Monferrato
- Colli Piacentini Bonarda

1 Das Salz von den Sardellenfilets abwaschen. Die Sardellen trockentupfen und sorgfältig entgräten. Knoblauch abziehen, den grünen Sproß entfernen und die Knoblauchzehen in hauchdünne Scheiben schneiden. Sämtliches Gemüse putzen, waschen, trockentupfen, eventuell garen, in Portionsstücke teilen und auf Tellern anrichten.

2 Die Sardellenfilets und die Knoblauchscheibchen in einem nicht zu großen Tontopf mit Öl bedeckt bei ganz schwacher Hitze etwa 30 Minuten dünsten, dabei mehrmals umrühren. Der Knoblauch sollte weich, aber nicht gebräunt sein, die Sardellenfilets sollten zerfallen.

3 Die Butter zugeben und sobald sie geschmolzen ist, den Tontopf auf einen Spiritusrechaud auf den Tisch stellen, damit die Sauce heiß bleibt. Alle tauchen nun das rohe oder gegarte Gemüse in die Sauce ein. Dazu italienisches Weißbrot reichen.

Im Piemont wird die Bagna caöda in der sogenannten s'ciônfeta serviert, einem kleinen Tontöpfchen mit passendem Rechaud.

Rabaton alessandrini

Mangoldklößchen

Zubereitungszeit
30 Minuten

Kochzeit
5 Minuten

Schwierigkeitsgrad
mittel

Zutaten für 4–6 Personen

- 1 Handvoll altbackenes Weißbrot ohne Rinde
- Milch
- 1 Handvoll Petersilienblätter
- Majoran oder Thymian
- 300 g Mangoldblätter oder Blattspinat, blanchiert und ausgedrückt
- 200 g Ricottakäse
- 3 Eier
- 150 g geriebener Parmesan
- Semmelbrösel
- Salz
- 50 g Butter
- Mehl für die Hände

Dazu schmeckt ein trockener Weißwein, z. B.

- Roero Arneis
- Gambellara

1 Das Weißbrot in Milch einweichen und ausdrücken. Die Petersilie und den Majoran waschen, trocknen und kleinhacken. Die gut ausgedrückten Mangoldblätter zusammen mit dem Brot durch ein Sieb in eine Schüssel streichen. Die Mangold-Brot-Mischung mit Petersilie, Majoran, Ricotta, Eiern und 100 Gramm Parmesan vermischen und soviel Semmelbrösel zugeben, bis ein weicher, glatter Teig entsteht.

2 In einem Topf reichlich Salzwasser zum Kochen bringen. Die Hände leicht mit Mehl bestäuben und aus dem Teig kleine Klößchen formen, dabei pro Klößchen etwa 1 gehäuften Eßlöffel Teig nehmen.

3 Die Klößchen vorsichtig in das kochende Wasser geben. Wenn sie an die Oberfläche steigen, mit dem Schaumlöffel nochmals vorsichtig nach unten drücken. Mit dem Schaumlöffel herausheben, abtropfen lassen und nebeneinander auf einem tiefen Teller anrichten. Die Klößchen mit dem restlichen Parmesan und Butterflöckchen bestreuen und sofort servieren.

Im Gebiet von Alessandria kocht man die Klößchen auch in einer Fleisch- oder Gemüsebrühe und gratiniert sie anschließend 10 bis 15 Minuten im Backofen.

Fritto misto alla piemontese

Fritiertes Fleisch und Gemüse

Zubereitungszeit
1 Stunde

Kochzeit
30 Minuten

Schwierigkeitsgrad
mittel

Zutaten für 8 Personen
- 100 g Kalbsbries
- 100 g Kalbshirn
- 100 g Kronfleisch
- 200 g Kalbs- und Schweineleber
- 8 kleine Lammkoteletts
- 100 g Salsiccia (gewürzte rohe Bratwurst)
- 600 g Zucchini, Zucchiniblüten und gedünstete Blumenkohlröschen, gemischt
- 1 Apfel
- Zitronensaft
- 8 Amarettikekse
- Milch
- 2–3 Eier
- Salz
- Mehl zum Wenden
- Semmelbrösel zum Wenden
- 8 fritierte Grießschnitten (Seite 27)
- Öl zum Fritieren

Dazu schmeckt ein leichter Rotwein, z. B.
- Dolcetto d'Acqui
- San Colombano

1 Kalbsbries und -hirn mit kochendem Salzwasser überbrühen, abgießen, mit kaltem Wasser übergießen, häuten und in Stücke schneiden. Kronfleisch und Kalbs- und Schweineleber waschen, in Scheiben schneiden und mit Küchenpapier abtupfen. Die Lammkoteletts waschen und trockentupfen. Die Wurst in Stücke schneiden.

2 Die Zucchini putzen, waschen, trockentupfen und in Streifen schneiden. Von den Zucchiniblüten den Stiel und das Blüteninnere entfernen und die Blüten mit einem leicht feuchten Tuch abwischen. Den Apfel schälen, das Kerngehäuse entfernen, das Fruchtfleisch in runde Scheiben schneiden und in Zitronensaft legen. Die Amaretti in wenig Milch einweichen.

3 Die Eier mit etwas Salz in einer Schüssel verquirlen. Alle Zutaten einschließlich der Blumenkohlröschen zuerst in Mehl, dann in Ei und zum Schluß in Semmelbröseln wenden. Die Grießschnitten nur in Semmelbröseln wenden.

4 Den Backofen auf 180 °C vorheizen. In einer kleinen Pfanne einige Eßlöffel Öl erhitzen und darin unter Wenden die Salsicciastücke fritieren, dabei darauf achten, daß sie nicht zu trocken werden. Die Wurststücke auf Küchenpapier abtropfen lassen und auf frischem Küchenpapier im geöffneten Backofen warmstellen.

5 Nach und nach alle weiteren Zutaten portionsweise in reichlich heißem Öl goldbraun fritieren, abtropfen lassen, gründlich entfetten (dabei mehrmals das Küchenpapier wechseln) und in den Ofen zu den Salsicciastücken geben. Wenn alles fritiert ist, auf einer großen, vorgewärmten Servierplatte anrichten, etwas salzen und sofort servieren.

Die Zutaten können je nach Geschmack und Jahreszeit variieren, doch sollten bei diesem Gericht Grießschnitten und Amaretti nie fehlen.

Frittura dolce

Süße Grießschnitten

Zubereitungszeit
10 Minuten

Kochzeit
30 Minuten

Schwierigkeitsgrad
einfach

Zutaten für 4 Personen
- 1 Zitrone
- 0,5 l Milch
- Salz, 3 EL Zucker
- 100 g Grieß, 1 Ei
- Semmelbrösel
- 60 g Butter
- Puderzucker

1 Die unbehandelte Zitrone gründlich unter warmem Wasser waschen, abtrocknen und die Schale ohne das weiße Innere in Streifen schneiden. Die Milch mit etwas Salz, dem Zucker und der Zitronenschale zum Kochen bringen. Den Grieß unter ständigem Rühren einstreuen, bei geringer Hitze etwa 10 Minuten kochen und den Topf vom Herd nehmen.

2 Einen großen tiefen Teller anfeuchten. Die Zitronenschale entfernen und das Ei untermischen. Den Grießbrei auf den Teller stürzen, etwa 2 Zentimeter hoch verstreichen und vollständig abkühlen lassen.

3 Aus dem Grießbrei Rauten oder andere Formen ausschneiden. Die Rauten in Semmelbröseln wenden, etwas abklopfen und von beiden Seiten in der Butter goldgelb ausbacken. Die Grießschnitten abtropfen lassen, mit Puderzucker bestreuen und servieren.

Monte Bianco

Kastaniencreme

Zubereitungszeit
40 Minuten zuzüglich Abkühlzeit

Kochzeit
75 Minuten

Schwierigkeitsgrad
einfach

Zutaten für 4–6 Personen
- 1 kg Eßkastanien
- Salz
- 1/2 Vanillestange
- 1 l Milch
- 150 g Zucker
- 1 Gläschen Rum
- 500 g Sahne
- 50 g Puderzucker
- glacierte Maronen zum Verzieren

1 Die Kastanien mit einem spitzen scharfen Messer an der flachen Seite kreuzweise einritzen und in leicht gesalzenem Wasser knapp 30 Minuten bei mittlerer Hitze kochen. Die Maronen abgießen und noch heiß schälen, dabei auch die feine braune Haut entfernen.

2 Die Kastanien zusammen mit der Vanillestange in einen Topf geben, mit der kalten Milch übergießen und etwa 45 Minuten bei schwächster Hitze kochen, bis sie weich, aber nicht breiig sind. Die Kastanien abtropfen lassen, durch ein feines Sieb streichen und in eine Schüssel geben.

3 Mit einem Holzkochlöffel den Zucker und den Rum gründlich unterrühren und das Püree vollständig abkühlen lassen.

4 Das Kastanienpüree nochmals grob auf einen großen Teller passieren und dabei zu einem »Hügel« aufschichten.

5 Die Sahne mit den Quirlen eines Handrührgerätes steif schlagen. Den Puderzucker sieben und unterheben. Die Schlagsahne-Puderzucker-Mischung in einen Spritzbeutel geben und die Kastaniencreme mit kleinen Sahnetupfern verzieren. Die glacierten Maronen um die Kastaniencreme herumlegen und das Dessert sofort servieren.

PIEMONT

Bollito misto (gekochtes Fleisch und Gemüse)

SPEZIALITÄTEN

Antipasti

Acciughe al verde
Acciughe in bagnet ross
Bagna caöda
Insalata di carne cruda
Ovoli in insalata
Salam dla duja

Primi

Agnolotti dal plin
Capunet
Fonduta
Miacce
Panissa
Polenta concia
Rabaton
Ravioli al brasato
Tajarin, Tapulon

Secondi

Bollito misto
Brasato al barolo
Finanziera
Fricandò di vitello
Fritto misto
Pollo alla cacciatora
Vitello tonnato

Desserts

Bonet, Monte Bianco
Panna cotta, Zabaione

TYPISCHE RESTAURANTS

Porta S. Martino
Via Luigi Einaudi 5, Alba (CN)
Tel. 0173/362335, Montag Ruhetag

Arcimboldo
Via Legnano 2, Alessandria
Tel. 0131/52022, Sonntag Ruhetag

Gener neuv
Lungo Tanaro 4, Asti
Tel. 0141/557270, Sonntagabend und Montag geschlossen

Pio V
Via S. Pio V 41, Bosco Marengo
Tel. 0131/299666, Sonntagabend und Mittwoch geschlossen

Boccondivino
Via Mendicità Istruita 14, Bra (CN)
Tel. 0172/425674, Sonntag und Montagmittag geschlossen

Gardenia
Corso Torino 9, Caluso (TO)
Tel. 011/9832249, Donnerstag und Freitagmittag geschlossen

Scoiattolo
Casa del Ponte 3/B, Carcoforo (VC)
Tel. 0163/95612, Montag Ruhetag

Italia
Via Moretti 19, Ceva (CN)
Tel. 0174/701340, Donnerstag Ruhetag

Osteria della Chiocciola
Via Fossano I, Cuneo
Tel. 0171/66277, Sonntag Ruhetag

Belvedere
Piazza Castello 5, La Morra (CN)
Tel. 0173/50190, Sonntagabend und Montag geschlossen

Lu Taz
Via San Maurizio 5, Limone Piemonte (CN)
Tel. 0171/929061, Dienstag Ruhetag

Contea
Piazza Cocito 8, Neive (CN)
Tel. 0183/67126, Sonntagabend und Montag geschlossen

Vecchia Cooperativa
Via Nazionale 54, Nucetto (CN)
Tel. 0174/74279, Montagabend und Dienstag geschlossen

Il Borgo
Via Roma 120, Ormea (CN)
Tel. 0174/391049, Montag Ruhetag

Alla Torre
Via I Maggio 75, Romagnano Sesia (CN)
Tel. 0163/826411, Montag Ruhetag

Agrifoglio
Via Accademia Albertina 38d, Turin
Tel. 011/837064, Sonntag/Montag Ruhetag

Real Castello
Via Umberto I 9, Verduno (Cuneo)
Tel. 0172/470125

Tre Galline
Via Bellezia 37, Turin
Tel. 011/4366553, Sonntag und Montagmittag geschlossen

WEINE

Weißweine
Arneis, Cortese
Erbaluce di Caluso
Favorita delle Langhe
Pelaverga di Verduno

Rotweine
Barbaresco
Barbera, Barolo
Boca
Brachetto d'Acqui
Bramaterra
Carema
Dolcetto
Fara, Freisa
Ghemme
Grignolino
Lessona
Malvasia
Nebbiolo
Roero
Rubino di Cantavenna
Ruché di Castagnole Monferrato
Sizzano

Dessertweine
Asti spumante, Caluso passito
Moscato d'Asti, Moscati di Strevi

KÄSE

Bettelmatt
Brusso
Castelmagno
Raschera
Robiola di Roccaverano
Toma di Bra
Toma di Murazzano

EINKAUFSMÖGLICHKEITEN FÜR TYPISCHE REGIONALE PRODUKTE

Weine
Enoteca Fracchia
Via Vernazza 9, Alba (Cuneo)

Grandi vini
Via Vittorio Emanuele, Alba (Cuneo)

Bottega Comunale dei Quattro Vini
Piazza Italia, Neive (Cuneo)

Enoteca Regionale
Castello, Grinzane Cavour (Cuneo)

Cantina Comunale
Via Carlo Alberto 2, La Morra (Cuneo)

Enoteca Regionale del Monferrato
Piazza del Popolo, Vignale Monferrato (Alessandria)

Käse
Salumeria centrale
Corso Italia 15, Acqui Terme

Elvira Ponzo
Piazza Caranti -San Bartolomeo
Chiusa Pesio (Cuneo)

Risotto mit Bohnen und Speck

Luciana Camerini
Borgata Sprella 21c
Feisoglio (Cuneo)

Caseificio Alta Valsesia
Via Varallo 5, Piode (Vercelli)

Buttiero & Dotta
San Gerolamo, Roccaverano (Asti)

Caseificio San Martino
Corso Piemonte 129
Saluzzo (Cuneo)

Caseificio Cooperativo Elvese
Borgata Serre, Elva (Cuneo)

Wurst
Piero Rosso
Via Gioberti 36, Asti

Salumeria Canonica
Via Roma 39, Barolo (Cuneo)

Salumeria Barcellini
Via Arona 43, Borgomanero (Novara)

Giovanni Chiapella
Piazza Caduti della Libertà 15
Carrù (Cuneo)

Douja d'Or
Via Gozzano 46, Ivrea (Turin)

Borgiattino
Via Cernaia 32, Turin

Tartufi

Die Tartufi – Trüffel – sind das unterirdische Mycel von Pilzen, die in parasitärer Symbiose mit bestimmten Pflanzen leben. Sie haben verschiedene Größen und Farben, ihr Inneres ist von feinen Adern durchzogen. Ihr intensives, durchdringendes Aroma verleiht selbst einfachsten Gerichten einen Hauch von Noblesse.

SCHWARZ ODER WEISS?

Von den zahlreichen Trüffelsorten haben zwei besondere Berühmtheit erlangt: die weiße und die wertvolle schwarze Trüffel. Die lateinische Bezeichnung für die weiße Trüffel lautet Tuber magnatum. Sie ist hell mit gelblicher, nußbrauner oder grauer Tönung. Auch ihr Inneres ist hell bis leicht rosa, beige oder bräunlich und mit feinen, weißen Adern durchzogen. Ihr Geruch ist kräftig und bestimmt, aber angenehm, ihr Geschmack intensiv, aber äußerst delikat. Sie wird nur roh gegessen, da sie durch Kochen an Geschmack verliert. Mit einem Trüffelhobel wird sie hauchdünn über das Gericht gehobelt. Die weißen Trüffel können bis zu 400 Gramm wiegen, sind aber meist kleiner, und reifen von Oktober bis Ende Dezember.

Tuber melanosporum ist die Bezeichnung für die wertvolle schwarze Trüffel. Sie ist von kleinen, pyramidenförmigen Warzen überzogen, die an eine Rinde oder dünne Schale erinnern. Das Innere einer reifen Trüffel verfärbt sich beim Aufschneiden schwarz bis violett. Ihre Adern sind weiß, verfärben sich aber schnell rötlich und werden beim Kochen schwarz. Aroma und Geschmack sind intensiv und bleiben auch beim Kochen erhalten. Sie wird als Zutat für viele Gerichte, wie etwa Füllungen, überbackene Nudeln, Nudel- und andere Saucen oder Soufflés verwendet. Sie kann bis zu 500 Gramm schwer werden, ist meist aber sehr klein und erreicht nur in Ausnahmefällen die Größe einer Mandarine. Sie reift von Mitte November bis Mitte März.

Tuber brumale, die sogenannte Wintertrüffel, ist von einer spröden dunkelroten Schale bedeckt, die bei der Reifung schwarz wird. Das grau-schwarze Innere mit den gut ausgebildeten weißen Adern nimmt beim Kochen eine schokoladenbraune Farbe an. Sie reift von Januar bis Ende März.

Tuber melanosporum moschatum, die Muskattrüffel, hat eine schwarze Rinde mit kleinen Warzen und dunkles Fleisch mit breiten, weißen Adern. Sie wächst lediglich von Februar bis März.

Tuber aestivum, auch als Sommertrüffel bekannt, hat eine schwarze Rinde mit großen, pyramidenförmigen Warzen. Das Fleisch ist bronzegelb mit hellen Adern, die beim Kochen verschwinden. Sie reift in der Zeit zwischen Juni und November.

Tuber mesentericum, die gewöhnliche schwarze Trüffel, hat eine rauhe Schale und gelbes Fleisch mit hellen Adern. Sie wächst von September bis Anfang Mai.

Terfezia leonis hat eine glatte, ins Bräunliche gehende Oberfläche. Das Innere ist rosa bis rötlich. Sie reift im Sommer und Herbst.

EINKAUFSTIPS

- In der Regel ist es ratsam, nur wertvolle Sorten zu kaufen, da diese Trüffel viel charakteristischer und intensiver schmecken als die weniger bekannten. Achten Sie darauf, daß Sie keine minderwertigen Trüffel zu überteuerten Preisen bekommen. Bei der Auswahl können Sie sich an den oben angeführten Reifezeiten und den jeweiligen Beschreibungen orientieren.
- Ein Zeichen für Frische sind ein intensiver Geruch und eine feste Beschaffenheit. Trüffel dürfen nicht holzig und trocken sein. Weiche Trüffel sind nicht mehr frisch.
- Seien Sie vorsichtig, wenn viel Erde an den Trüffel klebt. Erstens zahlen Sie unnötig dafür, und zweitens gibt es skrupellose Händler, die aus angebrochenen und daher minderwertigen Trüffel mit etwas nasser Erde wieder »neue« Trüffel machen.
- Prüfen Sie beim Kauf mehrerer Trüffel jede einzelne ganz genau, denn es passiert schnell, daß unter den guten auch minderwertigere Knollen liegen.

KULINARISCHE EMPFEHLUNGEN

Trüffel werden entsprechend ihrer Farbe verwendet. Weiße Trüffel werden nur roh genutzt und sollten nicht unter das gegarte Gericht gemischt werden, damit ihr Aroma voll zu Geltung kommen kann. Schwarze Trüffel schmecken am besten gekocht.

• Die Trüffel nie vorschneiden, weil sie sonst an Aroma verliert.

• Weiße Trüffel in hauchdünnen Scheiben über einen Salat aus gegarten Krustentieren hobeln.

• Gegarte Pappardellenudeln mit Butter und geriebenem Käse in eine Form geben, 1 geriebene oder in Stifte geschnittene schwarze Trüffel untermischen und alles einige Minuten im Ofen gratinieren.

• 1 schwarze Trüffel in kleine Würfel schneiden und unter die Ricottafüllung für Tortelli (große Tortellini oder Ravioli) mischen.

• In einer Pfanne 1 kleingeschnittene schwarze Trüffel in Butter andünsten. Forellenfilets zufügen, kurz braten und mit dem Bratensaft übergießen.

• Weiße Trüffel in winzige Würfel schneiden und unter ein Ei im Glas mischen.

• Gnocchi mit Fontinakäse zubereiten und weiße Trüffel als feine Scheibchen darüber hobeln.

• Schwarze Trüffel in feinen Scheiben über Windbeutel mit Pilzfüllung reiben.

LAGERUNG

Frische Trüffel können bis zu einer Woche aufbewahrt werden: Die Knollen erst in eine Lage trockenes Papier, dann in zwei feuchte Papiertücher, nochmals in drei trockene Papiertücher wickeln und im Gemüsefach des Kühlschranks lagern. Trüffel sollten nicht tiefgefroren werden, weil sie dabei einen Großteil ihres Aromas einbüßen. Trüffel in rohen Reiskörnern zu lagern, wie es mancherorts praktiziert wird, ist nur dann sinnvoll, wenn sie nach spätestens einem Tag verwendet werden. Bei längerer Lagerung würden sie zu stark austrocknen.

WELCHER WEIN PASST DAZU?

Generell richtet sich die Weinauswahl nach dem Gericht, das mit Trüffeln verfeinert wurde.
Zu empfehlen sind kräftige, aromatische Weißweine, etwa ein Müller Thurgau aus dem Trentino, ein Sylvaner aus Südtirol oder ein aromatischer Traminer aus dem Friaul.

SERVIERVORSCHLAG

Die gesäuberte ganze Trüffel in ein weißes Tuch einschlagen und bei Tisch direkt über das entsprechende Gericht hobeln und sofort wieder einwickeln.

DIE BESTEN ADRESSEN

Die bedeutendsten Fundgebiete für weiße Trüffel sind Alba in der Provinz Cuneo und Acqualagna in der Provinz Pesaro-Urbino.
Die Hauptstadt der schwarzen Trüffel ist Norcia in der Provinz Perugia. Auf dem Trüffelmarkt in Alba, der jeden Samstagmorgen stattfindet, bieten die Sammler ihre Trüffel an, die sie nachts gesammelt haben.
Vom 6. bis 27. Oktober findet in Alba eine Ausstellung über weiße Trüffel statt, bei der man alles Wissenswerte über die Knolle erfährt. In dieser Zeit findet auch der folkloristische Palio degli Asini, ein Eselrennen, statt.

LEM

LIGURIEN

Die Region der Seeleute und Feinschmecker

S. Pietro in Portovenere am Golf von La Spezia geht auf das 13. Jahrhundert zurück.

Eingezwängt zwischen Apennin und Tyrrhenischem Meer wäre Ligurien wohl eine der unwohnlichsten Gegenden Italiens, hätten ihr nicht die Liebe und Ausdauer der hier lebenden Menschen einen geradezu unglaublichen Zauber verliehen. Wer auch immer in diese Region kommt, ist in erster Linie beeindruckt von den enormen Anstrengungen, die nötig waren, um all die Terrassen anzulegen, die erst den Anbau von Wein und Oliven ermöglichten. Dies ist umso bemerkenswerter, als an der natürlichen Landschaft Liguriens nahezu nichts verändert wurde, und die Städte und Dörfer allesamt von einer der eindrucksvollsten Landschaftskulissen Italiens umgeben sind.

Im Lauf der Jahrhunderte setzten die Ligurer ihre ganze Kraft ein, sich all das zunutze zu machen, was nutzbar zu machen war, dabei immer darauf bedacht, ihre Unabhängigkeit zu wahren. Und so ist es auch beim Essen. Hier trifft man auf eine bunte Mischung von Gerichten, die einzig und allein aus regionalen Zutaten bestehen. Dabei spielt das Basilikum eine besonders wichtige Rolle, und mittlerweile kommt nicht nur ganz Italien in den Genuß der berühmten Pestosauce aus Basilikum, Pinienkernen, Pecorino, Knoblauch und Olivenöl.

Das Getreide wird in Ligurien gleich nach der Ernte zu Mehl vermahlen und mit Wasser, Eiern und verschiedenen Kräutern zu einem Teig verarbeitet, aus dem dann die typischen Teigwaren Picagge (Lasagne) und Pansotti (Ravioli) entstehen, die unterschiedlich gefüllt mit einer Walnußsauce serviert werden. Wer sich vom Reichtum der hier wildwachsenden Küchenkräuter einen ersten Eindruck verschaffen will, kauft einfach auf den Gemüsemärkten in Genua einen Preboggion. Darunter versteht man in Ligurien einen Bund aus Kräutern, die je nach Jahreszeit variieren. Immer dabei ist jedoch eine Art wildwachsendes Wirsingkraut, Borretsch, wilder Mangold und Rucola. Mit diesen Kräutern wird alles mögliche zubereitet, so etwa die Füllung der oben erwähnten Pansotti, aber auch Suppen und Saucen zu Nudelgerichten. Das für Ligurien wohl typischste Gericht ist der Cappon magro. Bei diesem alten, äußerst aufwendigen Rezept handelt es sich um eine Suppe aus Fisch und Gemüse, in der sich das Festland mit dem Meer verbindet und die den Charakter eines Volkes widerspiegelt, das auch in der Küche keine Mühe scheut. Fischliebhaber sollten unbedingt Gianchetti (oder Bianchetti) – frisch geschlüpfte Sardinen und Sardellen – als Suppeneinlage oder fritiert probieren und natürlich die unterschiedlichen Zubereitungen von Stockfisch (getrockneter Kabeljau), der zwar un-

Typisch ligurische stachelige Artischocken.

typisch für das ligurische Meer ist, in dieser Region aber exzellent und äußerst einfallsreich zubereitet wird. Die am stärksten regional gefärbte und interessanteste Zubereitung ist wohl der Stoccafisso accomodato alla genovese mit Tomaten, Kartoffeln, Rosinen und Pinienkernen.
Eine ausgezeichnete Gelegenheit, ligurischen Fisch zu probieren und die Küstenregion näher kennenzulernen, bietet beispielsweise ein Aufenthalt in Camogli Anfang Mai. Dann leuchten die dichtgedrängten Häuser des alten Fischerdorfs in bunten Farben vor dem malerischen Hafen, der erfüllt ist vom Kommen und Gehen der Fischer mit ihren großen und kleinen Booten und Netzen. Am zweiten Sonntag im Mai feiert man hier die Sagra del Pesce, ein Fischfest, bei dem die Fischer in einer riesigen Pfanne an die sechzig Zentner Fisch

braten, der dann an alle verteilt wird. Sollte man zu einer anderen Zeit in dieser Gegend sein, fährt man am besten ins benachbarte Recco und probiert dort die Focaccia al formaggio, ein dünnes Fladenbrot, das mit dem typischen ligurischen Käse gefüllt wird, welcher in Geschmack und Konsistenz an Crescenza, einen milden Weichkäse, erinnert.
Einmal in Recco, kommt man nicht umhin, der traumhaft gelegenen Via Aurelia zu folgen. Sie führt an der Küste entlang durch verschiedene Dörfer, die als wahre Schmuckstücke des Mittelmeers gelten: Portofino, Margherita Ligure und weiter südlich in Richtung La Spezia zu den Cinque Terre, fünf kleine Dörfer – Monterosso, Vernazza, Corniglia, Manarola und Riomaggiore –, die, eingefaßt vom Meer und den Bergen, untereinander nur durch einen Fußweg verbunden sind, der zu den eindrucksvollsten der Region zählt.
Im Landesinneren stoßen wir auf einige Fleischgerichte, die einmal mehr bezeugen, wie unvergleichlich die Ligurer in der Verwendung des heimischen Nahrungsangebots sind: Hier werden Kaninchen, Geflügel, Lamm und Zicklein mit Oliven, aromatischen Artischocken und Pilzen zubereitet, die zuhauf in den sich fast bis zum Meer erstreckenden Kastanienhainen wachsen. Möchte man etwas ganz Besonderes versuchen, kann man sich mit den unterschiedlichen Zubereitungsarten von Schnecken vertraut machen, die eine weitere ligurische Spezialität sind und je nach Region anders zubereitet werden. Das vielleicht älteste Rezept, das bis auf das Mittelalter zurückgeht, ist Lumache alla finalina mit Zwiebeln, Tomaten, Petersilie, Basilikum, Sellerie, Nüssen, Kapern und Pecorino. Zuletzt sollte man vor dem Verlassen der Region unbedingt den Konditoreien einen Besuch abstatten, um all die süßen Köstlichkeiten zu versuchen, die mittlerweile in ganz Italien zu finden sind – allen voran der Pandolce genovese, ein mit Butter, Rosinen, kandierten Früchten, Pinienkernen und Fenchelsamen verfeinertes süßes Brot.

Cappon magro, ein ausgezeichnetes Fisch-Gemüse-Gericht.

Blick vom Meer auf das Dorf Vernazza der Cinque Terre.

Panissa

Fritierte Polenta aus Kichererbsenmehl

Zubereitungszeit
10 Minuten
zuzüglich Abkühlzeit

Kochzeit
50 Minuten

Schwierigkeitsgrad
einfach

Zutaten für 4–6 Personen
- 300 g Kichererbsenmehl
- Salz
- Öl für die Arbeitsfläche und zum Fritieren

Dazu schmeckt ein trockener Weißwein, z. B.
- Riviera ligure di Ponente Pigato
- Bianco vergine Valdichiana

1 Das Kichererbsenmehl in einen Topf geben. Nach und nach 1 1/4 Liter lauwarmes Wasser mit dem Schneebesen einrühren. Mögliche Klümpchen mit einem Holzkochlöffel an der Topfwand zerdrücken.

2 Die Mehl-Wasser-Mischung mit etwas Salz würzen und bei geringer Hitze etwa 30 Minuten kochen, bis sich eine feste, homogene Masse bildet; dabei ständig rühren, damit der Brei nicht am Topfboden ansetzen kann.

3 Die Polentamasse etwa 1 Zentimeter dick auf ein leicht mit Öl eingefettetes Brett streichen, vollständig auskühlen lassen und in möglichst gleichgroße Rauten schneiden.

4 Reichlich Öl in einer Friteuse oder einer hohen Pfanne auf 175 °C erhitzen und die Rauten darin portionsweise in einigen Minuten gleichmäßig goldbraun fritieren.

5 Die fritierten Polentaschnitten herausnehmen, auf Küchenpapier abtropfen lassen, auf eine vorgewärmten Platte legen und sofort servieren.

Man kann Panissa auch im Schnellkochtopf zubereiten. Wer sie nicht fritiert mag, kann die warmen Polentastücke mit kleingeschnittenen Frühlingszwiebeln, Olivenöl und frisch gemahlenem Pfeffer servieren.

Torta di zucca

Kürbistarte

Zubereitungszeit
30 Minuten

Kochzeit
90 Minuten

Schwierigkeitsgrad
mittel

Zutaten für 6 Personen

- 1,5 kg gelber Kürbis
- 500 g Blattspinat
- Salz
- 3 Eier
- 4 EL frisch geriebener Parmesan
- 1 Handvoll frische Majoranblättchen
- Muskatnuß
- Pfeffer
- Olivenöl extra vergine
- 300 g Mehl

Dazu schmeckt ein trockener Weißwein, z. B.

- Colline di Levanto bianco
- Trebbiano di Romagna

1 Den Kürbis in Scheiben schneiden, schälen und die Kerne und Fasern entfernen. Die Kürbisstücke bei 180 °C im Backofen weich garen. Inzwischen den Spinat verlesen, waschen und tropfnaß mit 1 Prise Salz ohne Wasserzugabe 10 Minuten bei geringer Hitze dämpfen. Das Gemüse abgießen, ausdrücken, zerkleinern und in eine Schüssel geben.

2 Die Kürbisstücke aus dem Ofen nehmen, durch ein Sieb streichen und zum Spinat geben. 1 Ei trennen und das Eiweiß beiseite stellen. Das Eigelb, die restlichen Eier, Parmesan, Majoran sowie 1 Prise Muskatnuß unterrühren und das Kürbis-Spinat-Püree mit Salz und Pfeffer abschmecken.

3 Den Backofen auf 220 °C vorheizen. Eine Springform einfetten. Das Mehl auf ein Nudelbrett sieben und mit 3 Eßlöffeln Olivenöl und etwas Wasser zu einem glatten Teig verarbeiten.

4 Den Teig in eine größere und eine kleinere Hälfte teilen und mit dem Nudelholz zwei dünne, runde Teigplatten daraus ausrollen. Die Form mit der größeren Teigplatte auskleiden, die Kürbismasse hineingeben und mit der zweiten Teigplatte abdecken. Die obere Teigplatte mit etwas Eiweiß bestreichen, die Ränder der unteren Teigplatte darüberschlagen und leicht festdrücken. Die Tarte etwa 45 Minuten backen, etwas abkühlen lassen und lauwarm servieren.

Mandilli de saea

Mandilli mit Pesto

Zubereitungszeit
30 Minuten
zuzüglich Ruhezeit

Kochzeit
20 Minuten

Schwierigkeitsgrad
mittel

Zutaten für 6 Personen

- 500 g Mehl
- 5 Eier
- 30 Basilikumblätter
- etwas grobes Salz
- 1 Knoblauchzehe
- 1 EL Pinienkerne
- 1 EL geriebener Pecorino
- 1 EL geriebener Parmesan
- Olivenöl extra vergine
- Salz
- frisch geriebener Parmesan zum Bestreuen
- Butter
- Mehl zum Ausrollen

Dazu schmeckt ein trockener Weißwein, z. B.

- Riviera Ligure di Ponente
- Cortese dell'Alto Monferrato

1 Das Mehl auf ein Nudelbrett sieben, in die Mitte eine Mulde drücken und die Eier hineingeben. Die Eier mit einer Gabel verquirlen und nach und nach vorsichtig mit den Händen unter das Mehl mischen, damit nichts ausläuft. Wenn die Eier das Mehl aufgenommen haben, den krümeligen Teig solange mit den Händen kneten, bis eine homogene Masse entsteht. Den Teig öfter kräftig auf das Nudelbrett schlagen, bis er elastisch ist, zu einer Kugel formen und mit einem Küchentuch bedeckt etwa 30 Minuten ruhen lassen.

2 In der Zwischenzeit die Basilikumblätter waschen, trockentupfen und zusammen mit etwas grobem Salz in einen Marmormörser geben. Die Blättchen und das Salz mit einem Holzstößel zerdrücken (nicht zerstoßen). Den Knoblauch abziehen, mit den Pinienkernen zufügen und ebenfalls zerdrücken. Die zwei Käsesorten löffelweise gründlich unterrühren, die Masse in eine Schüssel geben und nach und nach etwa 4 Eßlöffel Öl mit einem Holzkochlöffel einrühren, bis eine cremige Paste entsteht.

3 Nudelbrett und Nudelholz mit Mehl bestäuben, den Teig mit den Händen flachdrücken und mit dem Nudelholz zu einem Rechteck ausrollen. Dabei den Teig hin und wieder auf das Nudelholz aufrollen und in der entgegengesetzten Richtung ausrollen, bis eine sehr dünne Teigplatte entsteht. Den Teig in etwa 10 bis 12 Zentimeter lange Quadrate schneiden.

4 Reichlich Wasser mit einigen Eßlöffeln Olivenöl und etwas Salz zum Kochen bringen und die Teigstücke (»Mandilli«) darin portionsweise bißfest kochen, abgießen und abtropfen lassen.

5 Die Mandilli abwechselnd mit dem Pesto in vorgewärmte tiefe Teller schichten und mit frisch geriebenem Parmesan bestreuen. Zum Schluß jeweils ein Butterflöckchen darauf setzen und die Mandilli sofort servieren.

»Mandilli de saea« – ligurisch für Seidentaschentücher – verweist, wie dünn der Teig sein sollte.

Triglie con i capperi

Meerbarben mit Kapern

Zubereitungszeit
20 Minuten

Kochzeit
20 Minuten

Schwierigkeitsgrad
mittel

Zutaten für 4 Personen

- 8 Meerbarben à 200 g
- 1 Handvoll eingelegte Kapern
- Olivenöl extra vergine
- Zitronensaft
- trockener Weißwein
- Salz, Pfeffer

Dazu schmeckt ein trockener Weißwein, z. B.

- Colline di Levanto bianco
- Montescudaio bianco

1 Die Barben entschuppen, ausnehmen und die Innereien beiseite stellen. Das Innere der Kiemen entfernen und die Fische waschen und trockentupfen. Die Kapern unter fließendem, kaltem Wasser waschen und trockentupfen.

2 In einer großen Pfanne 6 Eßlöffel Öl erhitzen. Die Barben so hineinlegen, daß sie sich nicht berühren, mit dem Saft von 1/2 Zitrone und dem Weißwein begießen, etwas salzen und pfeffern und die Kapern gleichmäßig darüber verteilen. Die Fische bei schwacher Hitze 6 Minuten dünsten, mit einem Pfannenheber vorsichtig wenden, mit Zitronensaft beträufeln und zugedeckt weitere 6 Minuten garen. Die Barben auf eine Platte legen und warmstellen.

3 Die Innereien in die Sauce geben, etwas ziehen lassen, mit einer Gabel zerdrücken und gut verrühren. Die Sauce über die Fische gießen und die Barben sofort servieren.

LIGURIEN

SPEZIALITÄTEN

Antipasti
Cappon magro, Capponada
Mosciame, Torta di bianchetti
Torta pasqualina

Primi
Corzetti alla polceverasca
Farinata, Mesciüa
Panigacci
Pansotti
Piccagge matte
Risotto al nero di seppia
Sardenaira
Testaroli
Trofie al pesto

Secondi
Buridda di stoccafisso
Cima alla genovese
Cozze alla marinara
Fegato all'aggiada
Fritto misto
Muscoli alla lericina
Seppie in zimino
Totani ripieni
Vitello all'uccelletto
Zuppa di pesce

Desserts
Cubaita, Marocca, Pan di Spagna

Miesmuschelsauce

TYPISCHE RESTAURANTS

Palma
Via Cavour 5, Alassio
Tel. 0182/640314, Mittwoch Ruhetag

Antica osteria dei leoni
Via Mariettina Lengueglia 49, Albenga
Tel. 0182/51937, Montag Ruhetag

Familiare
Piazza del Popolo 8, Albissola marina
Tel. 019/489480, Montag Ruhetag

Pironcelli
Montemarcello
Via delle Mura 45, Ameglia
Tel. 0187/601252, Mittwoch Ruhetag

Antica trattoria La Baita
Via Lucifredi 18, Borghetto d'Arroscia
Tel. 0183/31083, Montag bis Mittwoch Ruhetag

Hotel Miramonti
Via 5 Martiri 6, Calizzano
Tel 019/79604, Montag Ruhetag

Nonna Nina
San Rocco, Via Molfino126, Camogli
Tel. 0185/773835, Mittags geschlossen

Frantoio
Rivarola, Via Conturli 2, Carasco
Tel. 0185/350230, Montag Ruhetag

Antica osteria della Foce
Via Ruspoli 72-74r, Genua
Tel. 010/5533155, Samstagmittag und Sonntag geschlossen

Al Castello da Marco
Via Provinciale 247, Castelnuovo Magra
Tel. 0187/674214, Montag Ruhetag

Da Armanda
Piazza Garibaldi 6, Castelnuovo Magra
Tel. 0187/674410, Mittwoch Ruhetag

Serafino 2
Via Matteotti 8, Cervo
Tel. 0183/408185, Dienstag Ruhetag

Dria
Via Costaguta 27, Chiavari
Tel. 0185/323699, Sonntagabend und Montag geschlossen

Ca' del Moro
Gorra, Via per Callizzano 34, Finale Ligure
Tel. 019/696001, Dienstagabend und Mittwoch geschlossen

Bruxaboschi
San Desiderio, Via Mignone 8, Genua
Tel. 010/3450302, Sonntagabend und Montag geschlossen

Da Maria
Vico Testadoro 14r, Genua
Tel. 010/581080, Montagabend und Samstag geschlossen

Genio
Salita San Leonardo 61r, Genua
Tel. 010/588463, Sonntag Ruhetag

Canestrelli ligure (ligurisches Gebäck)

Negrao
Negrao, Via Genova 428, La Spezia
Tel. 0187/701564, Montag Ruhetag

Da Fiorella (früher Da Cappelletta)
Via Case Sparse 5, Ortonovo
Tel. 0187/66857, Donnerstag Ruhetag

Locanda Cervia
Nicola, Piazzetta della Chiesa
Ortonovo
Tel. 0187/660491, Montag Ruhetag

Chiapparino
Via Colle Caprile 35, Uscio
Tel. 0185/91297, Donnerstag Ruhetag

Puny
Piazza Martiri dell'Olivetta 5
Portofino
Tel. 0185/269037, Donnerstag Ruhetag

Taverna del Corsaro
Calata Doria 102, Portovenere
Tel. 0187/790622, Dienstag Ruhetag

Giancu
San Massimo, Rapallo
Tel. 0185/260505, Mittwoch Ruhetag, mittags geschlossen

La Baita
Via Alpini d'Italia 8, Recco
Tel. 0185/792625, Montag Ruhetag, mittags geschlossen

Manuelina
Via Roma 278, Recco
Tel. 0185/74128, Mittwoch Ruhetag

Ripa del Sole
Via De Gasperi 19, Riomaggiore
Tel. 0187/920143, Montag Ruhetag

Paolo e Barbara
Via Roma 47, San Remo
Tel. 0184/531653, Mittwoch und Donnerstagmittag geschlossen

Pescatori
Via Bottaro 43, Santa Margherita Ligure
Tel. 0185/286747, Mittwoch und Donnerstag Ruhetag

Gambero Rosso
Piazza G. Marconi 7, Vernazza
Tel. 0187/812265, Montag Ruhetag

WEINE

Weißweine
Bianco dei Colli di Luni
Cinque Terre
Pigato
Vermentino

Rotweine
Ormeasco
Rossese di Dolceacqua

Dessertweine
Sciacchetrà

KÄSE

Bruzzu di Triora
Caprino di Pieve di Teco
Toma di Calizzano

EINKAUFSMÖGLICHKEITEN FÜR TYPISCHE REGIONALE PRODUKTE

Weine
Enoteca Bisson
Corso Ciannelli 28, Chiavari (Genua)

Casa del Vino
Via Biassa 65, La Spezia

Enoteca Marone
Via S. Francesco 61, San Remo (Imperia)

Käse
Arte Bianca
Via Sapri 79, La Spezia

Consorzio Cooperativo Valle Stura
Via Roma 69, Moasone (Genua)

Wurst
Salumificio Parodi
Berti, Sant'Olcese (Genua)

Cooperativa Casearia Val di Vara
Perazza, Varese Ligure (La Spezia)

Focaccia

Focaccia, das ligurische Fladenbrot, war bereits den Römern der Antike bekannt. Im Lauf der Zeit wurde es mit den unterschiedlichsten Zutaten verfeinert, wobei die Zubereitung von Ort zu Ort variierte. Die ligurische Variante ist jedoch die bekannteste und gelangte zu solchem Ruhm, daß das Brot heute in ganz Italien verbreitet ist, allerdings ist man auch bislang nicht hinter das Geheimnis seines unverwechselbaren Dufts gekommen.

Focaccia, die in der Regel aus salzigem, manchmal auch aus süßem Brotteig besteht, wird zwar in vielen Regionen Italiens hergestellt, das ligurische Brot ist jedoch das weichste, aromatischste und geschmacklich beste. Denn obwohl die Zubereitung scheinbar einfach ist, passiert es in anderen Gegenden relativ oft, daß Focaccia trocken, »brotartig« und ohne den typischen aromatischen Duft aus dem Ofen kommt. Die Ursachen dafür sind vielfältig – das Gelingen hängt ab von der Qualität der Grundzutaten, den korrekten Gehzeiten, dem richtigen Backofen, der richtigen Temperatur und Backzeit und nicht zuletzt natürlich auch vom Bäcker.

ZUBEREITUNG

Der Teig für die Focaccia besteht aus Weizenmehl, Wasser (55 Prozent im Verhältnis zur Mehlmenge), Olivenöl extra vergine, Hefe, Salz und häufig noch Malz, wobei das Salz erst dazu kommt, wenn alle anderen Zutaten gut miteinander verknetet sind. Anschließend muß der Hefeteig mindestens 30 Minuten gehen. Dann wird er auf mit Öl eingefettete, rechteckige Bleche mit niedrigem Rand verteilt und mit den Händen flachgedrückt, bis das ganze Blech bedeckt ist. Nach einer zweiten Gehzeit von ungefähr 30 Minuten wird die Focaccia mit einer Salzlauge – einer Mischung aus Wasser und Öl zu gleichen Teilen und Salz – bestrichen. Anschließend werden mit den Fingerspitzen die typischen Mulden in den Teig gedrückt, es folgt eine letzte Gehzeit von einer Stunde und schließlich wird die Focaccia im Ofen bei 200 °C goldbraun gebacken. Die Focaccia kann außerdem noch mit Kräutern, z. B. Rosmarin, gewürzt oder auch mit Zwiebeln, Oliven oder frischen Tomaten belegt werden. Eine der berühmtesten ist die Focaccia al formaggio aus Recco, die man am besten in der Focacceria frisch vom Blech probiert.

EINKAUFSTIPS

Das Geheimnis der ligurischen Focaccia kennt niemand ganz genau. Interessant ist, daß es vielen nicht-ligurischen Bäckern, die sonst sämtliche Brotsorten, die bei ihnen keine Tradition haben, nachbacken können, nicht gelingt, eine wirklich gute Focaccia zuzubereiten.

- Die Focaccia sollte höchstens einen Zentimeter dick sein und deutliche Einbuchtungen aufweisen.
- Die Oberseite der Focaccia sollte eine warme, hellbraun-goldene Farbe haben. Darüber hinaus sollte die Oberseite glänzen und gleichmäßig ölig sein, nicht aber vor Öl triefen.
- Eine echte Focaccia ist an der Oberseite glatt und an der Unterseite porös und ausgesprochen weich. Ihr Geschmack hängt vom verwendeten Olivenöl und der Salzlauge ab.
- Eine Variante der Focaccia – die Schiacciatina – wird besonders kroß gebacken. Sie ist noch etwas dünner als die Focaccia und hat die Konsistenz von Mürbeteigkeksen.

KULINARISCHE EMPFEHLUNGEN

Am besten genießt man Focaccia frisch aus dem Ofen, etwa zum Frühstück zusammen mit einem Milchkaffee. Mit Schinken, Käse und Gemüse gefüllt hat man schnell einen ebenso einfachen wie schmackhaften, bei Kindern und Erwachsenen gleichermaßen beliebten Snack.

- Schiacciatina mit Knoblauch einreiben.

- Focaccia wird in Ligurien morgens frisch zum Frühstück gegessen. Die Kombination aus Focaccia und Milchkaffee mag zwar auf den ersten Blick etwas sonderbar erscheinen, sie ist aber ausgesprochen schmackhaft.

- Focaccia aufschneiden, mit einem Weichkäse wie Taleggio oder Brie füllen, und in den heißen Backofen geben. Sobald der Käse zerläuft, das Brot herausnehmen.

- Foccacia noch heiß mit rohem Schinken füllen und sofort servieren.

- Focaccia in der Mitte durchschneiden. Die Hälften mit Tomatenscheiben, Mozzarella und Basilikum belegen, mit Salz und Pfeffer bestreuen, mit einem Schuß Öl beträufeln und servieren.

- Anstelle von Crostini zu Gemüsesuppen, Cremesuppen und Salaten in Stücke gebrochene Schiacciatina reichen.

- Schiacciatina mit Knoblauch einreiben und in Fischsuppe einweichen.

AUFBEWAHRUNG

Für Focaccia gelten die selben Aufbewahrungsregeln wie für alle kleinen Brote: Je länger sie liegt, desto mehr verliert sie an Geschmack. Aus diesem Grund sollte Focaccia möglichst am Tag der Herstellung verbraucht werden. Man kann sie aber auch ofenfrisch einfrieren und tiefgefroren im Backofen aufbacken.

SERVIERVORSCHLAG

Focaccia in Vierecke schneiden und zusammen mit Brot als Beilage oder Snack servieren. Im Gegensatz zu Brot wird keine Butter dazu gereicht.

WELCHER WEIN PASST DAZU?

Die Weinauswahl hängt wie beim Brot nicht von der Focaccia ab, sondern vom Gericht, zu dem sie gegessen wird. Wird sie ohne weitere Begleitung serviert, empfiehlt sich ein sehr feiner Weißwein wie Gavi, Lugana oder Ribolla gialla.

DIE BESTEN ADRESSEN

Entlang der ligurischen Küste gibt es zahlreiche Bäcker, die gute Focaccia machen.
In La Spezia empfiehlt sich die Farinata La Pia, Via Magenta 12, aus deren Ofen trotz des Namens nicht nur »farinate«, eine Art Pfannkuchen, sondern auch hervorragende heiße Focaccia kommt.
In Monterosso, einem der fünf Dörfer der Cinque Terre, ist die beste Focaccia beim Bäcker in der Via Roma 61 erhältlich.
Eine ausgesprochen gute Focaccia gibt es auch in Pieve di Teco, Provinz Imperia, in der Panetteria Odetto, Via de Filippi 1.
In Ventimiglia sollte man unbedingt die Foccacia in der Panetteria Meineri, Via Genova 128, versuchen.

LOMBARDEI

Kulinarische Vielfalt

Aus gastronomischer Sicht ist die Lombardei wohl die uneinheitlichste Region Italiens, denn hier hat jede Stadt ihre ganz eigenen Gerichte, die schon ein paar Kilometer weiter scheinbar völlig »unter den Tisch« fallen. Betrachtet man das Ganze aus geographischer Sicht, drängt sich die Frage auf, welches Landschaftsbild für diese Region charakteristisch ist: die Poebene mit ihren Reisfeldern und Torfmooren, die Seen und Flüsse oder die Gebirgslandschaften. Auch hinsichtlich der Städte fragt man sich, ob der Lebensstil einer Metropole wie Mailand den Ton angibt oder eher die kleineren Städte wie Pavia und Bergamo. Eins ist allerdings sicher: Reis nimmt hier einen weitaus größeren Stellenwert ein als Nudeln, sei es in Suppen oder als einfacher Risotto mit Butter und Parmesan, oder mit Safran, der dann als Beilage zum Ossobuco, zu deftigen Würsten oder zu jeder Art von Gemüse serviert wird. Natürlich hat jede Stadt auch beim Reis ihre Spezialität: In Mantua etwa ißt man zum Reis bevorzugt Salsicca, eine pikant gewürzte Wurst, oder kleine Salamis, und man sollte dort unbedingt einen Risotto alla pilota probieren, der nach den Reisschälern (»pilatura« = Schälen) benannt wurde.

Fresko in der Sala dei Giganti im Palazzo Te in Mantua (oben).

Risotto Milanese mit Safran (rechts).

Will man zum kulinarischen Genuß anderer typischer Gerichte aus Mantua wie Tortelli di zucca (mit Kürbis gefüllte Nudeln), Pasta rasida (Bohnen-Kartoffel-Suppe mit frischen Eiernudeln) oder Bigoli mit Sardellen (hausgemachte spaghettiähnliche Nudeln) auch Kulturelles genießen, steht an erster Stelle zweifellos die Besichtigung des Palazzo del Te, eines der grandiosesten und besterhaltensten Beispiele der Architektur des 16. Jahrhunderts, in dessen Innerem die schönen Fresken der Sala di Psiche und Sala dei Giganti zu sehen sind. Ganz zu schweigen vom Palazzo Ducale mit der berühmten Camera degli Sposi, die Mantegna in der zweiten Hälfte des 15. Jahrhunderts mit seinen Fresken ausschmückte.

Neben dem Reis gibt es noch ein weiteres Gericht, das sich wie ein roter Faden durch die Region zieht: die Polenta. Doch auch hier gibt es unzählige Arten, angefangen bei den unterschiedlichen Mehlsorten: das Buchweizenmehl (grano saraceno) für die Polenta taragna (mit Butter und Käse) und die mit Milch gekochte Polenta – beides Spezialitäten des Veltlin. Das oft grobkörnige Maismehl wird zur Zubereitung einfacher Polenta als Beilage zu Fleisch oder Gemüse oder für Polenta pasticciata (mit Butter, Käse und Wurst) verwendet. Buchweizen ist auch die Grundzutat der Pizzoccheri, einer anderen Veltliner Spezialität, die in Butter

Fassade der Certosa di Pavia, des berühmten Klosterkomplexes, dessen Bau Ende des 14. Jahrhunderts begann.

und Käse geradezu schwimmt, als wolle sie daran erinnern, daß man nach einer anstrengenden Bergtour bald wieder zu neuen Kräften kommen muß. Will man von den Alpen zu den Seen, hat man die Qual der Wahl, denn die Lombardei besitzt – oder vielleicht ist es besser zu sagen, sie teilt sich mit anderen Regionen – die zwei größten Seen Italiens: den Lago Maggiore und den Gardasee. Und wie könnte man es sich kulinarisch entgehen lassen, diesen Überfluß an Süßwasserfischen zu nutzen?

Es entstanden Gerichte auf der Basis von Aal, Karpfen, Barsch, Moräne, Hecht und Schleie, und rund um den Comer See kann man zum Beispiel Spezialitäten wie die Missoltitt in gratella finden, zwischen Mai und Juni gefangene Fische, die mit Lorbeerblättern umwickelt in der Sonne getrocknet werden. Ein anderes Gericht dieser Gegend ist der Pesce persico – Barschfilet, das in einer Panade aus Mehl, Ei und Semmelbröseln in Butter gebacken wird. Und wenn man schon einmal in dieser Gegend ist, sollte man neben dem Besuch der kleinen Städte Lecco und Como auch die Mühe eines kleinen Fußmarsches auf sich nehmen, der von Civate zur romanischen Abtei San Pietro al Monte führt. Von den Seen gelangen wir schließlich zu den Städten der Poebene. Hier bietet es sich an, den kulinarischen Streifzug mit kulturellen Abstechern auf den Spuren der Sforza zu verbinden, jenem Herrschergeschlecht, unter dem sich einst einer der glanzvollsten Höfe Europas entwickelte und dem wir die Einführung des Reisanbaus in der Lombardei verdanken.

Von Mailand aus mit dem Castello Sforzesco und der Pietà Rondanini von Michelangelo bietet sich ein Besuch in Vigevano mit einer der schönsten Platzanlagen Italiens an: die Piazza Ducale, welche Bramante auf Wunsch von Ludovico il Moro realisierte. Während des ausgiebigen Rundgangs sollte man unbedingt einen ausgezeichneten Risotto alla milanese probieren, der mit Zwiebeln, Rindermark, Fleischbrühe und Safran zubereitet wird. Dazu gehört ein klassisches Ossobuco aus Kalbfleisch und ein guter Barbera-Rotwein.

Der Weg durch Vigevano führt weiter zur Certosa di Pavia, in der sich die Familiengräber der Sforza befinden, und nach Lodi, wo am 19. Januar zu Ehren des Stadtheiligen unter dem Portikus des Broletto kostenlos Büseca – Kutteln – angeboten werden. Hat man nicht das Glück, genau an diesem Tag dort zu sein, bleibt einem nichts anderes übrig, als sich in einem der Restaurants eine Zuppa alla Pavese mit altbackenem Brot, Brühe, Butter und Ei, oder einen Risotto alla Certosina mit Flußkrebsen, Froschschenkeln und Fischsud schmecken zu lassen. Eine letzte Hommage an die Sforza ist der Torrone, denn diese köstliche Süßigkeit aus Nougat wurde erstmals im Jahr 1441 anläßlich des Hochzeitsmahls von Bianca Maria Visconti und Francesco Sforza zubereitet und anschließend an die mehr als 6000 Hochzeitsgäste auf dem großen Domplatz von Cremona verteilt.

Schachtel eines Torrone Vergani zu Beginn dieses Jahrhunderts; auf dem Deckel eine Ansicht von Cremona.

Tortelli di zucca

Nudeln mit Kürbisfüllung

Zubereitungszeit
60 Minuten zuzüglich Ruhezeit

Kochzeit
30 Minuten

Schwierigkeitsgrad
mittel

Zutaten für 4 Personen
- 1,5 kg Kürbis
- 150 g Amaretti
- 100 g Senffrüchte
- Salz
- Muskatnuß
- 4 Eier
- Parmesan
- 350 g Mehl
- 80 g Butter

Dazu schmeckt ein trockener Weißwein, z. B.
- Oltrepò pavese Riesling
- Trebbiano di Aprilia

1 Den Backofen auf 180 °C vorheizen. Den Kürbis schälen, Kerne und Fasern entfernen, und das Fruchtfleisch in Stücke schneiden. Das Kürbisfleisch etwa 20 Minuten im Backofen garen, bis es weich und trocken ist. Die Amaretti fein zerbröseln und die Senffrüchte sehr fein hacken.

2 Das Kürbisfleisch durch ein sehr feines Sieb streichen und mit den Amaretti und den Senffrüchten vermischen. Etwas Salz, 1 Prise Muskatnuß, 1 Ei und 4 Eßlöffel geriebenen Parmesan zugeben und alles kräftig verrühren. Die Mischung zugedeckt etwa 30 Minuten durchziehen lassen.

3 Das Mehl auf ein Nudelbrett sieben und in die Mitte eine Mulde drücken. Die restlichen Eier und etwas Wasser in die Mulde geben und alles zu einem homogenen, festen Teig verkneten. Den Teig dünn ausrollen und in etwas 6 Zentimeter große Quadrate schneiden. In die Mitte jedes Teigstückchens eine nußgroße Menge der vorbereiteten Füllung setzen, den Teig zu einem Dreieck falten und an den Rändern leicht zusammendrücken. Die Spitze der Dreiecke jeweils nach unten klappen und so zu einem kleinen Bündel formen. Die Tortelli mit einem Tuch bedeckt einige Stunden ruhen lassen.

4 Reichlich Salzwasser zum Kochen bringen und die Tortelli darin bißfest kochen. Inzwischen die Butter goldgelb zerlassen, bis sie schäumt. Die Tortelli mit einer Schöpfkelle herausheben, gut abtropfen lassen, auf einer vorgewärmten Platte anrichten und mit reichlich frisch geriebenem Parmesan bestreuen. Mit der Butter übergießen und sofort servieren.

Sehr dekorativ sieht es aus, wenn Sie die Tortelli statt auf einer Platte in einem ausgehöhlten Kürbis servieren (siehe Bild).

Mac del varesotto

Reis-Kastanien-Suppe

Zubereitungszeit
15 Minuten zuzüglich Zeit zum Wässern

Kochzeit
3 Stunden

Schwierigkeitsgrad
einfach

Zutaten für 4 Personen
- 200 g getrocknete Eßkastanien
- 1 Lorbeerblatt
- Salz
- 1 l Milch
- 4 Handvoll Reis

Dazu schmeckt ein Roséwein, z. B.
- Chiaretto del Lago d'Iseo
- Biferno rosato

1 Die Kastanien mindestens 8 Stunden in lauwarmes Wasser legen, abgießen, alle Häutchen entfernen und waschen.

2 Die Kastanien mit Wasser bedeckt zusammen mit dem Lorbeerblatt und 1 Prise Salz bei geringer Hitze etwa 2 3/4 Stunden kochen, bis sie fast das ganze Wasser aufgesogen haben. Das Lorbeerblatt entfernen und die Kastanien mit einer Gabel grob zerkleinern.

3 Die Milch zugießen, zum Kochen bringen und den Reis zufügen. Die Suppe unter gelegentlichem Rühren 15 Minuten kochen und mit Salz abschmecken.

Polenta pasticciata

Polenta-Auflauf

Zubereitungszeit
20 Minuten
zuzüglich Zeit
zum Auskühlen

Kochzeit
90 Minuten

Schwierigkeitsgrad
mittel

Zutaten für 4 Personen

- 1 Handvoll grobes Meersalz
- 500 g grober Maisgrieß
- 20 g getrocknete Pilze
- 1 Selleriestange
- 1 große Zwiebel
- 150 g Salsiccia (ital. Bratwurst aus würzig-scharfem Schweinebrät)
- 500 g Tomatenpüree
- Salz, Pfeffer
- 100 g Bel Paese oder Butterkäse
- geriebener Parmesan
- Butter
- Butter für die Form

Dazu schmeckt ein leichter Rotwein, z. B.

- Castelchiaro rosso
- Colli piacentini Bonarda

1 2 Liter Wasser und das Salz in einem Kupfertopf zum Kochen bringen. Sobald das Wasser kocht, den Maisgrieß einrieseln lassen und mit einem langen Holzkochlöffel gut verrühren. Wenn der Maisgrieß große Blasen wirft, die Hitze auf ein Minimum reduzieren und die Polenta mindestens 45 Minuten unter ständigem Rühren kochen. Sobald die Polenta fester wird, von unten nach oben rühren, damit sie nicht anbrennt. Die heiße Polenta auf ein großes Holzbrett gießen und vollständig auskühlen lassen.

2 Die Pilze in lauwarmem Wasser einweichen, ausdrücken und grob hacken. Das Einweichwasser beiseite stellen. Den Sellerie waschen und trockentupfen, die Zwiebel abziehen. Sellerie und Zwiebel klein schneiden und in 40 Gramm Butter anbraten. Das Wurstbrät grob zerkleinern, zufügen, ebenfalls anbraten und die Pilze zugeben. Die pürierten Tomaten und das Pilzeinweichwasser dazu gießen, alles salzen und pfeffern und bei mittlerer Hitze etwa 20 Minuten kochen.

3 Den Backofen auf 200 °C vorheizen. Eine tiefe, feuerfeste Form mit etwas Butter einfetten. Die kalte Polenta in 1/2 Zentimeter dicke Scheiben oder kleine Würfel schneiden. Den Käse ebenfalls in Scheiben schneiden.

4 Nacheinander Polenta, Sauce, Parmesan und Käse in die Form einfüllen und als letzte Schicht Tomatensauce darüber geben. Etwas Parmesan und einige Butterflöckchen darüber streuen. Den Auflauf etwa 20 Minuten im Backofen überbacken und in der Auflaufform servieren.

Brasato

Rinderschmorbraten

Zubereitungszeit
20 Minuten

Kochzeit
3 Stunden

Schwierigkeitsgrad
einfach

Zutaten für 4–6 Personen

- 1 kg mageres Rindfleisch zum (Keule oder Schulter)
- 50 g geräucherter Speck
- 1 Knoblauchzehe
- ca. 300 g Karotten
- 3 Selleriestangen
- 250 g Zwiebeln
- 1 Lorbeerblatt
- 3 Gewürznelken
- 30 g Butter
- Salz

Dazu schmeckt ein vollmundiger Rotwein, z. B.

- Valtellina superiore
- Sassicaia

1 Den Speck keilförmig schneiden, den Knoblauch abziehen und das Fleisch mit beidem spicken. Karotten, Sellerie und Zwiebeln putzen bzw. abziehen und in Stücke schneiden. Alles in einen möglichst gußeisernen Bräter geben und das Lorbeerblatt, die Nelken, einige Butterflöckchen und Salz zugeben. Den Bräter mit einem fest schließenden Deckel abdecken und alles 3 Stunden bei geringer Hitze schmoren, das Fleisch dabei ein- bis zweimal wenden und etwas salzen.

2 Das Fleisch herausnehmen, in Scheiben schneiden und zusammen mit dem Gemüse servieren (das Gemüse nach Belieben vorher durch ein Sieb streichen). Dazu paßt Polenta oder Kartoffelpüree.

Dieser Rinderschmorbraten ist typisch für die Mailänder Gegend. Im nahen Brianza etwa wird er mit Tomatensauce oder -stückchen zubereitet.

Asparagi alla milanese

Grüner Spargel auf Mailänder Art

Zubereitungszeit
20 Minuten

Kochzeit
30 Minuten

Schwierigkeitsgrad
mittel

Zutaten für 4 Personen
- 1,2 kg grüner Spargel
- Salz
- 100 g geriebener Parmesan
- 120 g Butter
- 4 Eier
- Pfeffer
- eventuell 1 hartgekochtes, kleingehacktes Ei

Dazu schmeckt ein trockener Weißwein, z. B.
- Valcalepio bianco
- Bianco della Valdinievole

1 Vom Spargel die holzigen Enden abschneiden. Die Stangen von oben nach unten schälen, kurz abspülen, abtropfen lassen und zu 4 Bündeln binden, bei denen die Spitzen auf gleicher Höhe sind. überstehende Enden mit einem scharfen Messer abschneiden.

2 Die Spargelstangen in kochendes Salzwasser stellen, so daß die Spitzen 4 Fingerbreit aus dem Wasser herausstehen, und etwa 15 Minuten kochen, bis sie zart, aber nicht weich sind. Die Spargelbündel herausheben, die Fäden vorsichtig entfernen und die Stangen auf einer Platte oder auf 4 Tellern übereinander schichten. Den Spargel mit Parmesan bestreuen und warm stellen.

3 Die Butter in einer Pfanne goldbraun zerlassen und die Eier hineinschlagen. Wenn das Eiweiß zu stocken beginnt, die Eigelbe aber noch weich sind, die Spiegeleier salzen und pfeffern, auf der Platte mit dem Spargel anrichten und mit der gebräunten Butter übergießen (noch schöner sehen die Eier aus, wenn sie nacheinander in einem kleinen Pfännchen gebraten werden). Den Spargel nach Belieben noch mit etwas gehacktem Ei bestreuen und servieren.

Budino di panettone

Panettone-Pudding

Zubereitungszeit
45 Minuten zuzüglich Kühlzeit

Kochzeit
45 Minuten

Schwierigkeitsgrad
mittel

Zutaten für 6 Personen

- 3/4 l Milch
- 150 g Zucker
- 1 kleines Stück Zimtstange
- 1 Stück unbehandelte Zitronenschale
- ca. 500 g altbackener Panettone
- 125 g Blockschokolade
- 2 Eier
- 4 Eigelb
- 5 EL Rum
- 5 EL Marsala
- Butter für die Form

1 Die Milch mit dem Zucker, der Zimtstange und Zitronenschale etwa 10 Minuten kochen, lauwarm abkühlen lassen und durch ein Sieb gießen. Eine Puddingform von 2 Litern Fassungsvermögen und einem hohen, glatten Rand dick ausbuttern. Ein Stück Alufolie drei- bis viermal zu 2 langen, etwa 3 fingerbreiten Streifen falten. Die Streifen über Kreuz auf den Boden der Form legen und die Enden aus der Form stehen lassen. Den Panettone in dünne Scheiben schneiden und mit einem Teil davon Boden und Wände der Form auslegen. Die Schokolade zerkleinern.

2 Eier und Eigelbe in einer Schüssel verquirlen und die lauwarme Milch dazugießen. In einer Tasse den Rum mit dem Marsala vermischen und die Panettonescheiben in der Form damit tränken. Einige Schokoladenstückchen darauf verteilen, mit Panettone bedecken und so Schicht für Schicht einfüllen, bis alle Zutaten verbraucht sind. Die Milch-Eier-Mischung langsam darübergießen, damit sie vom Panettone aufgesogen wird.

3 Den Backofen auf 180 °C vorheizen. Die Form in ein größeres Gefäß stellen und in das Gefäß kochendes Wasser bis etwa 3 Fingerbreit unter den Rand der Puddingform einfüllen. Den Pudding 35 Minuten im Backofen garen, erkalten lassen, auf eine Platte stürzen und mit Hilfe der Alustreifen aus der Form lösen. Dazu schmeckt eine heiße Schokoladensauce oder eine Zabaione.

LOMBARDEI

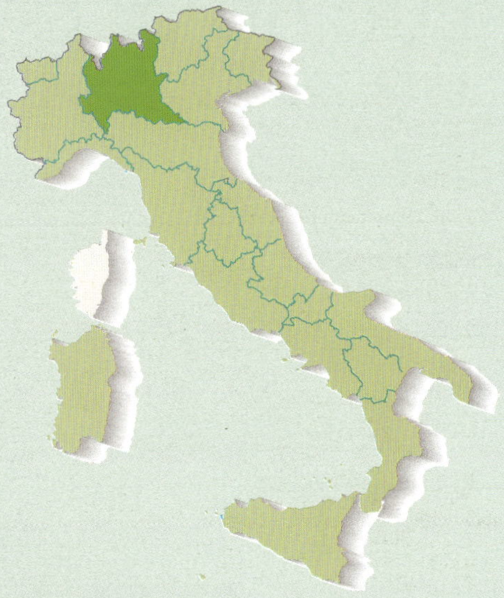

SPEZIALITÄTEN

Antipasti
Bresaola
Missoltitt
Salame d'oca

Primi
Agnoli in brodo
Casonsei
Gnocchi al gorgonzola
Marubini
Minestrone
Paniscia
Pizzoccheri
Polenta taragna
Riso alla ›pilota‹
Risotto al salto
Risotto alla certosina
Risotto alla milanese
Risotto con gli aurtiz
Tortelli dolci di zucca
Zuppa alla pavese

Secondi
Busecca
Cassoeula
Costoletta alla milanese
Ossobuco alla milanese
Polenta e osei
Pollo alla Marengo
Rane fritte
Rustin negàa
Rustisciada
Sciatt

Desserts
Bisciola
Brassadei
Büselà
Panettone Torrone
Torta sbrisolona
Tortionata

TYPISCHE RESTAURANTS

Benedetto Girelli
Via Nazionale 17, Barghe (BS)
Tel. 0365/84140, Dienstag Ruhetag

Antica Trattoria della Colombina
Via Borgo Canale 12, Bergamo
Tel. 035/261402, Freitag Ruhetag

Osteria del Crotto
Madonna, Morbegno (SO)
Tel. 0342/614800, Sonntag Ruhetag

Trattoria Milanese
Via Santa Maria 11, Mailand
Tel. 02/86451991, Dienstag Ruhetag

Kotelett Mailänder Art

Italia
Via Garibaldi 1, Torre de' Picenardi (CR)
Tel. 0375/94108, Sonntagabend geschlossen

Torrazzetta
Torrazzetta I, Borgo Priolo (PV)
Tel. 0383/871041, Montag Ruhetag

Passerini
Via Dolzino 128, Chiavenna (SO)
Tel. 0343/36166, Montag Ruhetag

La Madonnina
Via Gentilino 6, Mailand
Tel. 02/89409089, Sonntag Ruhetag

Aquila Negra
Vicolo Bonacolsi 4, Mantua
Tel. 0376/327180, Sonntagabend und Montag geschlossen

L'Ochina bianca
Via Finzi 2, Mantua
Tel. 0376/323700, Montag und Dienstagmittag geschlossen

Crotasc
Via Don Lucchinetti 63, Mese (SO)
Tel. 0376/41003, Montag/Dienstag Ruhetag

Alfredo Gran San Bernardo
Via Borghese 14, Mailand
Tel. 02/3319000, Sonntag Ruhetag

Masuelli San Marco
Viale Umbria 80, Mailand
Tel. 02/55184138, Sonntag und Montagmittag geschlossen

Mellini
Via Bissolati 105, Cremona
Tel. 0372/411803, Sonntagabend und Montag geschlossen

Via Vai
Bolzone, Via Libertà 18
Ripalta Cremasca (CR)
Tel. 0373/68697 (neue Nummer: 268232)
Dienstag und Mittwoch Ruhetag

Bresaola mit Bitto

Colombi
Loglio di Sotto I,
Moltù Beccaria (PV)
Tel. 0385/60049

Vecchio Fiume
Contrada Cima alle case 1, Morbegno (SO)
Tel. 0342/610248, Dienstagabend und Mittwoch geschlossen

Trattoria Volpi
Nosadello, Via Indipendenza 36
Pandino (CR)
Tel. 0373/90100, Sonntagabend und Montag geschlossen

Antica Trattoria Lisetta
Via Benzoni 36, Palazzo Pignano (CR)
Tel. 0373/982400
Mittwochabend und Donnerstag geschlossen

Antica Osteria del Previ
Via Milazzo 65, Pavia
Tel. 0382/26203, Mittwoch Ruhetag

Antica Trattoria delle Rose
Via Gasparo da Salò 33, Salò (BS)
Tel. 0365/43220, Mittwoch Ruhetag

Fulmine
Via Carioni 12, Trescore Cremasco (CR)
Tel. 0373/273103, Sonntagabend und Montag geschlossen

WEINE

Weißweine
Chiavennasca, Cortese, Franciacorta
Lugana, Pinot, Riesling
Tocai, Valcalepio, Verdea

Roséweine
Chiaretto del Garda, Pinot rosato

Rotweine
Barbacarlo, Barbera, Bonarda
Botticino, Buttafuoco, Capriano del Colle, Cellatica, Franciacorta
Grumello, Inferno
Rosso di San Colombano
Sassella, Sforzato, Valcalepio, Valgella

Dessertweine
Moscato, Sangue di Giuda

KÄSE

Bagoss
Bitto
Branzi
Caprino di Montevecchia
Casera
Gorgonzola
Grana padano
Mascarpone
Mascherpa
Quartirolo
Salva, Scimudin
Stracchino, Taleggio

EINKAUFSMÖGLICHKEITEN FÜR TYPISCHE REGIONALE PRODUKTE

Weine
Cantina Sociale di Casteggio
Via Emilia, Casteggio (Pavia)

Enoteca Marino
Via Dolzino 66, Chiavenna (Sondrio)

Fratelli Ciapponi
Piazza 3 novembre 23, Morbegno Sondrio

Enoteca Pi Due
Via Trieste, Ecke Via B. Campi, San Colombano al Lambro (Mailand)

Wurst
Pozzi
Via Roma 39, Bormio (Sondrio)

Salumeria Saronni
Corso Mazzini 38, Cremona

Gastronomia Gatti
Darfo (Brescia)

Salumeria Carra
Via Tassoni I, Mantua

Käse
Ol Formager
Piazzale Oberdan 2, Bergamo

Gastronomia Bonetti
Via Fratelli Dandolo2, Brescia

Nuova Casa del Formaggio
Via Roma 81, Lecco

Fratelli Ciapponi
Piazza 3 novembre 23, Morbegno (Sondrio)

Panettone

Wo dieses Gebäck, das zur Weihnachtszeit allgegenwärtig ist, zum erstenmal zubereitet wurde und woher es seinen Namen hat, weiß man nicht genau. Sicher ist, daß es mit seinem unvergleichlich feinen Geschmack und seiner Wandlungsfähigkeit durch Füllungen, Glasuren und Cremes ganz Italien erobert hat.

Von Mailand aus wurde der Panettone zum italienischen Weihnachtsgebäck par excellence.

Dem Volksmund nach ist der Panettone einem Zufall oder vielmehr einem Irrtum zu verdanken: Angeblich hat ein Mailänder Bäckerlehrling den Teig eines Kuchens mit kandierten Früchten und Rosinen versehentlich zu einem Brotteig geschüttet – und heraus kam ein Gebäck, auf das bald die ganze Stadt stolz war.

Auch der Name »Panettone« läßt eine Vielzahl möglicher Erklärungen zu. Einige behaupten, er bezeichne einfach ein großes Brot (die Nachsilbe -one ist im Italienischen eine Vergrößerungsform), er könnte aber auch eine Kurzform von »Pan de Toni« sein und auf den Namen seines Erfinders verweisen. Nicht zuletzt ist auch denkbar, daß der Name aus »pan de ton« entstanden ist, was soviel wie »wichtiges Brot« heißt, also ein Brot für ganz besondere Anlässe.

Wie dem auch sei – in Mailand werden kleine Panettone das ganze Jahr über gegessen. Zu Weihnachten werden größere Panettone in Form von Broten hergestellt, um damit an das »pan grande«, das »große Brot«, zu erinnern, welches das Familienoberhaupt früher am Weihnachtstag feierlich aufschnitt, um es an Frau und Kinder als Symbol für Glück und Gesundheit zu verteilen.

HERSTELLUNG

Panettone ist ein süßes Gebäck auf der Basis von Hefeteig, der Butter, in Wasser aufgelösten Zucker, viele Eier, Eigelbe, Sultaninen und kandierte Früchte enthält. Der Teig wird gut geknetet und nach mehreren Gehzeiten gebacken.

AUFBEWAHRUNG

Panettone sollte in der Verpackung an einem kühlen Ort aufbewahrt und auch nach dem Öffnen in der Schachtel kühlgestellt werden. Vor dem Servieren den Panettone kurz erwärmen, wodurch der Kuchen lockerer wird.

EINKAUFSTIP

In der Weihnachtszeit bieten viele Bäckereien sowie namhafte und weniger bekannte Hersteller den beliebten Panettone an. In der Regel ist der selbst hergestellte Panettone aus den Bäckereien zwar am teuersten, dafür aber auch am besten. Auch die großen Marken stehen durchwegs für gute Qualität, während der Kauf von weniger bekannten Marken immer ein Risiko ist, weil hier häufig nicht mehr ganz frische Ware angeboten wird und in den meisten Fällen auch keine erstklassigen Zutaten verwendet werden. Es ist deshalb ratsam, sich nicht von den ganz billigen Produkten verführen lassen. Wer dennoch nicht allzu viel ausgeben will, kann abwarten, bis die Geschäfte nach Weihnachten ihre nicht verkauften Panettone, darunter oft auch die der besten Hersteller, zu reduzierten Preisen abgeben.

KULINARISCHE EMPFEHLUNGEN

Der zu Weihnachten äußerst beliebte Panettone findet auch außerhalb der Festzeit immer mehr Liebhaber. Er schmeckt Kindern und Erwachsenen gleichermaßen, bereichert das Frühstück und eignet sich für immer neue, köstliche Dessertkreationen.

• Eine englische Creme zubereiten und einige Blätter aufgelöste Gelatine unterrühren. Rosinen, klein gehackte kandierte Früchte und in kleine Würfel geschnittenen Panettone unterrühren, die Creme in Portionsförmchen füllen und im Kühlschrank in ein paar Stunden fest werden lassen.

• In Scheiben geschnittenen Panettone anstelle von Weißbrot oder Bisquit zur Zubereitung einer Charlotte verwenden.

• Einen kleinen Panettone mit einem Durchmesser von höchstens 20 Zentimetern horizontal in etwa 2 Zentimeter dicke Scheiben schneiden. Die Panettonescheiben mit steif geschlagener Sahne bestreichen, mit glasierten Maronenstückchen bestreuen und wieder aufeinandersetzen.

• Auch trockener, altbackener Panettone läßt sich noch verwenden: Den Panettone zerbröseln und die Brösel in warmer Milch einweichen. 1 bis 2 verquirlte Eier und soviel Mehl unterrühren, bis eine feste Masse entsteht. Die Masse mit einem Eßlöffel portionsweise in reichlich heißes Öl geben, goldbraun fritieren, auf Küchenpapier abtropfen lassen und vor dem Servieren mit Zucker oder Puderzucker bestreuen.

WELCHER WEIN PASST DAZU?

In der Regel trinkt man in Italien zum Panettone einen trockenen Sekt oder Champagner oder auch einen trockenen Weißwein. Diese Kombination ist allerdings etwas fragwürdig, denn zum einen sollte ein Wein gemäß der Regel »Süßes zu Süßem« grundsätzlich mit den Süßspeisen harmonieren. Ein trockener Wein schmeckt dagegen fast bitter und zerstört damit den Geschmack des Panettone. Zum anderen sollte man zu Gebäck mit viel Hefe, wie beispielsweise dem Panettone, keine vergorenen Weine wie Sekt oder Champagner trinken. Es empfiehlt sich daher ein süßer, nicht moussierender Wein wie etwa einer der zahlreichen Moscato-Weine aus Asti, Albana di Romagna oder Verduzzo di Ramandolo. Wenn Sie dennoch nicht auf einen moussierenden Wein verzichten wollen, sollte es ein guter Asti Spumante oder ein halbtrockener Sekt bzw. ein halbtrockener Champagner sein.

DIE BESTEN ADRESSEN

Ein Panettone der großen Hersteller ist überall in Italien in guter Qualität erhältlich. Wer aber in den Genuß eines frisch vom Bäcker hergestellten Panettone kommen will und das womöglich auch noch in Mailand, hat die Qual der Wahl: Der Panettone der Pasticceria Ambrosiana zählt zu den besten Mailands; hervorragend ist auch der Panettone in den Bäckereien Pasticceria Cova (manche Leute behaupten, daß hier sein »Geburtsort« sei) und Sant' Ambroeus. Wer gefüllten Panettone bevorzugt, sollte in die Pasticceria Marchesi gehen, wo man ihn mit köstlicher Sahnefüllung bekommt.

TRENTINO–SÜDTIROL

Die Küche einer Grenzregion

Eine typische Südtiroler Süßspeise ist der Strudel.

Aus historischer Sicht ist nicht unschwer zu erklären, warum die typische Trentiner Küche so wenig mit der Südtiroler Küche gemein hat, die sich sehr viel eher mit der traditionellen österreichischen und deutschen Küche vergleichen läßt. Man muß deshalb in gastronomischer Hinsicht klar unterscheiden zwischen Südtirol mit seinen vielfältigen Zubereitungen aus Schweinefleisch, Sauerkraut und Knödeln sowie den oft mit Preiselbeeren oder Pflaumenmus kombinierten Fleischgerichten und der Trentiner Küche mit ihren Spezialitäten Polenta, Kartoffeln und Suppen sowie den traumhaften, mit Marmelade oder Trockenfrüchten gefüllten Süßspeisen.
Wie wenig italienisch die Südtiroler Küche ist, zeigt, daß hier Nudeln und Reis oft nur als Beilagen und nicht als eigenständige, mit den unterschiedlichsten Zutaten zubereitete Gerichte angesehen werden. Statt dessen bevorzugt man Graupensuppen, Eintöpfe mit Kraut oder Fleisch und vor allem Knödel, große Klöße oder Nockerln aus trockenem Brot, Milch, Mehl und Ei, denen alles, was die Küche hergibt, beigemischt werden kann: Speck, Leber, Gemüse und vieles mehr. Diese Speisen rufen unwillkürlich die Bergbauernhöfe in Erinnerung, jene uralten, abseits gelegenen Häuser vor allem im Val d'Ultimo (Ultental), deren Bewohner gewöhnlich alles, was sie brauchen, selbst produzieren, um so ein völlig unabhängiges Leben führen zu können. Diese Bergbauern haben ihren Acker, ihre Mühle zum Getreidemahlen, ihren Wald als Lieferant für Baumaterial, ihre Pferde für den Holztransport und so weiter. Im Ultental sollte man außer Knödeln unbedingt auch einmal das Wildgulasch oder den Schwarzwurzeleintopf mit geröstetem Pfefferkuchen probieren, und nicht zu vergessen natürlich die unvergleichlichen Mehlspeisen: Mohnkrapfen, Strudel, Dampfnudeln mit Heidelbeermarmelade und Vanillesauce oder auch Kaiserschmarren mit Preiselbeeren.

Bergbauernhöfe im Ultental.

In geschmacklich reizvollem Gegensatz zur bäuerlich-rustikalen Tradition steht die der mittelalterlichen Feudalherren. Ein Besuch im Val Venosta (Vintschgau), der Gegend zwischen dem Quellgebiet von Etsch und der Stadt Meran, ist daher geradezu ein »Muß«. Unbedingt Halt machen sollte man in Sluderno (Schluderns) mit dem Castel Coira (Churburg), einem der sehenswertesten Beispiele mittelalterlicher Feudalarchitektur in ganz Südtirol. In Meran empfiehlt sich dagegen nach einem Entdeckungsrundgang durch die Altstadt mit dem Dom, der Burg und der Laubengasse ein Mittagessen mit typischen Tiroler Ge-Gerichten wie Camoscio alla tirolese – Gemse auf Tiroler Art. Hierfür wird das Gemsenfleisch fünf bis sechs Tage in eine Marinade aus Wein, Essig, Zwiebeln, Sellerie, Lorbeerblätten, Gewürznelken und Ingwer eingelegt und dann in Rotwein und saurer Sahne gekocht. Mindestens ebenso charakteristisch sind Reh mit Preiselbeersauce, Rindergulasch oder Kalbshaxe. Dazu gibt es Meraner Blaukraut (Rotkohl) mit Zwiebeln und säuerlichen Äpfeln (Renette).

Noch mehr zum Thema »Burg« bietet weiter südlich die Burg von Toblino auf einer kleinen Insel im gleichnamigen See. Die märchenhaft gelegene Burg, die man unbedingt besuchen sollte, ist in Privatbesitz, und am 9. August findet hier alljährlich ein erlesenes Abendessen in historischen Gewändern und mit traditionellen, nach uralten Rezepten zubereiteten Speisen statt.

Wie bereits erwähnt, ist die Trentiner Küche eine völlig andere, denn hier spielt die Polenta bei den Menüs die Hauptrolle. Sie wird immer auf eine ganz spezielle Art zubereitet, etwa mit Kartoffeln, Käse, Speck und in Öl und Butter gerösteten Zwiebeln. Oder auch die dunkle Polenta aus Buchweizenmehl, auf die zum Schluß eine Sauce aus zerkleinerten, in Butter angebratenen Sardellen kommt. Das dunkle Buchweizenmehl ist auch die Basis eines alten, bäuerlichen Gerichts mit Namen Smacafam, das, so die ursprüngliche Bedeutung, den Hunger stillen sollte. Es handelt sich dabei um eine ziemlich dünnflüssige Polenta, die zusammen mit in Scheiben geschnittenen, würzigen Würsten in eine mit zerlassenem Speck ausgeriebene Form gefüllt und im Ofen überbacken wird. Daneben gibt es aber auch eine süße Version des Smacafam, die traditionell während der Faschingszeit zubereitet wird: Dann kommen statt den Würsten Pinienkerne, Walnüsse, Rosinen und Anissamen in die Polenta.

Typisch für die Faschingszeit sind auch die Chifelini, kleine Hörnchen aus einem Mehl-Kartoffel-Teig mit köstlicher Marmeladenfüllung. Dieses exquisite Gebäck schmeckt ausgezeichnet zu einer Tasse heißer Schokolade oder mit etwas Schlagsahne. Zur Weihnachtszeit fehlen in keinem traditionsbewußten Südtiroler Haus die gehaltvollen Zelten, die mit getrockneten Feigen, Rosinen, Datteln, Zitronat, Walnüssen und Pinienkernen und einer Glasur aus Honig, Mandeln und kandierten Früchten hergestellt werden.

Die charakteristische Via dei Portici in Meran, im ältesten Teil der Stadt.

Die Churburg in Schluderns im Vinschgau.

Antipasto di mele

Gefüllte Äpfel

Zubereitungszeit
30 Minuten
zuzüglich Zeit
zum Ziehen

Schwierigkeitsgrad
mittel

Zutaten für 4 Personen
- 100 g Tatar
- Saft von 1 Zitrone
- Pfeffer
- 1 Knoblauchzehe
- 1 Endivien- oder Zichoriensalat
- 4 Delicious-Äpfel
- Salz
- 1 EL Olivenöl extra vergine

Dazu schmeckt ein weicher, aromatischer Weißwein, z. B.
- Alto Adige Sauvignon
- Cortese dei Colli tortonesi

1 Das Tatar in einer Schüssel mit 2 Eßlöffeln durchgeseihtem Zitronensaft und frisch gemahlenem schwarzem Pfeffer verrühren. Den Knoblauch abziehen, halbieren, den grünen Trieb entfernen und den Knoblauch in die Mitte des Tatars drücken. Das Fleisch zugedeckt einige Stunden kühl stellen.

2 In der Zwischenzeit den Endiviensalat waschen, verlesen, trockentupfen, in sehr feine Streifen schneiden und in ein Tuch wickeln. Die Äpfel waschen, abtrocknen und von jedem Apfel einen Deckel abschneiden. Dazu die Äpfel jeweils in etwa 3/5 Höhe zum Stielansatz mit einem kleinen, scharfen, spitzen Messer schräg anritzen, rundherum Zacken einschneiden und die Deckel vorsichtig abnehmen.

3 Die Apfeldeckel in Zitronensaft legen. Aus den unteren Apfelhälften mit einem spitzen Messer kleine Kugeln aus dem Fruchtfleisch ausstechen und ebenfalls in Zitronensaft legen. Auch das Innere der Äpfel jeweils mit etwas Zitronensaft beträufeln.

4 Vor dem Servieren den Knoblauch aus dem Tatar entfernen. Das Fleisch salzen und mit dem Olivenöl und den Apfelkugeln vermischen. Die unteren Apfelhälften sauber aushöhlen, die Masse einfüllen und die Deckel wieder aufsetzen.

5 Auf jeden Teller etwas von dem Endiviensalat anrichten und jeweils einen gefüllten Apfel in die Mitte setzen. Sofort servieren.

Canederli

Knödel

Zubereitungszeit
30 Minuten

Kochzeit
30 Minuten

Schwierigkeitsgrad
mittel

Zutaten für 4 Personen

- ca. 150 g altbackene Brötchen
- 15 EL lauwarme Milch
- 100 g geräucherter, durchwachsener Bauchspeck
- 1 Stückchen Zwiebel
- 50 g Salsiccia (Brühwurst)
- 1 kleine Handvoll Petersilienblätter
- 1 EL Olivenöl extra vergine
- 1 Ei
- Muskatnuß
- Weizenmehl
- 1 l Fleischbrühe
- geriebener Parmesan
- Pfeffer

Dazu schmeckt ein Roséwein, z. B.

- Alto Adige Lagrein rosato
- Arborea Sangiovese rosato

1 Das Brot zerkleinern und in einer Schüssel in warmer Milch einweichen. In der Zwischenzeit den Speck würfeln, die Zwiebel abziehen und fein hacken, die Wurst pellen und kleinschneiden, die Petersilie waschen, trockentupfen und fein hacken.

2 Den Speck in einer kleinen Pfanne im heißen Öl bei geringer Hitze auslassen, bis er glasig, aber nicht braun ist, und die Zwiebel zugeben. Wenn das Brot weich ist, zuerst Speck und Zwiebel, dann die Wurst, das Ei, 1 Prise Muskatnuß und die Petersilie zufügen. Soviel Mehl untermischen bis ein weicher Teig entsteht und den Teig gut verkneten.

3 Die Brühe zum Kochen bringen. Mit angefeuchteten Händen aus dem Teig etwa 12 eigroße Knödel formen. Die Knödel nacheinander in die kochende Brühe geben und bei schwacher Hitze 15 Minuten ziehen lassen.

4 Die Knödel mit reichlich frisch geriebenem Parmesan und Pfeffer bestreuen und in der Brühe servieren.

Die Knödel (»Canederli«) werden auch als Beilage zu gekochtem und gebratenem Fleisch oder als Hauptgericht zu Sauerkraut serviert.

Arrosto di maiale alle prugne

Schweinebraten mit Pflaumen

Zubereitungszeit
30 Minuten

Kochzeit
75 Minuten

Schwierigkeitsgrad
mittel

Zutaten für 4 Personen
- 200 g entsteinte Dörrpflaumen
- Cidre (Apfelwein)
- 1 kg Kotelettbraten
- Salz, Pfeffer
- Olivenöl extra vergine
- 1 Lorbeerblatt
- einige Gewürznelken
- 30 g Butter
- 1 TL feiner Senf

Dazu schmeckt ein vollmundiger Rotwein, z. B.
- Teroldego Rotaliano
- Vino Nobile di Montepulciano

1 Die Pflaumen kalt abspülen, in eine kleine Schüssel legen, mit Cidre übergießen und etwa 30 Minuten ziehen lassen.

2 Das Fleisch waschen, trockentupfen und mit einem scharfen, spitzen Messer von den Rippen lösen. Das Fleisch mit einem langen, an der Spitze abgerundeten Messer zuerst längs und dann quer bis zum Knochen einschneiden, so daß es sich wie ein Buch aufklappen läßt.

3 Die Pflaumen aus dem Apfelwein nehmen, abtropfen lassen und einige Pflaumen beiseite legen. Unter dem Knochen gleichmäßig eine Reihe Pflaumen verteilen, das Fleisch wieder zusammenklappen und eine zweite Reihe Pflaumen darauf legen. Das Fleisch zusammenrollen, mit weißem Küchengarn zwischen den Rippen zusammenbinden, salzen, pfeffern und in einen Bräter legen. Den Backofen auf 200 °C vorheizen.

4 Den Braten mit etwas Öl beträufeln. Das Lorbeerblatt in kleine Stücke brechen und zusammen mit den Nelken auf dem Fleisch verteilen. Den Braten gut 60 Minuten im Ofen garen, dabei ab und zu mit dem Fond übergießen, bis beim Anstechen mit einem feinen Spießchen ein weißer oder leicht rosaroter, aber klarer Saft austritt.

5 Kurz vor Ende der Garzeit die Butter in einer Pfanne zerlassen. Die restlichen Pflaumen grob schneiden und zusammen mit dem Senf in die Pfanne geben, etwas durchziehen lassen, mit einigen Eßlöffeln Cidre ablöschen und die Hitze zurückdrehen.

6 Das Fleisch aus dem Bräter nehmen, abtropfen lassen und auf eine vorgewärmte Platte legen. Den Fond durch ein Sieb zur Pflaumensauce streichen und alles gut verrühren. Das Küchengarn lösen und das Fleisch mit der Sauce übergießen.

Anstelle von Cidre können Sie auch einen trockenen Weißwein verwenden. In diesem Fall empfiehlt es sich aber mit den Pflaumen noch einige, am besten säuerliche Apfelspalten einzulegen.

Bozner Schnitten

Fette al cioccolato

Zubereitungszeit
30 Minuten
zuzüglich Abkühlzeit

Backzeit
30 Minuten

Schwierigkeitsgrad
einfach

Zutaten für 6–8 Personen

- 100 g zimmerwarme Butter
- 100 g Zucker
- 100 ml Milch
- 100 g Blockschokolade
- 3 Eier
- 150 g Weizenmehl
- 1/2 Päckchen Trockenhefe
- Marmelade
- geschlagene Sahne
- Butter für die Form

1 In einer Schüssel die Butter mit dem Zucker verrühren. Die Schokolade im Wasserbad schmelzen und unterrühren. Die Eier einzeln ebenfalls unterrühren. Das Mehl mit der Hefe vermischen, dazusieben und unter ständigem Rühren die Milch dazugießen. Alles zu einem glatten Teig rühren.

2 Eine Kastenform einfetten und den Backofen auf 200 °C vorheizen. Den Teig in die Form füllen und auf der mittleren Schiene 30 Minuten backen. Den Kuchen auf ein Kuchengitter stürzen und vollständig abkühlen lassen.

3 Kuchen der Länge nach quer durchschneiden, mit Marmelade füllen und beide Hälften wieder zusammensetzen. Die Schlagsahne mit einer Spritztülle auf dem Kuchen verteilen oder mit einem Messer etwa 1 Zentimeter dick verstreichen und mit Hilfe der Zinken einer Gabel mit einem Streifenmuster verzieren. Den Kuchen in Scheiben schneiden und servieren.

Als Füllung für diesen Kuchen eignet sich am besten Heidelbeermarmelade oder Pflaumen- oder Zwetschgenmus.

TRENTINO – SÜDTIROL

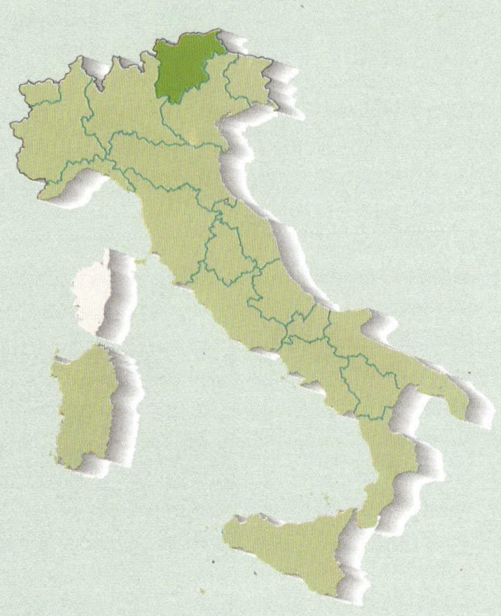

SPEZIALITÄTEN

Antipasti
Carn salada
Lucanica
Sisam
Speck

Primi
Canederli
Caronzei
Gnocchi alle ortiche
Orzotto
Schlutzkrapfen
Strangolapreti
Zuppa d'orzo
Zuppa di funghi

Secondi
Capriolo con polenta
Gulash di vitello
Stinco di maiale al forno
Tafelspitz
Tonco di pontesel

Desserts
Kaiserschmarren
Omelette con frutti di bosco
Strudel
Torta di carote
Torta di fregoloti
Zelten

TYPISCHE RESTAURANTS

Belvedere
Via Serafini 2, Arco (TN)
Tel. 0464/516144, Mittwoch Ruhetag

Stroblhof
Via Piganò 25, Appiano (BZ)
Tel. 0471/662250, Montag Ruhetag

Montana
Via Cima Nova 31, Luserna (TN)
Tel. 0464/789704, Donnerstag Ruhetag

Zur Rose
Via J. Innerhofer 2, Appiano (BZ)
Tel. 0471/662249, Sonntag und Montagmittag geschlossen

Il Picchio
Piazza Mercato - Terme di Comano
Bleggio - Lomaso (TN)
Tel. 0465/702170, Mittwoch Ruhetag

Castel Toblino
Via Caffaro 1, Calavino (TN)
Tel. 0461/864036, Dienstag Ruhetag

Mildas
Via Antonio Rosmini 7, Giustino (TN)
Tel 0465/502104, Sonntag/Montag Ruhetag

Steinbock
Via Flora 9, Glorenza (BZ)
Tel. 0473/831495, Montag Ruhetag

Malga Montagnoli
Montagnoli, Madonna di Campiglio (TN)
Tel. 0465/443355, Oktober/November, Mai/ Juni geschlossen

Conte Ramponi
Piazza San Marco 38, Malè (TN)
Tel. 0463/901989, Montag Ruhetag, während der Hochsaison täglich geöffnet

Ochsenschwanzgulasch

Malga Panna
Via Costalunga 29, Moena
Tel. 0462/573489, Dienstag Ruhetag, während der Hochsaison täglich geöffnet

Dorfnerhof
Casignano 5, Montagna (BZ)
Tel. 0471/819798, Montag Ruhetag

Patscheiderhof
Signato 178, Renon (BZ)
Tel. 0471/365267, Dienstag Ruhetag

Borgo
Via Garibaldi 13, Rovereto (TN)
Tel. 0464/436300, Sonntagabend und Montag geschlossen

Jagerhof
Via Passo del Giovo 80
San Leonardo in Passiria (BZ)
Tel. 0473/656250, Montag Ruhetag

Moleta
Via Nazionale 28, Spiazzo/Borzago (TN)
Tel. 0465/801059, Montag Ruhetag

Mezzosoldo
Mortaso, Spiazzo (TN)
Tel. 0465/801067, Donnerstag Ruhetag

Piè di Castello
Cologna, Tenno (TN)
Tel. 0464/521065, Dienstag Ruhetag

Al Vo'
Vicolo del Vo' 11, Trento
Tel. 0461/985374, Sonntag Ruhetag

Due Spade
Via Don A. Rizzi 11, Trento
Tel. 0461/234343, Sonntag und Montagmittag geschlossen

WEINE

Weißweine
Chardonnay, Gewürztraminer
Müller-Thurgau, Nosiola
Pinot bianco/Weißburgunder
Pinot grigio/Ruländer
Riesling Italico/Welschriesling
Riesling Renano/Rheinriesling
Sylvaner Terlaner, Terlaner Sauvignon
Veltliner

Roséweine
Lagrein Kretzer, Moscato rosa

Rotweine
Cabernet, Cabernet Sauvignon
Kalterer See, Lagrein Dunkel
Marzemino, Merlot
Pinot nero/Blauburgunder
Schiava/Vernatsch
St. Magdalener, Teroldego Rotaliano

Dessertweine
Moscato giallo/Goldenmuskateller
Vino Santo

KÄSE

Casolet
Graukäse
Hochpustertaler Poina
Puzzone di Moena
Spressa Toblach
Vezzena

Kaiserschmarren

EINKAUFSMÖGLICHKEITEN FÜR TYPISCHE REGIONALE PRODUKTE

Weine
Enoteca Vinum
Via Brennero 28
Bozen

Enoteca Schondoerf
Via Centrale 55
Bruneck (Bozen)

Vinothek
Via dell'Oro
Kaltern (Bozen)

Cantina Sociale di Toblino
Sarche di Calavino (Trento)

Wurst
Macelleria Sighel
Via C. Battisti 35
Baselga di Piné (Trento)

Salumificio Riccadonna
Bleggio Superiore (Trento)

Salumeria Bernardi
Via Centrale 36
Bruneck (Bozen)

Famiglia Cooperativa
Via Regina Elena
Caderzone (Trento)

Mario Masé
Via Nazionale
Strembo (Trento)

Theo Nigg
Piazza Karl Atz 3
Terlan (Bozen)

Famiglia Cooperativa
Saone, Tione (Trento)

Vivaldelli
Via Ballino 29
Varone di Riva del Garda (Trento)

Käse
Caseificio Sociale
Cavalese (Trento)

Latteria Sociale
Lagundo (Bozen)

Caseificio Sociale
Via Fiamme Gialle 34
Predazzo (Trento)

Degust
Via Katerina Lanz 14
Rio in Pusteria (Bozen)

Latteria Sociale
Via castello I
San Candido (Bozen)

Mario Masé
Via Nazionale
Strembo (Trento)

VENETIEN

Ein Fest der Farben

Ansicht der Stadtmauer von Castelfranco Veneto in der Provinz Treviso mit vorgelagertem Wassergraben.

Wer hat sie nicht vor Augen – die Bilder des berühmten Karneval von Venedig mit seinen prunkvollen, farbenprächtigen Masken auf dem Markusplatz und zwischen den Kanälen einer der schönsten und romantischsten Städte der Welt? Wer kennt nicht das aus bunten Rauten genähte Kostüm des Harlekins, der auf der Bühne der Commedia dell' Arte den Prototyp des venezianischen Dieners verkörpert, der die Kunst beherrscht, es »bunt zu treiben« und so aus jeder Situation für sich das beste herauszuholen?
Auch die Küche Venetiens ist vor allem eine farbenfrohe Küche. Angefangen beim Rot des Radicchio aus Treviso oder Verona, über das Grün des Spargels aus Bassano del Grappa und der frischen Erbsen in den weißen Risotti, bis hin zu den unterschiedlichen Brauntönen von Bohnen und Hühnerleber, die durch die goldene Farbe der Polenta veredelt werden. Selbst das Weiß des Risotto läßt sich ohne Probleme schwarz färben – man muß ihn nur mit Sepiatinte kochen. Dann fehlen noch Gelb und Orange? Schon steht ein feines Kürbispüree auf dem Tisch, und nach dem Essen kann man ein zartes, goldgelbes Gebäck mit Sultaninen genießen. So vielfältig wie die Farben sind auch die tausenderlei, von Ort zu Ort unterschiedlichen Zubereitungsarten ein- und derselben Gerichte. So wird beispielsweise Baccalà in Vicenza ganz anders gekocht als das in Venedig oder Treviso übliche Stockfischmus. In allen Fällen handelt es sich aber, streng genommen, gar nicht um Baccalà, sondern um Stockfisch, getrockneten, aber nicht eingesalzenen Kabeljau. Auch beim Risotto gibt es Unterschiede: In Venedig ißt man Risotto mit Fenchel oder Zucchini, in Treviso mit Luganega-Wurst, in Vicenza mit Kutteln, in Bassano del Grappa mit Spargel und in Padua mit Huhn. Anders sieht es beim Fleisch aus, denn hierbei legt man Wert auf lokale Spezialitäten. Rund um Padua sind dies Gänse, Hühner und Kapaune, um Belluno Zicklein und Reh, in Vicenza kommt keiner an der berühmten Polenta e osei vorbei, Polenta mit

Roter Radicchio aus Verona (rechts) und ein reichhaltiges Risotto aus Padua (Mitte).

Singvögeln. Verona ist bekannt für sein Pferdegulasch, und in Venedig schließlich beherrscht die berühmte, in Brühe gegarte Kalbsleber die Küchenszene.
Auch beim Gemüse hat jeder Ort seinen Favoriten: So sollte man nach Treviso im Dezember zur Radicchiozeit fahren. Das gleiche gilt auch für Castelfranco Veneto, wo in der Woche vor Weihnachten die gestreiften Radicchiosorten auf einer eigenen Messe präsentiert werden.
Treviso ist mit all seinen Kanälen entlang der vom Mittelalter geprägten, kleinen Straßen zudem ein unglaublich faszinierender Platz. Der kulturelle Reichtum dieser Stadt zeigt sich auch in der Pinakothek »Luigi Bailo«, in der man unter anderem Werke von Tizian, Lotto und Tiepolo bewundern kann. Wen es dagegen in die freie Natur zieht, dem bietet das Veneto die Perle der Dolomiten, Cortina d'Ampezzo. Hier kann man Spaziergänge oder Skiabfahrten inmitten der spektakulärsten Gipfel der Ostalpen machen. Das Richtige für den Hunger danach sind die im lokalen Dialekt als »Cassunziei« bezeichneten Ravioli mit Ricotta und roter Bete in einer Sauce aus Butter, Mohn und Parmesan. Ebenfalls in Sachen Gemüse sollte man sich einen Besuch in Bassano del Grappa zur Zeit der Spargelmesse zwischen April und Mai nicht entgehen lassen. Eine ideale Zeit auch für eine Besichtigung des Castello Superiore und des Ponte Vecchio. Diese Brücke wurde in sechs Jahrhunderten nicht weniger als achtmal durch die Hochwasser der Brenta zerstört und jedesmal wieder von den Bassaner Bürgern in Holz aufgebaut.

Das Schachspiel, ein historisches Fest, das alle zwei Jahre in Marostica aufgeführt wird.

Das nahegelegene Marostica ist berühmt für seine zwischen Mai und Juni reifenden Kirschen, doch noch idealer ist möglicherweise ein Besuch im September, denn dann hat man alle zwei Jahre Gelegenheit, der berühmten Schachpartie mit lebenden, historisch gewandeten Figuren beizuwohnen.
Bei einem Streifzug durch die Jahreszeiten sollte man für den Herbst auch einen Besuch in Padua einplanen. Die Kunst- und Universitätsstadt empfängt ihre Besucher mit einem der schönsten Cafés Italiens, dem auf das 19. Jahrhundert zurückgehenden Caffè Pedrocchi, in dem sich auch heute noch die Intellektuellen der Stadt treffen. Nachdem man die Räumlichkeiten bei einer Tasse Tee in Augenschein genommen hat, verbringt man den Nachmittag am besten bei den weltberühmten Fresken Giottos in der Capella degli Scrovegni und läßt den Tag bei einer vorzüglichen Pasta e Fagioli ausklingen, dem typischen Nudelgericht mit Dicken Bohnen, oder einer anderen Spezialität Paduas, dem Risotto ricco, der besonders reich an Zutaten ist, zu denen frische Erbsen, zartes Kalbfleisch, Hühnerleber, Zwiebel und Sellerie gehören.

Markt auf der Piazza delle Erbe in Padua.

Tagliatelle all'agordina

Tagliatelle mit Nüssen, Feigen und Äpfeln

Zubereitungszeit
30 Minuten

Kochzeit
30 Minuten

Schwierigkeitsgrad
einfach

Zutaten für 6 Personen

- 30 g Sultaninen
- 3 Äpfel
- Zitronensaft
- 150 g Walnußkerne
- 6 getrocknete Feigen
- 500 g Tagliatelle
- Salz
- 80 g Butter
- 1–2 EL Mohn
- Butter für die Form

Dazu schmeckt ein weicher, aromatischer Weißwein, z. B.

- Piave Verduzzo
- Cortese di Gavi

Dieses typische Gericht genießt man vor allem am Weihnachtsabend in vielen Dörfern des in der Provinz Belluno gelegenen Valle d'Agordo.

1 Die Sultaninen in lauwarmem Wasser einweichen. Die Äpfel schälen und das Kerngehäuse entfernen. Das Fruchtfleisch in feine Scheiben schneiden und mit Zitronensaft beträufeln, damit es nicht braun wird. Die Walnüsse und Feigen zerkleinern. Den Backofen auf 200 °C vorheizen. Eine Auflaufform einfetten.

2 Die Nudeln in reichlich kochendem Salzwasser bißfest kochen, abgießen und in einer Schüssel mit der Hälfte der Butter vermischen. Die übrige Butter zerlassen. Die Nudeln schichtweise zusammen mit Feigen, Nüssen, Apfelscheiben und den abgetropften Sultaninen in die Form geben. Die letzte Nudelschicht mit Mohnsamen bestreuen und mit der Butter übergießen. Den Auflauf etwa 20 Minuten im Ofen überbacken und in der Form servieren.

Baccalà mantecato

Stockfischmus

Zubereitungszeit
20 Minuten
zuzüglich Ruhezeit

Kochzeit
30 Minuten

Schwierigkeitsgrad
einfach

Zutaten für 4 Personen

- 700 g gewässerter Stockfisch (Kabeljau)
- Salz
- Olivenöl extra vergine
- Pfeffer
- 1 Handvoll Petersilienblätter
- 1 Knoblauchzehe
- gebratene Polentascheiben (Rezept Seite 36)

Dazu schmeckt ein trockener Weißwein, z. B.

- Durello
- Colli del Trasimeno bianco

1 Den Stockfisch in einem Topf mit kaltem Wasser bedeckt langsam zum Kochen bringen und leicht salzen. Den Schaum abschöpfen und den Fisch bei schwacher Hitze zugedeckt 20 Minuten kochen, danach weitere 20 Minuten im Wasser ziehen lassen.

2 Den Stockfisch abgießen, häuten und entgräten. Das Fleisch zerkleinern und in einem Mörser fein zerdrücken. Unter kräftigem Rühren mit einem Holzkochlöffel nach und nach soviel Öl zugeben, bis ein lockeres, weißes Püree entsteht. Das Püree mit Salz und Pfeffer abschmecken.

3 Die Petersilie waschen, trockenschwenken und fein schneiden. Den Knoblauch abziehen und fein hacken. Knoblauch und Petersilie kräftig unterrühren und das Stockfischmus auf gebratenen Polentascheiben servieren.

Radicio in saor

Marinierter Radicchio

Zubereitungszeit
20 Minuten
zuzüglich Ruhezeit

Kochzeit
20 Minuten

Schwierigkeitsgrad
einfach

Zutaten für 6 Personen
- 1 EL Sultaninen
- 6 Radicchio
- Olivenöl extra vergine
- Salz, Pfeffer
- 1 große Zwiebel
- 1 EL Pinienkerne
- 2 Gewürznelken
- 1 Messerspitze Zimt
- etwas abgeriebene unbehandelte Zitronenschale
- 200 ml trockener Weißwein
- 100 ml Rotwein-essig
- 6 gehäufte EL Mascarpone oder Ricotta

Dazu schmeckt ein Sekt oder ein Prosecco, z. B.
- Prosecco di Conegliano
- Prosecco di Valdobbiadene
- Spumante di Franciacorta

1 Die Sultaninen in lauwarmem Wasser einweichen. Den Radicchio vorsichtig putzen, ohne daß sich dabei die Blätter lösen, jeweils der Länge nach vierteln, waschen und trocknen. Das Gemüse in eine große Pfanne geben, mit 6 Eßlöffeln Öl übergießen, etwas vermischen, salzen und pfeffern und zugedeckt bei großer Hitze in etwa 5 Minuten weich kochen. Den Radicchio herausnehmen und auf einem großen, tiefen Teller anrichten.

2 Die Zwiebel abziehen, in hauchdünne Scheiben schneiden, in 4 Eßlöffeln Öl andünsten und 1 Prise Salz zufügen. Die abgetropften Sultaninen, Pinienkerne, Nelken, Zimt und Zitronenschale unterrühren und kurz ziehen lassen. Wein und Essig zugießen und alles einige Minuten bei geringer Hitze kochen.

3 Die kochende Marinade über den Radicchio gießen und das Gemüse mindestens 24 Stunden ziehen lassen. Den Mascarpone weich rühren. Auf jeden Teller 4 Radicchiostücke legen, ohne sie abtropfen zu lassen, jeweils 1 Löffel Mascarpone dazugeben und servieren.

Fagioli alla chioggiotta

Bohnen nach Chioggia-Art

Zubereitungszeit
20 Minuten

Kochzeit
30 Minuten

Schwierigkeitsgrad
einfach

Zutaten für 4 Personen
- 900 g frische Wachtelbohnen
- 1 Lorbeerblatt
- 6 EL Olivenöl extra vergine
- Salz
- 1 Zwiebel
- 1 Knoblauchzehe
- 1/2 Glas Rotwein-essig
- 300 g Pizzatomaten
- Pfeffer

Dazu schmeckt ein leichter Rotwein, z. B.
- Merlot del Piave
- Morellino di Scansano

1 Die Bohnen enthülsen und im Schnellkochtopf mit reichlich Wasser, dem Lorbeerblatt und 1 Eßlöffel Öl ab dem Pfeifton 18 Minuten kochen. Den Dampf ablassen, die Bohnen salzen und solange rühren, bis sich das Salz aufgelöst hat. Die Bohnen ruhen lassen.

2 Zwiebel und Knoblauch abziehen, beim Knoblauch den grünen Sproß entfernen. Beides klein hacken und in 3 Eßlöffeln Öl glasig dünsten. Die Bohnen abgießen, zufügen, kurz schmoren und mit dem Essig ablöschen. Die Flüssigkeit bei starker Hitze verdampfen lassen, die Tomaten und 1 Kochlöffel Bohnenkochwasser dazugeben und alles bei mäßiger Hitze etwa 10 Minuten kochen, dabei mehrmals vorsichtig umrühren.

3 Die Bohnen salzen, das restliche Öl darüber gießen und reichlich frisch gemahlenen Pfeffer darüber streuen. Alles nochmals umrühren und die Bohnen heiß oder kalt servieren.

Fegato alla veneziana

Leber auf venezianische Art

Zubereitungszeit
10 Minuten

Kochzeit
30 Minuten

Schwierigkeitsgrad
einfach

Zutaten für 4 Personen

- 100 g Zwiebel
- 30 g Butter
- 4 EL Olivenöl extra vergine
- 400 g Kalbsleber
- Salz, Pfeffer
- 1 EL kleingehackte Petersilie

Dazu schmeckt ein leichter Rotwein, z. B.

- Cabernet di Lison Pramaggiore
- Cabernet Sauvignon di Grave del Friuli

1 Die Zwiebeln abziehen und in hauchdünne Scheiben schneiden. In einer großen beschichteten Pfanne die Butter und das Öl erhitzen und die Zwiebelscheiben darin mit etwas Salz zugedeckt bei geringer Hitze in etwa 25 Minuten glasig dünsten, ohne daß sie dabei braun werden.

2 Inzwischen die Leber vorsichtig waschen und in hauchdünne Scheiben schneiden. Die Hitzezufuhr erhöhen und die Leberscheiben in die Pfanne legen.

3 Die Leber unter mehrfachem Wenden nur einige Minuten braten, damit sie nicht hart wird, salzen und pfeffern, die Petersilie darüber streuen und sofort servieren.

Dieses Rezept ist auch unter dem Namen »Fegato alla sbrodega« bekannt. Das Gericht kann mit in Butter gerösteten Weißbrot- oder Baguettescheiben, Kartoffelpüree oder Polenta gereicht werden.

Tortion

Blätterteigstrudel mit Früchten

Zubereitungszeit
30 Minuten

Backzeit
30 Minuten

Schwierigkeitsgrad
mittel

Zutaten für 4–6 Personen

- 500 g TK-Blätterteig
- 50 g Sultaninen
- Weißwein
- 120 g Mandeln
- 6 Walnußkerne
- 1 EL Pinienkerne
- 50 g kandierte Zitrusfrüchte
- 300 g Äpfel
- Zitronensaft
- Zucker

Dazu schmeckt ein leichter Dessertwein, z. B.

- Colli Euganei Moscato
- Vernaccia di Serrapetrona

1 Den Blätterteig auftauen lassen. Die Sultaninen kurz abspülen und in Weißwein einweichen. Die Mandeln knapp 3 Minuten in kochendes Wasser geben, abgießen, schälen und mit den Walnüssen, den Pinienkernen und den kandierten Früchten kleinhacken. Die Äpfel schälen und das Kerngehäuse entfernen. Das Fruchtfleisch in dünne Scheiben schneiden und mit etwas Zitronensaft beträufeln.

2 Den Backofen auf 200 °C vorheizen. Den Blätterteig etwa 3 Millimeter dick zu einem Rechteck ausrollen. Darauf gleichmäßig zuerst die trockengetupften Apfelscheiben, dann alle anderen Zutaten verteilen, dabei einen Rand von gut 1 Zentimeter freilassen. Die Füllung mit einigen Esslöffeln Zucker bestreuen und den Teig aufrollen. Die Ränder gut festdrücken und die Rolle zu einem Halbmond formen.

3 Ein Backblech mit Wasser bespritzen. Die Teigrolle darauf legen, mit Wasser bestreichen, mit 1 gehäuften Eßlöffel Zucker bestreuen und etwa 30 Minuten im Ofen backen, bis die Teigoberfläche goldbraun und glänzend ist. Den Strudel in Scheiben schneiden und lauwarm servieren.

VENETIEN

SPEZIALITÄTEN

Antipasti
Soppressa all'aceto balsamico
Sarde in saor

Primi
Pasta e fasioi
Bigoli in salsa
Risi e bisi
Sopa coada
Risotto alla marinara
Risotto con i caparozzoli

Secondi
Castraure fritte
Marsoni dell'Astico
Fegato alla veneziana
Baccalà alla vicentina
Poenta e s'ciosi
Faraona in salsa peverada
Torresani allo spiedo
Moleche fritte
Pastisada de caval

Desserts
Baicoli
Crostoli
Ciosota
Pinza

TYPISCHE RESTAURANTS

Montanella
Via Costa 33, Arquà Petrarca
Tel. 0429/718200, Dienstagabend und Mittwoch geschlossen

Aurora
Via Ebene 17, Asiago
Tel. 0424/462469, Montag Ruhetag

Ca' Derton
Piazza D'Annunzio 11, Asolo
Tel. 0423/529648, Montag Ruhetag

Aurora
Piazzetta San Severo, Bardolino
Tel. 045/7210038, Montag Ruhetag

Melograno
Via Chiesa 35, Bassano del Grappa
Tel 0424/502593, Montag Ruhetag

Osteria Penzo
Calle Larga Bersaglio 526, Chioggia
Tel. 041/400992, Dienstag Ruhetag; während der Wintermonate auch Montagabend geschlossen

Ospitale
Ospitale, Cortina d'Ampezzo
Tel. 0436/4585, Montag Ruhetag

Pino
Giare 2, Garda
Tel. 045/7255694, Montag Ruhetag

Il Vecchio Marina
Via Roma Destra 120c, Jesolo
Tel. 0421/370645, Montag Ruhetag

Il Porticciolo
Lungolago Marconi 22, Lazise
Tel. 045/7580254, Dienstag Ruhetag

San Pietro
Via San Pietro 95, Padua
Tel. 049/8760330, Sonntag Ruhetag

Risotto del bisato

L'Anfora
Via dei Soncin 13, Padua
Tel. 049/656629, Sonntag und Montagmittag geschlossen

Trattoria degli amici
Via Quirina 4, Arquà Polesine
Tel. 0425/91045-91187
Mittwoch Ruhetag; während der Sommermonate auch Samstag- und Sonntagmittag geschlossen

Combattente
San Benedetto, Strada Bergamini 60
Peschiera del Garda
Tel. 045/7550410, Montag Ruhetag

Tavernetta Dante Dai Trevisani
Corso del Popolo 212, Rovigo
Tel. 0425/26386, Sonntag Ruhetag

All' Antenna
Via Raga Alta 4, Schio
Tel. 0445/529812, Dienstag Ruhetag

Beccherie
Piazza Ancillotto 11, Treviso
Tel. 0422/540871, Sonntagabend und Montag geschlossen

Toni del Spin
Via Inferiore 7, Treviso
Tel. 0422/543829, Sonntag und Montagmittag geschlossen

Hostaria a le Bele
Via Maso 11, Valdagno
Tel. 0445/970270, Montag und Dienstagmittag geschlossen

Al Bacareto
San Marco-San Samuele 3447, Venedig
Tel. 041/5289336, Samstagabend und Sonntag geschlossen

Alle Testiere
Castello, 5801-Calle del Mondo Novo, Venedig
Tel. 041/5227220, Sonntag Ruhetag

Antica Trattoria alla Maddalena
Mazzorbo 7c, Venedig
Tel. 041/730151, Donnerstag Ruhetag

Covo
Campiello della Pescaria, Castello 3968 Venedig
Tel. 041/5223812, Mittwoch/Donnerstag Ruhetag

Fiore
San Polo, Calle del Scaleter 2202, Venedig
Tel. 041/721308, Sonntag/Montag Ruhetag

Alla Stueta
Via del Redentore 4b, Verona
Tel. 045/80322462, Montag und Dienstagmittag geschlossen

Ciccarelli
Frazione Madonna di Dossobuono, Verona
Tel. 045/953986, Freitagabend und Samstag geschlossen

Tre Marchetti
Vicolo Tre Marchetti 19B, Verona
Tel. 045/8030463, Sonntag Ruhetag; im Juli und August täglich geöffnet

Crema fritta

WEINE

Weißweine

Bianco di Custoza, Breganze
Cartizze, Chardonnay
Colli di Conegliano, Colli Euganei
Gambellara, Garganega
Lessini Durello, Pinot bianco
Pinot grigio, Recioto di Gambellara
Riesling Italico
Sauvignon
Soave, Tocai Verduzzo
Vespaiolo di Breganze

Rotweine

Amarone, Bardolino
Breganze, Cabernet
Cabernet Franc, Cabernet Sauvignon
Colli di Conegliano, Colli Euganei
Merlot, Pinot nero
Raboso del Piave, Recioto
Refosco dal peduncolo rosso
Valpolicella

Dessertweine

Moscato, Torchiato di Fregona,
Torcolato, Vin Santo di Gambellara

KÄSE

Asiago
Cansiglio
Comelico
Formaio embriago
Morlacco
Pressato
Stracon

EINKAUFSMÖGLICHKEITEN FÜR TYPISCHE REGIONALE PRODUKTE

Weine

Enoteca del Soave
Piazza Salvo d'Acquisto 1
Monteforte d'Alpone (Verona)

Enogamma
Via San Simone 32
Thiene (Vicenza)

Cantinone
Dorsoduro 992
Venezia

Brigliadoro
Via S. Michele alla Porta 4
Verona

Wurst

Gastronomia Sgarbossa
Via Browning 141
Asolo (Vicenza)

Salumificio Pagliarin
Villatora, Via XX Settembre 54
Saonara (Padua)

Salumificio Ballarin
Via Pordello 16,
Treporti (Venedig)

Käse

Caseificio Zanchetta
Via F. Filzi 1, Casale sul Sile
(Treviso)

Cooperativa Produttori Latte Schio
Via Vicenza 20
Schio (Vicenza)

Pandoro

Wie der Mailänder Panettone ist auch der Pandoro das bevorzugte Dessert beim italienischen Weihnachtsmahl. Und wie das Gebäck, dem er seinen Namen verdankt, hat der lockere, duftende, köstliche Pandoro eine lange Tradition und berühmte Vorfahren: Ein über und über mit Golddukatensplittern bedecktes »Goldbrot« war einst glanzvoller Höhepunkt auf den Tafeln der Patrizier während der venezianischen Republik.

Der Pandoro, ein weiches Veroneser Gebäck, besteht in erster Linie aus Eigelb, Zucker, Butter, Mehl und Hefe und wird traditionell nur am Weihnachtstag gegessen. Entstanden ist dieser Kuchen wahrscheinlich aus einem, in traditionsbewußten Kochbüchern immer noch zu findenden Rezept für »nadalin« bzw. aus dem »pan de oro«. Das ebenfalls in Verona verbreitete »nadalin« war einst ein Gebäck für einfache Leute, das aus Mehl, Zucker, Butter, Eiern und Hefe bestand. Der Teig mußte einige Stunden gehen, wurde dann in einer Form gebacken und vor dem Servieren mit Vanillezucker oder gerösteten Pinienkernen bestreut. Der ganz mit Goldsplittern überzogene Pandoro wurde dagegen in den reichen Patrizierhäusern zum Abschluß eines Mahls gereicht. Der Pandoro verdankt seinen Namen aber auch seiner typischen goldgelben Farbe, da der Teig besonders viele Eier enthält. Die zylindrische Backform hat seitlich tiefe Einbuchtungen, die dem Pandoro das Aussehen eines achtstrahligen Sterns verleihen. Die Zubereitung eines Pandoro ist ziemlich aufwendig, denn dabei sind drei aufeinanderfolgende Gehzeiten nötig, in deren Verlauf die einzelnen Zutaten beigemischt werden. Als erstes wird ein Teig aus 1 Eigelb, Mehl, Zucker und Hefe zubereitet. Nach zwei Stunden Gehzeit kommen weitere Eigelbe, Mehl, Zucker und Butter dazu. Dann muß der Teig wieder gehen und nach weiteren zwei Stunden kommen noch einmal dieselben Zutaten dazu. Darauf folgen wieder zwei Stunden Gehzeit und schließlich werden noch Sahne und 150 bis 200 Gramm Butter je Kilogramm Teig untergerührt. Als letztes wird der Teig in die Form gefüllt, wo er vor dem Backen nochmals gehen muß. Das Ergebnis dieser Mühe ist ein unglaublich lockeres Gebäck. Und auch sein Duft mit der zarten Vanillenote und sein angenehm süßer Geschmack sind einfach einzigartig. Wegen der zeitaufwendigen Zubereitung wird der Pandoro heute größtenteils nur noch industriell hergestellt.

EINKAUFSTIPS

- Da der Pandoro heute in erster Linie industriell hergestellt wird, ist er während der Weihnachtswochen in ganz Italien erhältlich. Man sollte jedoch möglichst keine unbekannten Marken oder sehr billige Ware kaufen.
- Wie bei allen abgepackten Produkten ist es ratsam, beim Kauf darauf zu achten, daß die Verpackung unbeschädigt ist, und ebenso das Haltbarkeitsdatum zu überprüfen.

KULINARISCHE EMPFEHLUNGEN

Pandoro paßt ausgezeichnet zu Schlagsahne, Zabaione, geschmolzener Schokolade und süßen Cremes. Man kann ihn auch mit Sahneeis oder Cremes auf der Basis von Sahne oder Mascarpone füllen.

- Den Pandoro in große Würfel schneiden, mit warmer Moscato-Zabaione übergießen und sofort servieren.
- Den Pandoro horizontal in Scheiben schneiden. Einige Scheiben mit Creme, die anderen mit etwas in wenig erwärmer Sahne verrührter Marmelade bestreichen. Die Scheiben wieder zusammensetzen und servieren.
- Schokolade im Wasserbad schmelzen und etwas Sahne unterrühren. Den Pandoro mit dem Guß überziehen.
- Von dem Kuchen einen Deckel abschneiden und den Pandoro aushöhlen. Sahne- oder Vanilleeis weich werden lassen und mit einigen eingelegten Ananas- und Kuchenstückchen vermischen. Den Pandoro mit der Eismasse füllen, den Deckel wieder aufsetzen und den Kuchen bis zum Servieren in den Kühlschrank stellen.
- Von dem Pandoro einen Deckel abschneiden und den Kuchen aushöhlen. Mascarpone mit gut ausgedrücktem Ricottakäse gründlich verrühren, etwas von den ausgelösten Kuchenstückchen, kleingeschnittenes Zitronat und Orangeat und etwas gehackte Bitterschokolade unterrühren. Den Kuchen mit der Masse füllen, den Deckel wieder aufsetzen und den Kuchen bis zum Servieren in den Kühlschrank stellen.
- Eine englische Creme zubereiten und auf Tellern verteilen. Jeweils 1 Stück Pandoro darauf legen, mit Schlagsahne verzieren und mit Kakao oder Zimt bestreuen.
- Sahne mit wenig Zucker steif schlagen, glasierte Maronenstücke unterrühren und den Pandoro damit füllen oder die Creme dazu reichen.

SERVIERVORSCHLAG

Den Pandoro im nicht zu heißen Backofen erwärmen, damit die im Teig enthaltene Butter weich wird, und mit feinem Vanillezucker bestreut servieren.

WELCHER WEIN PASST DAZU?

Zum Pandoro paßt hervorragend ein lieblicher, fruchtiger Wein wie der aus Venetien stammende Recioto di Soave oder der Albana di Romagna.
Ebenso gut schmeckt auch ein süßer Dessertwein wie der Moscato passito di Pantelleria oder der kostbare Ramandolo dei Colli Orientali del Friuli.
Verzichten sollte man dagegen auf moussierende Weine, die in der Regel nicht gut zu Hefegebäck passen.

DIE BESTEN ADRESSEN

Obwohl er so gut schmeckt und ausgesprochen vielseitig zubereitet werden kann, wird der Pandoro, wie übrigens auch der Mailänder Panettone, fast ausschließlich während der Weihnachtszeit gegessen. In diesen Wochen bekommt man ihn in ganz Italien in fast jedem Supermarkt und vor allem in vielen Bäckereien. Dort wird er noch von Hand hergestellt und ist deshalb auch qualitativ am besten.

FRIAUL – JULISCHES VENETIEN

Eine einfache, mitteleuropäische Küche

Ein Motiv des Mosaikbodens in der Basilika von Aquileia.

Der Norden dieser Region ist gekennzeichnet von der bäuerlichen Einfachheit des Karnischen Voralpenlands, denn hier hat die Vorliebe der Bergbauern althergebrachte, robuste und deftige Gerichte auf der Basis von Polenta, Bohnen und Schweinefleisch vor dem Vergessen bewahrt. Im Südosten liegt die Provinz von Triest, der ihre Vergangenheit als wesentlicher Bestandteil des österreich-ungarischen Kaiserreichs immer noch anzumerken ist und die ihren Gästen eine ganz persönliche Variante des ungarischen Gulasch, Wiener Würstchen mit Kraut und gekochten Schinken mit einer österreichischen Sauce aus Kren (Meerrettich), bietet.
Wegen dieser Zweigleisigkeit von rustikaler, lokaler Küche und der Übernahme kulinarischer Traditionen aus den Nachbarländern ist die Küche des Friaul immer wieder für angenehme Überraschungen gut. So kann es passieren, daß man Gnocchi bestellt, die dann mit Zwetschgen gefüllt oder mit Kakao, Zucker, Zimt, Ricotta und Rosinen zubereitet sind. Wem solche ungewöhnlichen Kombinationen aus süß und sauer nicht schmecken, kann auf einen schönen Teller Jota zurückgreifen. Dieser aus der Region der Karnischen Alpen stammende Bohneneintopf, der im Lauf der Zeit zum friaulischen Nationalgericht geworden ist, wird in verschiedenen Varianten angeboten: mit oder ohne Schweinefleisch, mit Graupen, nach Triester oder Görzer Art oder auch mit gehacktem Radicchio und Sellerie.
Für die Liebhaber der einfachen Küche gibt es außerdem immer und überall Polenta, die zu allen möglichen Beilagen paßt, ob zu Salami oder Bergkäse, ob zu Geflügel oder Schweinefleisch. Die Küstenbewohner schneiden sie in Stücke und essen sie gebacken zu einer Suppe aus Tintenfisch und Erbsen. Wie angesichts der langen Herrschaft der Republik Venedig über diese Region nicht anders zu erwarten, wurde die Küche des Friaul auch durch eines der verbreitetsten Gerichte des Veneto beeinflußt. Nach einem Spaziergang durch Udine, dem traditionellen Zentrum des Friaul mit seiner prächtigen Piazza della Libertà, der Loggia del Lionello im Stil der venezianischen Gotik, dem Porticato di San Giovanni und der auf das 15. Jahrhundert zurückgehenden Säule mit dem Löwen von San Marco, sollte man deshalb genügend Zeit einplanen, um eine Polenta pasticciata zu probieren, den berühmten Auflauf aus Polenta, Hammelfleisch, Bratwurst, gekochtem Schinken, Huhn, Cotechino und frischen Tomaten.
Von Udine führt der Weg in Richtung Adria über Aquileia mit den Überresten einer der bedeutend-

Wirsingrouladen mit Fleischfüllung in Tomatensauce.

Das Castello di Miramare in Triest (links).

sten Städte des Römischen Reiches. Nach der Besichtigung der schönen Basilika mit dem wertvollen Mosaikboden und einem Rundgang durch das Forum Romanum führt die Reise zu einem langen Zwischenstop nach Triest, wo den Fischliebhaber Köstlichkeiten aus dem Meer erwarten. Zu einem guten Menü gehören hier der klassische Brodeto, eine Fischsuppe aus Drachenkopf, Steinbutt oder Meerbarben und frischen Tomaten, oft mit gerösteter Polenta serviert, sowie Kammuscheln nach Triester Art oder Pfahlmuscheln in einer leichten Sauce, außerdem gebackene, panierte Sardellen und Grancevola (Meerspinne). Für Fleischliebhaber hat Triest Gerichte der slawischen Küche zu bieten: vor allem Gulasch und Rambasicci, vorzügliche Wirsingrouladen mit einer Füllung aus Schweine- und Rindfleisch, die in einer Sauce aus Öl, Butter und Zwiebeln oder Tomaten gekocht werden.

Mit seinem innerhalb Italiens einzigartigen Charakter umgibt Triest auch heute noch eine typisch mitteleuropäische Atmosphäre. Beginnen kann man einen Rundgang in der Altstadt auf dem Hügel San Giusto mit seinen verwinkelten, kleinen Gäßchen, über denen sich die Kathedrale und das Castello erheben, in Richtung der sich zum Meer hin öffnenden Piazza dell'Unità. Noch bevor man sich dann auf den Weg zum Castello di Miramare macht, dem Wohnsitz von Maximilian von Habsburg, kann man sich bei einem guten Wiener Schnitzel mit Bratkartoffeln schon mal auf die stark von Österreich beeinflußte Küche einstimmen.

Außer Kartoffeln hat diese Region nur wenige andere Gemüsesorten zu bieten, doch wie sollte sie auch – der Boden im Friaul ist hart und es gibt hier mehr Felsen als Gemüsegärten. Einen ganz speziellen Geschmack haben jedoch die in der Region wachsenden Artischocken und Rüben, weshalb man unbedingt Brovade probieren sollte. Bei diesem Rezept werden Rüben mindestens einen Monat lang in Wein eingelegt und dann in einer Sauce aus in Schmalz und Öl angebratenem Knoblauch und Schweinefleischbrühe gekocht. Nicht entgehen lassen sollte man sich auch die Carciofi alla triestina – mit Brot, geriebenem Käse, Knoblauch, Petersilie und Öl gefüllte Artischocken.

Bei den Süßspeisen herrschen gehaltvolle Teigwaren mit Walnüssen, Mandeln, Pinienkernen, Rosinen und kandierten Früchten vor. Zu Weihnachten gibt es Putizza, zu Ostern Presnitz, und in der Faschingszeit sind die Bäckereien voll mit Fritole – einem süßen Schmalzgebäck aus Mehl, Milch, Eiern, Rosinen, Zimt, geriebener Zitronenschale und Rum. Zum Abschluß eines Abendessens im Kreis von Freunden kann dann niemand einen guten Klaren ablehnen. Das Angebot ist groß und immer von bester Qualität. Angefangen beim Grappa di Refosco oder Sauvignon, über Grappa di Picolit bis zum typischen Slivoviz, dem auch in Österreich und Slowenien beliebten Pflaumenschnaps.

Der Säulengang di San Giovanni und der Uhrenturm in Udine.

Jota goriziana

Graupen-Bohnen-Suppe

Zubereitungszeit
20 Minuten
zuzüglich
Einweichzeit

Kochzeit
120 Minuten

Schwierigkeitsgrad
einfach

Zutaten für
6 Personen
- 200 g Wachtelbohnen
- 1 Knoblauchzehe
- 1 kleine Zwiebel
- 1 Handvoll Petersilienblätter
- einige Salbeiblätter
- 100 g Speck
- 150 g geräucherter, durchwachsener Bauchspeck
- 50 g Butter
- 1,5 l Fleischbrühe
- 2 Kartoffeln
- 300 g Sauerkraut
- Salz, Pfeffer
- 200 g Perlgraupen

Dazu schmeckt ein leichter Rotwein, z. B.
- Rosato di Latisana
- Sangiovese rosato di Arborea

1 Die Bohnen 12 Stunden in lauwarmem Wasser einweichen. Zwiebel und Knoblauch abziehen und vom Knoblauch den grünen Sproß entfernen. Die Petersilie waschen und trockentupfen. Knoblauch, Zwiebel, Petersilie und Salbei fein hacken. Den Speck zerdrücken, alles zu einer Paste rühren und mit der Butter in einem Topf auslassen.

2 Den geräucherten Speck würfeln, dazugeben und bei geringer Hitze 10 Minuten braten, bis sich das ganze Fett verflüssigt hat. Die Bohnen abgießen, zum Speck geben, mit der Brühe aufgießen und bei geringer Hitze 1 Stunde kochen.

3 Die Kartoffeln waschen, schälen und klein würfeln. Das Sauerkraut waschen und beides in die Suppe geben. Alles salzen und pfeffern und bei mäßiger Hitze etwa 30 Minuten kochen. Die Perlgraupen zugeben und 20 Minuten kochen. Die Suppe in eine Terrine füllen und sofort servieren.

Schinco de vedel

Gebratene Kalbshaxe

Zubereitungszeit
15 Minuten

Kochzeit
150 Minuten

Schwierigkeitsgrad
einfach

Zutaten für 4 Personen

- 1 Kalbshaxe à ca. 1,2 kg
- 1/2 Zwiebel
- Olivenöl extra vergine
- Salz, Pfeffer
- 30 g Butter
- 1 Rosmarinzweig
- 2 Salbeiblätter
- 1 Thymianzweig
- 1 Knoblauchzehe
- 1 Glas trockener Weißwein
- heiße Fleischbrühe

Dazu schmeckt ein leichter Rotwein, z. B.

- Aquileia Merlot
- Barbera dei Colli tortonesi

1 Den Backofen auf 180 °C vorheizen. Von der Haxe Hautreste entfernen. Das Fleisch waschen, trockentupfen und mit der Zwiebel einreiben. Die Haxe in eine Kasserolle legen, mit etwas Öl übergießen, salzen und pfeffern, die Butter in Flöckchen darauf legen und das Fleisch etwa 1 Stunde im Ofen braten.

2 Rosmarin, Salbei und Thymian waschen und trockentupfen. Den Knoblauch abziehen und den grünen Sproß entfernen. Kräuter und Knoblauch hacken und auf der Haxe verteilen. Mit dem Weißwein ablöschen und weitere 1 1/2 Stunden braten, bis die Haxe schön braun, aber nicht trocken ist. Während des Bratens das Fleisch von Zeit zu Zeit mit dem Bratenfond und heißer Brühe übergießen.

3 Die Kalbshaxe auf einer vorgewärmten Platte anrichten und mit dem Bratenfond übergießen. Dazu passen Pommes frites oder Bratkartoffeln mit geräuchertem Speck und Zwiebeln.

Crafen di patate

Kartoffelkrapfen

Zubereitungszeit
60 Minuten
zuzüglich Ruhezeit

Kochzeit
40 Minuten

Schwierigkeitsgrad
nicht ganz einfach

Zutaten für 4–6 Personen

Für den Teig:
- 500 g mehlige Kartoffeln
- 50 g Hefe
- 1 TL Zucker
- Salz
- Milch
- 80 g zimmerwarme Butter
- 200 g Mehl
- 2 Eier

Für die Füllung:
- 200 g Pilze
- 1 kleine Handvoll Petersilienblätter
- 1 Knoblauchzehe
- Olivenöl extra vergine
- Salz, Pfeffer

Dazu schmeckt ein Roséwein, z. B.
- Aquileia rosato
- Castel del Monte rosato

1 Die Kartoffeln unter fließendem kaltem Wasser mit einer Bürste säubern, mit einer Gabel anstechen, in einen Dampfkochtopf geben und 20 Minuten kochen. Die Kartoffeln abgießen, schälen und noch heiß durch die Kartoffelpresse drücken.

2 Während die Kartoffeln kochen, die Hefe, den Zucker und 1 Prise Salz in ein paar Eßlöffeln lauwarmer Milch auflösen. Die Butter zerlassen, aber nicht bräunen. Das Mehl sieben. Hefe, Butter, Eier und Mehl zum Kartoffelmus geben und alles solange kneten, bis ein glatter, elastischer Teig entsteht. Den Teig zu einer Kugel formen, oben kreuzweise einschneiden und zugedeckt gehen lassen.

3 Inzwischen die Pilze säubern, mit einem feuchten Tuch abreiben, trockentupfen und fein schneiden. Die Petersilie waschen, trockentupfen und hacken. Den Knoblauch abziehen, zerdrücken, in einer Pfanne in 2 Eßlöffeln Öl leicht anrösten und herausnehmen. Die Pilze zufügen und unter Rühren bei starker Hitze knusprig braten. Salzen und pfeffern, die Petersilie unterrühren und die Pilze vom Herd nehmen.

4 Den Teig auf ein Nudelbrett geben, schnell zusammenschlagen, damit die Luft entweicht, und mit einem Nudelholz 1 Zentimeter dick ausrollen. Aus dem Teig Kreise von 5 Zentimeter Durchmesser ausstechen. Auf der Hälfte der Kreise die Pilze verteilen, die übrigen Teigkreise darauf legen und so mit den unteren Teigkreisen zusammendrücken, daß die Füllung beim Fritieren nicht herausfallen kann. Den Teig mit einem Tuch bedeckt etwa 1 Stunde gehen lassen.

5 Die Krapfen in reichlich heißem Öl portionsweise fritieren, dabei mit einer Schaumkelle wenden, damit sie von allen Seiten gleichmäßig goldbraun werden. Anfangs mit großer Hitze arbeiten, dann die Hitze zurückschalten, damit die Krapfen auch innen gar werden. Auf Küchenpapier abtropfen lassen und heiß servieren. Als Füllung eignet sich auch eine Hackfleischsauce oder gewürfelter Butterkäse.

Palacinche

Palatschinken mit Marmelade

Zubereitungszeit
20 Minuten
zuzüglich Ruhezeit

Kochzeit
30 Minuten

Schwierigkeitsgrad
mittel

Zutaten für 12 Stück
- 125 g Mehl
- Salz
- 1/4 l Milch
- 2 Eier
- Butter
- Aprikosenmarmelade oder Pflaumenmus
- Zucker
- Rum

Dazu schmeckt ein Likörwein oder ein Dessertwein, z. B.
- Picolit
- Sagrantino passito di Montefalco

1 Das Mehl mit etwas Salz in eine Schüssel sieben. Die Milch unter ständigem Rühren zugießen, damit sich keine Klümpchen bilden. Die Eier nacheinander ebenfalls unter ständigem Rühren zugeben. 50 Gramm Butter zerlassen, unterrühren und den Teig 1 Stunde ruhen lassen.

2 Wenig Butter in einer kleinen Pfanne von 12 Zentimeter Durchmesser erhitzen und überschüssige Butter mit Küchenpapier aufsaugen. Pro Palatschinken etwa 2 Eßlöffel Teig auf dem Pfannenboden verteilen und backen. Den Pfannkuchen wenden und beiseite stellen. Auf die gleiche Weise 11 weitere Pfannkuchen backen und die Pfanne dabei gelegentlich mit dem fettgetränkten Küchenpapier ausreiben.

3 Den Backofen auf 220 °C vorheizen. Eine feuerfeste Form leicht ausbuttern. Die Pfannkuchen mit Marmelade bestreichen, zusammenrollen, nebeneinander in die Form schichten, mit Zucker bestreuen, mit etwas Rum beträufeln und 5 Minuten in den Backofen stellen. Herausnehmen und sofort servieren.

FRIAUL – JULISCHES VENETIEN

SPEZIALITÄTEN

Antipasti
Nervett, Pancetta
Prosciutto di San Daniele
Sopressa friulana

Primi
Cjarsons
Jota
Pistum

Secondi
Boreto de rombo
Frico
Musetto con la brovada
Pitina, Rambasici

Desserts
Gnocchi di prugne
Gubana
Palacinche
Pinza

Fritole istriane (istrisches Gebäck)

TYPISCHE RESTAURANTS

Antica Osteria La Molassa
Ponte Molassa 1, Andreis (Pordenone)
Tel. 0427/76147, Dienstag Ruhetag

Trattoria al Parco
Via Stretta del Parco 1, Buttrio (Udine)
Tel. 0432/674025, Dienstagabend und Mittwoch geschlossen

Trattoria da Giulietta
Via Pocivalla 16, Faedis (Udine)
Tel. 0432/711206, Donnerstag Ruhetag

Trattoria alla Luna
Via Oberdan 13, Gorizia
Tel. 0481/530374, Sonntagabend und Montag geschlossen

Vecia osteria del Moro
Via Castello 2, Pordenone
Tel. 0431/60201, Mittwoch Ruhetag

Antica Osteria al Ponte
Via Tagliamento 13
San Daniele del Friuli (Udine)
Tel. 0432/954909, Montag Ruhetag

Da Afro
Via Umberto I 14, Spilimbergo (Udine)
Tel. 0427/2264, Dienstag Ruhetag

Buffet da Mario
Via Torrebianca 41, Triest
Tel. 040/639324, Samstag/Sonntag Ruhetag

Trattoria al Passeggio
Viale Volontari della Libertà 49, Udine
Tel. 0432/46216, Samstagmittag/Sonntag geschlossen

Osteria alla Colonna
Via Gemona 98, Udine
Tel. 0432/510177, Sonntag Ruhetag

WEINE

Weißweine
Chardonnay delle Grave del Friuli
Collio, Malvasia del Carso
Malvasia del Collio
Malvasia Istriana d'Isonzo
Pinot Bianco d'Isonzo, Pinot Bianco dei Colli Orientali del Friuli
Pinot Bianco del Collio
Pinot Bianco delle Grave del Friuli
Pinot Bianco di Aquileia
Pinot Bianco di Latisana
Pinot Grigio d'Isonzo
Pinot Grigio dei Colli Orientali del Friuli
Pinot Grigio delle Grave del Friuli
Ribolla dei Colli Orientali del Friuli
Riesling Italico del Collio
Riesling Renano d'Isonzo
Riesling Renano delle Grave del Friuli
Riesling Renano di Aquileia
Sauvignon d'Isonzo
Sauvignon dei Colli Orientali del Friuli
Sauvignon del Collio Sauvignon delle Grave del Friuli, Sauvignon di Aquileia
Tocai Friulano d'Isonzo
Tocai Friulano di Aquileia
Traminer Aromatico d'Isonzo
Traminer Aromatico delle Grave del Friuli
Traminer Aromatico di Aquileia
Verduzzo dei Colli Orientali del Friuli
Verduzzo del Friuli Frizzante delle Grave del Friuli
Verduzzo Friulano d'Isonzo

Meerrettichsuppe

Verduzzo Friulano delle Grave del Friuli
Verduzzo Friulano di Aquileia
Verduzzo Friulano di Latisana

Roséweine
Rosato delle Grave del Friuli

Rotweine
Cabernet d'Isonzo
Cabernet dei Colli Orientali del Friuli
Cabernet delle Grave del Friuli
Cabernet di Aquileia
Cabernet di Latisana
Cabernet Franc del Collio
Cabernet Franc delle Grave del Friuli
Cabernet Franc di Aquileia
Cabernet Sauvignon delle Grave del Friuli
Cabernet Sauvignon di Aquileia
Merlot d'Isonzo
Merlot dei Colli Orientali del Friuli
Merlot del Collio
Merlot delle Grave del Friuli
Merlot di Aquileia
Merlot di Latisana
Pinot nero dei Colli Orientali del Friuli
Pinot Nero del Collio
Pinot nero delle Grave del Friuli
Refosco dal Peduncolo Rosso delle Grave del Friuli
Refosco dal Peduncolo Rosso di Aquileia
Refosco dei Colli Orientali del Friuli
Refosco di Latisana
Rosso del Carso
Terrano del Carso

Dessertweine
Picolit dei Colli Orientali del Friuli

KÄSE

Carnia
Frico Balacia
Liptauer
Montasio
Salato morbido
Scuete Frante
Strica
Tabor di Monrupino

EINKAUFSMÖGLICHKEITEN FÜR TYPISCHE REGIONALE PRODUKTE

Weine

Enoteca Quattro Venti
Corno di Rosazzo (Udine)

Enoteca Piazza
Via de Amicis 2, Maniago (Udine)

La Casa degli Spiriti
Via dei Torriani 15, Udine

Bere Bene
Viale Ippodromo 2, Trieste

Wurst

Azienda Agricola Le Fredis
Lanzacco (Udine)

Alimentari Mosetti
Via del Corso 27, Gorizia

Prosciuttificio Wolf
Via Volvian 88, Sauris (Udine)

Salumificio Lovison
Via Foscolo 18, Spilimbergo (Udine)

Käse

Latteria Sociale di Cividale
Corno di Rosazzo (Udine)

Azienda Zaro
Canebola, Via Farcadize
Faedis (Udine)

Cooperativa Allevatori Valcanale
Via Pontebbana 19, Ugovizza (Udine)

Alimentari Mosetti
Via del Corso 27, Gorizia

Prosciutto di San Daniele

Der Prosciutto di San Daniele gehört mit Recht zu den auch außerhalb Italiens bekanntesten und begehrtesten Schinkensorten. Er wird nur in ganz bestimmten Gegenden unter Verwendung ausgesuchter Schweine und unter strengen Herstellungskriterien produziert.

Rund um San Daniele, einer kleinen, auf den Udineser Hügeln gelegenen Stadt, befinden sich die Produktions- und Lagerstätten für einen der besten rohen Schinken Italiens. Die Bezeichnung »San Daniele« ist heute einzig den Schinken vorbehalten, die innerhalb der Gemeindegrenzen des gleichnamigen Ortes hergestellt und gelagert werden.
Die dafür verwendeten Schweine stammen außer aus dem Friaul und dem Julischen Venetien aus verschiedenen anderen Gegenden Italiens. Geeignet sind jedoch nur Tiere, die nicht weniger als 160 Kilogramm wiegen, nicht jünger als neun Monate alt sind und die auf ganz bestimmte Weise ernährt wurden.
Gleich nach der Geburt der Tiere werden die hinteren Keulen der Schweine für die notwendigen Kontrollen durch die Züchter markiert. Nach sorgfältiger Auswahl und einer zweiten Markierung kommen die Keulen zum Schinkenhersteller, wo sie einen fest vorgegebenen Produktionsweg durchlaufen. Eine der wichtigsten Stationen ist dabei das Pökeln, dem das Pressen in die typische Violinenform folgt. Der nächste Schritt ist die Lagerung, deren Dauer von der Größe des Schinkens abhängt, aber mindestens elf Monate beträgt. Nach den bestehenden Qualitätskontrollen bekommt der Schinken zum Schluß noch das DOC-Zeichen eingebrannt, das die Echtheit bescheinigt.

EINKAUFSTIPS

- Echter Prosciutto di San Daniele hat eine intensiv rosa Farbe und weißes Fett. Nicht empfehlenswert ist dagegen gelblicher oder tiefroter Schinken.
- Sein Geruch sollte intensiv-delikat sein; er darf auf keinen Fall nach rohem Fleisch riechen.
- Sein Geschmack sollte voll, »süß«-aromatisch und nicht salzig sein.

DER VENETO-BERICO-EUGANEO-SCHINKEN

Ein weiterer, wegen seiner Qualität berühmter Schinken ist der Veneto Berico-Euganeo. Er wird in einem Gebiet hergestellt, das aus 15 Gemeinden besteht, deren wichtigstes Zentrum Montagnana ist. Dieser Schinken war einst den Dogen von Venedig, den Adeligen und dem Großbürgertum vorbehalten und erfüllt auch heute noch höchste Ansprüche. Dafür werden nur Schweine verwendet, die in Venetien, der Lombardei, der Emilia Romagna, im Latium oder in Umbrien geboren, aufgezogen und geschlachtet wurden. Nach dem Pökeln erhält der Schinken sein typisches Aussehen, und es folgt die Lagerung, die zwischen zehn Monaten und über einem Jahr betragen kann. Nur absolut perfekte Schinken erhalten schließlich das Brandzeichen mit dem Löwen von San Marco.

KULINARISCHE EMPFEHLUNGEN

Durch seinen intensiven Duft und sein süßes, feines Aroma hat der Prosciutto di San Daniele eine Vielzahl von erlesenen Rezepten auf der Basis von Fleisch oder Fisch inspiriert.

• Den Schinken in Scheiben schneiden und die durchwachsenen Teile entfernen. Auf einen Spieß abwechselnd schlangenförmig gelegten Schinken und 6 ausgelöste Austern aufspießen (pro Person 1 bis 2 Spieße vorbereiten). Die Spieße in einer Pfanne in wenig Butter braten und warm servieren.

• Einige Meerbarben entschuppen, ausnehmen und filetieren. Die Filets wieder zusammensetzen und zwischen die beiden Hälften je 1/2 Scheibe Schinken legen. Die Fische in einer feuerfesten Form bei 160 °C im Backofen garen.

• Rinder- oder Schweinefilets mit fetten und mageren Schinkenstreifen einwickeln und das Fleisch in der Pfanne oder auf dem Grill braten.

• Kalbsschnitzel mit jeweils 1/2 Scheibe Schinken belegen und den Schinken leicht mit den Fingern andrücken. Das Fleisch mit der Schinkenseite nach unten in einer Pfanne mit wenig Butter bei mittlerer Hitze braten. Die Schnitzel nach der halben Garzeit wenden und ungesalzen servieren.

• Schinkenscheiben mit Gänseleberpastete bestreichen, zusammenrollen und zu geröstetem frischem Leinsamen- oder Sonnenblumenbrot servieren.

SERVIERVORSCHLÄGE

• Die Schinkenscheiben sollten nie flachgedrückt auf dem Teller liegen, sondern mit Hilfe einer Gabel locker angerichtet werden.

• Zum Prosciutto paßt knuspriges italienisches Weißbrot oder ein anderes weiches Brot.

• Sollte der Schinken sehr mager sein, können Sie auch Butter dazu servieren.

AUFBEWAHRUNG

Frisch aufgeschnittenen Schinken sollten Sie gut verpackt an einer weniger kalten, feuchteren Stelle im Kühlschrank aufbewahren, etwa im Gemüsefach, und etwa 30 Minuten vor dem Servieren aus dem Kühlschrank nehmen.
Bei abgepacktem Schinken sollten Sie auf das Haltbarkeitsdatum achten und den Schinken ebenfalls kühl aufbewahren.

WELCHER WEIN PASST DAZU?

Zum Prosciutto di San Daniele paßt ein mittelstarker Weißwein wie etwa Pinot Grigio dell'Isonzo, Tocai del Piave oder Colli Euganei bianco superiore.

DIE BESTEN ADRESSEN

Rund um Udine kann man diesen köstlichen Schinken fast überall probieren.
Besonders erwähnenswert ist jedoch einer der bedeutendsten Hersteller: Prosciuttificio Prolongo, Via Trento e Trieste 115, in Udine.
Den Schinken Veneto-Berico-Euganeo kauft man am besten in Montagnana und der Umgebung in gut sortierten Wurstfachgeschäften.

EMILIA ROMAGNA

Die Lust an deftigen Köstlichkeiten

Baptisterium und Dom von Parma (rechts).

Herstellung des Parmigiano Reggiano.

Es wird oft behauptet, daß die Weise, in der man kocht und ißt, den eigenen Charakter widerspiegelt. Die Emilia Romagna scheint den Beweis dafür zu liefern – ihre reiche, opulente Küche ist das Ergebnis der Zeit und Mühe, die ins Kochen investiert wurden, verbunden mit der Überzeugung, daß es ein Vergnügen ist, sich an den Tisch zu setzen und in aller Ruhe köstliche Gerichte mit selbstgemachten Nudeln zu genießen. Die Bewohner der Emilia Romagna sind unbeschwert, fröhlich und ein wenig verspielt. Mit ihrer bewundernswerten Art haben sie eine Küche geschaffen, die jeden in gute Laune versetzt, der sich ein wenig Zeit für sie nimmt. Wenn sie könnten, würden die Emilianer all ihr Hab und Gut, ihre Häuser und Städte in Eiernudelteig verpacken, denn das Wahrzeichen dieser Region schlechthin sind gefüllte Nudeln.

Es gibt daher unendlich viele verschiedene Nudelformen, Füllungen und Bezeichnungen für die zahlreichen Gerichte: Tortelli, Tortelloni, Tortellini, Ravioli, Cappelletti, Anolini oder Gnocchi … und immer handelt es sich dabei um gefüllte Nudeln.

Aus demselben, ausschließlich hausgemachten Teig entstehen auch Tagliatelle, Cannelloni oder Lasagne, je nachdem wie der Teig geschnitten und serviert wird. Die Füllung kann mager sein, mit Ricotta und Kräutern, oder üppig mit verschiedenen Fleischsorten von Schweine- oder Rindfleisch bis zu Wild, mit rohem oder gekochtem Schinken, oder auch mit Käse oder Kürbis. Das »Dazu« ist immer eine Köstlichkeit für sich: Sahne, Hackfleischsauce, Brühe, Butter und natürlich reichlich Parmesan. Die Emilia Romagna ist nämlich auch die Heimat des Parmigiano Reggiano und des Grana Padano, beides exzellente Käsesorten zum Reiben, auf die kein Italiener verzichten kann.

Wer sich im Juni in dieser Region aufhält, sollte sich die Festa dei rivoltoni in Granaglione in der Provinz Bologna nicht entgehen lassen. Bei diesem Fest werden gratis Tortellini und Ravioli mit Ricotta-Petersilien-Füllung und Butter oder mit Hackfleischsauce und geriebenem Parmesan verteilt. Im gleichen Monat, am 23. und 24. Juni, findet auch die Tortellata di San Giovanni in Parma statt, bei der die Restaurants ihre ganze Kunst in der Zubereitung der typischen Tortelli aufbieten.

Die Stadt Parma, die auch wegen des dort hergestellten rohen Schinkens berühmt ist, bietet neben ihrer erlesenen Küche die Möglichkeit, die herrlichen Fresken von Correggio aus der Nähe zu betrachten. Der berühmte Renaissancemaler hat der Stadt Meisterwerke wie die Himmelfahrt Mariens (in der Domkuppel), die Vision des Heiligen Johannes in Patmos (Kuppel der Kirche San Giovanni Evangelista) und das Gewölbe in der sogenannten Camera del Correggio im Kloster

Teil eines byzantinischen Mosaiks im Inneren der Basilika S. Vitale in Ravenna.

von San Pietro geschenkt. Auch wenn in der Emilia Romagna Nudelgerichte die größte Rolle spielen, sollte man die Vorspeisen und Hauptgerichte auf Fleisch- oder Fischbasis nicht vergessen, je nachdem, ob man sich in der Emilia, also in der Poebene, oder in der Romagna, dem Gebiet zwischen dem Apennin und der Adria, aufhält. Am beliebtesten ist Schweinefleisch, aus dem milder Schinken (Parma), Coppa, Pancetta, Culatello (Busetto, Provinz Parma) sowie Mortadella (Bologna), Salama da sugo (Ferrara) oder Salami di Felino (Provinz Parma) hergestellt werden. Besonders erwähnenswert bei den Hauptgerichten sind hinsichtlich ihrer Beliebtheit in ganz Italien der Cotechino di maiale und – mit derselben Füllung – der Zampone di Modena, eine Spezialität, bei der kleingehackte, fein gewürzte Schweinefleischstücke in einen Schweinefuß gefüllt werden. Diese Füllung ist ebenso im Cappello da Prete enthalten, der sich vom Zampone lediglich durch seine priesterhutähnliche, dreieckige Form unterscheidet. Diese Gerichte kommen zu Weihnachten oder Neujahr in jedem italienischen Haushalt, meist zusammen mit Linsen oder Kartoffelpüree, auf den Tisch. Die Romagna unterscheidet sich von der Emilia vor allem durch die geschickte Nutzung des Meeres – ihre Fischsuppen etwa gehören zu den besten Italiens. Darüber hinaus haben es die Romagnoler außerordentlich gut verstanden, von ihrer Küstenlage zu profitieren: Rimini und Riccione gehören heute zu den umsatzstärksten Badeorten des ganzen Landes, an deren belebten bis überfüllten Stränden Fisch vom Grill, in Tomatensauce oder einfach mit Öl und Zitronensaft gegart, angeboten werden. Am besten sollte man am 15. August beim Ferragosto in Riccione sein und am großen Fest zu Ehren des Meers und der Fischer teilnehmen, bei dem die Seeleute ihre Fänge anbieten.

Auf dem Weg Richtung Norden entlang der adriatischen Küste ist Ravenna mit seinen reichen Zeugnissen der Vergangenheit sicherlich einen Abstecher wert. Im 5. Jahrhundert war Ravenna die Hauptstadt des ostgotischen Reichs unter Theoderich, der dort die Basilika Sant' Apollinare Nuovo mit ihren wertvollen Mosaiken errichten ließ. Ebenfalls in Ravenna befindet sich die Basilika San Vitale, eines der Hauptwerke der frühchristlichen Architektur aus dem 6. Jahrhundert, die in ihrem Inneren prachtvolle byzantinische Mosaiken bewahrt. Von Ravenna aus gelangt man durch die Valli di Comacchio, dem größten Lagunenkomplex Italiens mit Tausenden von Wasservögeln und den unterschiedlichsten Zubereitungen typischer Aalgerichte, in das schöne Ferrara. Die Romagna ist auch bekannt für ihre Piadina, ein rustikaler Brotfladen, der warm mit Käse, Salami oder Schinken belegt zu jeder Tageszeit gegessen wird. Wem außerdem ein feucht-fröhliches »Gelage« à la Romagna vorschwebt, fährt am besten im September nach Cattolica zur Sagra della Teggia, denn dann gibt es dort kostenlos köstliche Piadina, Salami und Wein in allen nur denkbaren Sorten und zahlreichen Varianten.

Typische emilianische Produkte. Im Hintergrund der Dom von Modena.

Erbazzone

Spinattarte

Zubereitungszeit
30 Minuten
zuzüglich Ruhezeit

Kochzeit
60 Minuten

Schwierigkeitsgrad
mittel

Zutaten für 6 Personen

- 300 g Mehl
- Salz
- 150 g Schmalz
- 1 kg Blattspinat
- 1 Handvoll Petersilienblätter
- 2 Knoblauchzehen
- 40 g Butter
- 100 g Parmesan
- 20 g Speck
- Butter für die Form

Dazu schmeckt ein trockener Weißwein, z. B.

- Albana di Romagna
- Parrina

1 Das Mehl auf ein Nudelbrett sieben, 1 Prise Salz und das Schmalz in Flöckchen dazugeben und alles gut mit den Fingerkuppen bearbeiten, bis das Schmalz das Mehl aufgenommen hat. Die Mehlmischung anhäufeln, in die Mitte ein Mulde drücken und 4 Eßlöffel kaltes Wasser hineingeben. Alles zu einem Teig verarbeiten und eventuell noch etwas Wasser zugeben, bis ein weicher, elastischer Teig entsteht. Den Teig zu einer Kugel formen, in Butterbrotpapier einschlagen und an einem kühlen Ort oder im Kühlschrank etwa 45 Minuten ruhen lassen.

2 In der Zwischenzeit den Spinat waschen und tropfnaß mit 1 Prise Salz in einem Topf bei niedriger Hitze zusammenfallen lassen. Den Backofen auf 200 °C vorheizen.

3 Die Petersilie waschen und trockentupfen. Die Knoblauchzehen abziehen. Die Petersilienblätter und 1 Knoblauchzehe fein hacken.

4 Den Spinat abgießen, ausdrücken und grob hacken.In einer Pfanne die Butter zerlassen und die gehackte Petersilie und den Knoblauch darin anrösten. Den Spinat dazugeben und solange bei niedriger Hitze ziehen lassen, bis alles Wasser verdampft ist.

5 Eine Tarteform einfetten. Den Teig ausrollen und zwei Kreise, einer etwas größer als der andere, daraus ausschneiden. Den Boden und die Ränder der Form mit der größeren Teighälfte auslegen.

6 Frisch geriebenen Parmesan unter den Spinat mischen. Spinat in die Form füllen, glattstreichen und mit der anderen Teighälfte bedecken. Die Teigränder nach innen klappen und mit einer Gabel festdrücken. Teigoberfläche mehrmals einstechen und die Tarte in den Ofen stellen. Den Speck und den Knoblauch hacken. Beides nach etwa 40 Minuten Backzeit auf der Tarte verteilen und die Tarte weitere 5 Minuten in den Backofen stellen.

Garganelli al ragù di piselli

Nudeln mit Erbsenragout

Zubereitungszeit
60 Minuten
zuzüglich Ruhezeit

Kochzeit
60 Minuten

Schwierigkeitsgrad
mittel

Zutaten für 4–6 Personen

Für den Nudelteig:
- 400 g Mehl
- 2 EL geriebener Parmesan
- 4 Eier
- Muskatnuß

Für die Sauce:
- 1 Möhre
- 1 Zwiebel
- 1 Knoblauchzehe
- 1 Handvoll Petersilienblätter
- 50 g roher Schinken
- 40 g Butter
- 2 EL Olivenöl extra vergine
- 150 g Kalbfleisch
- 150 g Hühnerleber
- 1/2 Glas trockener Weißwein
- 300 g geschälte Tomaten (aus der Dose)
- 100 g TK-Erbsen
- Salz, Pfeffer
- geriebener Parmesan

Dazu schmeckt ein leichter Rotwein, z. B.
- Sangiovese di Romagna
- Chianti dei Colli Aretini

1 Das Mehl auf ein Nudelbrett sieben, mit dem Käse vermischen, anhäufeln und in die Mitte eine Mulde drücken. Die Eier hineinschlagen, großzügig Muskatnuß darüber reiben und alles zu einem glatten, elastischen Teig verarbeiten. Den Teig zu einer Kugel formen, mit einem Tuch bedeckt etwa 15 Minuten ruhen lassen, mit einem Nudelholz nicht zu dünn ausrollen und in 5 Zentimeter lange Quadrate schneiden.

2 Jedes Teigquadrat diagonal von einer Ecke zur anderen um ein bemehltes Stäbchen wickeln und auf die Zinken einer Gabel drücken, damit die Nudeln Rillen bekommen und die überstehenden Ränder zusammengedrückt werden. Die Garganelli von dem Stäbchen nehmen, auf dem Nudelbrett auslegen und trocknen lassen.

3 Die Möhre putzen und waschen, die Zwiebel und den Knoblauch abziehen, die Petersilie waschen und trockentupfen und alles fein hacken. Den Schinken klein würfeln. Die Butter und das Öl erhitzen und alles etwa 15 Minuten darin schmoren.

4 Das Kalbfleisch und die Hühnerlebern waschen, trockentupfen, in kleine Würfel schneiden, im Gemüse anbraten und mit dem Weißwein ablöschen. Sobald er verdunstet ist, die Tomaten und Erbsen zugeben. Alles salzen und pfeffern und zugedeckt bei mittlerer Hitze etwa 30 Minuten kochen.

5 Die Garganelli in reichlich kochendem Salzwasser in 6 bis 7 Minuten al dente kochen und abgießen. Zuerst den Käse, dann die Sauce untermischen und die Nudeln sofort servieren.

Zum Rillen der Nudeln verwendet man hier einen Holzrahmen mit dazwischen gespannten Schnüren.

Tagliatelle al prosciutto

Tagliatelle mit Schinken

Zubereitungszeit
15 Minuten

Kochzeit
10 Minuten

Schwierigkeitsgrad
einfach

Zutaten für 6 Personen

- 200 g roher Schinken, in nicht zu dünne Scheiben geschnitten
- 1/2 Zwiebel
- 90 g Butter
- trockener Weißwein
- Pfeffer
- 500 g Tagliatelle
- Salz
- geriebener Parmesankäse

Dazu schmeckt ein leichter Rotwein, z. B.

- Sangiovese di Romagna
- Freisa di Chieri

1 Das Fett vom Schinken abschneiden, die Zwiebel abziehen. Den Schinken in Streifen schneiden, das Fett und die Zwiebel kleinschneiden. Die Butter in einer kleinen Pfanne schaumig erhitzen. Zuerst die Zwiebel und das Schinkenfett, dann die Schinkenstreifen dazugeben, kurz ziehen lassen und mit etwas Weißwein ablöschen. Wenn der Wein verdunstet ist, alles mit frisch gemahlenem Pfeffer würzen, vom Herd nehmen und warm stellen.

2 In der Zwischenzeit die Tagliatelle in reichlich kochendem Salzwasser bißfest kochen, abgießen und mit der Sauce vermischen. Die Nudeln auf einer vorgewärmten Platte anrichten, mit frisch geriebenem Parmesan bestreuen und sofort servieren.

Totani al cartoccio

Tintenfisch in Folie

Zubereitungszeit
30 Minuten

Kochzeit
30 Minuten

Schwierigkeitsgrad
einfach

Zutaten für 4 Personen

- 1 Knoblauchzehe
- 1 Handvoll Petersilienblätter
- 1 Rosmarinzweig
- 4 Tintenfische à 200 g
- 2 EL Semmelbrösel
- Salz, Pfeffer
- Olivenöl extra vergine
- 8 Orangen- oder Zitronenscheiben
- 4 Lorbeerblätter

Dazu schmeckt ein trockener Weißwein, z. B.

- Bianco di Scandiano
- Pinot Bianco

1 Den Knoblauch abziehen und den grünen Sproß entfernen. Petersilie und Rosmarin waschen und trockentupfen. Die Fangarme vorsichtig von den Tintenfischen entfernen. Die Tintenfische ausnehmen, Augen und Maul entfernen und die Fangarme zusammen mit dem Rosmarin, dem Knoblauch und der Petersilie hacken. Alles mit Semmelbröseln, Salz, Pfeffer und 4 Eßlöffeln Olivenöl verrühren. Die Tintenfische damit füllen und mit Küchengarn zunähen. Den Backofen auf 200 °C vorheizen.

2 4 Stück Alufolie leicht einfetten und jeweils einen Tintenfisch zwischen 2 Orangenscheiben und 1 Lorbeerblatt setzen. Die Tintenfische leicht mit einer Nadel anstechen und die Folie zu lockeren Päckchen verschließen, ohne daß die Folie, die sich unter Dampf aufblähen soll, am Fisch haften bleibt.

3 Die Päckchen auf ein Backblech oder in eine große feuerfeste Form legen und etwa 30 Minuten im Ofen garen. Die Päckchen auf einer Platte servieren.

Cotechino in galera

Cotechinoroulade

Zubereitungszeit
20 Minuten

Kochzeit
90 Minuten

Schwierigkeitsgrad
mittel

Zutaten für 4–6 Personen
- 400 g Cotechino
- 1 große, dünne Scheibe Rindfleisch à ca. 400 g, gut geklopft
- 4 Scheiben roher Schinken
- 1 Stück Zwiebel
- 4 EL Olivenöl extra vergine
- Brühe
- trockener Lambrusco
- Salz

Dazu schmeckt ein leichter Rotwein, z. B.

- Lambrusco Salamino di Santa Croce
- Colli Martani Sangiovese

1 In die äußeren Enden des Cotechino, an denen er zusammengebunden ist, je einen Zahnstocher hineinstechen. Den Cotechino in einem Topf mit kaltem Wasser bedeckt bei geringer Hitze etwa 30 Minuten kochen, vorsichtig herausheben und enthäuten.

2 Das Rindfleisch mit den Schinkenscheiben belegen und den Cotechino in die Mitte legen. Alles wie einen Rollbraten aufrollen und mit Küchengarn zusammenbinden.

3 Die Zwiebel abziehen, kleinhacken und in einer Kasserolle in Öl glasig dünsten. Den Rollbraten zufügen und von allen Seiten anbraten (beim Wenden nicht anstechen). Den Cotechino salzen, zu gleichen Teilen mit Brühe und Lambrusco bedecken und bei mittlerer Hitze 1 Stunde kochen.

4 Die Sauce eventuell etwas einkochen lassen. Den Bindfaden entfernen, den Braten in nicht zu dünne Scheiben schneiden und mit der Sauce übergießen.

Fragole all'aceto balsamico

Erdbeeren in Aceto Balsamico

Zubereitungszeit
30 Minuten zuzüglich Ruhezeit

Schwierigkeitsgrad
einfach

Zutaten für 4 Personen

- 500 g Erdbeeren oder 400 g Walderdbeeren
- 3 EL Aceto Balsamico di Modena
- 1 gehäufter EL Zucker

1 Die Erdbeeren in ein Sieb geben, in das Spülbecken stellen und mit kaltem Wasser bedecken. Das Sieb aus dem Wasser nehmen, das Wasser abtropfen lassen und die Erdbeeren vorsichtig mit Küchenpapier trockentupfen.

2 Den Stielansatz mit den Blättern entfernen. Große Erdbeeren in Stücke schneiden und in eine Schüssel geben, damit der Saft nicht verlorengeht. Walderdbeeren nicht zerkleinern. Den Aceto Balsamico über die Erdbeeren gießen und vorsichtig untermischen. Die Erdbeeren zugedeckt etwa 15 Minuten gut durchziehen lassen.

3 Kurz vor dem Servieren den Zucker über die Erdbeeren geben, nochmals vermischen und die Früchte zusammen mit dem Saft in Dessertschälchen füllen.

EMILIA ROMAGNA

SPEZIALITÄTEN

Antipasti
Prosciutto di Parma, Culatello

Primi
Agnolini, Calzagatti, Cappellacci con la zucca, Cappelletti, Garganelli, Lasagne al forno, Passatelli, Pisarei e fasò, Strichetti, Strozzapreti, Tortellini

Secondi
Coniglio alla cacciatora, Fegatelli in rete, Fritto misto, Guanciale di vitello, Salamina da sugo, Stracotto d'asino, Trippa alla parmigiana, Zampone

Desserts
Bensone, Brazadela, Crema fritta, Pan Speziel, Panapapato, Spongata

TYPISCHE RESTAURANTS

Trattoria Boni
Via Saragozza 88, Bologna
Tel. 051/585060, Samstag Ruhetag

Da Cesari
Via Carbonesi 8, Bologna
Tel. 051/237710, Sonntag Ruhetag

Franco Rossi
Via Goito 3, Bologna
Tel. 051/238818, Sonntag Ruhetag

Trattoria Campanini
Via Roncole Verdi 136, Busseto (Parma)
Tel. 0524/92569, Dienstag Ruhetag

E' Parlamintè
Via Mameli 33, Imola (Bologna)
Tel. 0542/30144, Donnerstag Ruhetag

Da Vasco e Giulia
Via Muratori 21, Comacchio (Ferrara)
Tel. 0533/81252, Montag Ruhetag

Trattoria da Faccini
Sant'Antonio 10, Castell'Arquato (Piazenca)
Tel. 0523/896340 Mittwoch Ruhetag

La Pavona
Via Santa Lucia 45, Faenza (Ravenna)
Tel. 0546/31075, Mittwoch Ruhetag

Lasagne aus grünen Nudeln

Vecchia Osteria
Via Ferdinando di Borbone 125, Piacenza
Tel. 0523/504133, Sonntagabend/Montag Ruhetag

Ristorante Capannetti
Vicolo Capannetti 21, Ravenna
Tel. 0544/66681, Sonntagabend und Montag geschlossen

Hostaria da Ivan
Via Villa 73, Fontanelle di Roccabianca (Parma)
Tel. 0521/870113, Montag/Dienstag Ruhetag

La Sangiovesa
Piazza Balacchi 14
Santarcangelo di Romagna (Forlì)
Tel. 0541/620710,
Montag Ruhetag

Osteria Giusti
Vicolo Squallore 46, Modena
Tel. 059/222533, Sonntag/Montag Ruhetag

Cinque Pini
Via Martiri di Cervarolo 46c, Reggio Emilia, Tel. 0522/553663, Mittwoch Ruhetag

Trattoria Bolognese
Via Muratori 1, Vignola (Modena)
Tel. 059/771207, Samstag Ruhetag

Trattoria Antichi Sapori
Strada Montanara 318, Parma
Tel. 0521/648165, Dienstag Ruhetag

Antica Trattoria Volano
Via Volano 20, Ferrara
Tel. 0532/761421, Freitag Ruhetag

Rosa di Parma

WEINE

Weißweine

Albana di Romagna
Bianco del Bosco Eliceo
Bianco di Scandiano
Malvasia dei Colli di Parma
Monterosso Val d'Arda
Montuni del Reno
Ortrugo
Pagadebit
Pignoletto
Trebbianino Val Trebbia
Trebbiano di Romagna
Val Nure

Rotweine

Barbera
Bonarda
Cagnina di Romagna
Fortana del Bosco Eliceo
Gutturnio
Lambrusco di Sorbara
Lambrusco
Grasparossa di Castelvetro
Lambrusco Reggiano
Lambrusco Salamino di Santa Croce
Merlot del Bosco Eliceo
Sangiovese di Romagna

Dessertweine

Malvasia dei Colli Piacentini

KÄSE

Formaggio di Fossa
Furmaien
Giuncata
Parmigiano Reggiano
Rigatino
Squaquarone

EINKAUFSMÖGLICHKEITEN FÜR TYPISCHE REGIONALE PRODUKTE

Weine

Convivio Sapori d'Italia
Via Trento e Trieste 95
Carpi (Modena)

Bruno Valentini
Via Lisoni 6, Fornovo di Taro (Parma)

Wurst

Gino Fereoli
Strada Parma 28
Pilastro di Langhirano (Parma)

Salumificio Dassena
Spigarolo
Busseto (Parma)

Gogliardo Ranelli
Santa Franca, Via Mogadiscio 79
Polesine Parmense (Parma)

Salumificio Bidinelli
Via Circondario 17, Correggio
(Reggio Emilia)

Pasquini e Brusiani
Via Tofane 38, Bologna

Salumeria Marchetti
Via Cortevecchia 35-37, Ferrara

Käse

Gastronomia Plinio e Paolo
Corso Isonzo 55, Ferrara

Adriano e Luisa
Via Sant'Eufemia 16, Modena

Casa del Formaggio
Via Bixio 108, Parma

Alpine
Via Cavour 41, Ravenna

Balducci
Via IV Novembre 7, Rimini

Zampone

Den Emilianern, die sich besonders gut auf die Herstellung von Wurst verstehen, verdanken wir diese Spezialität aus einer würzigen Schweinefleischmischung, die in Schweinefüße gefüllt und anschließend lange gekocht wird. Heute wird allerdings immer häufiger vorgekochter Zampone verwendet, der zudem den Vorteil hat, wesentlich länger haltbar zu sein als traditionell hergestellte Produkte.

Zampone steht vor allem an den Festtagen der Wintermonate auf dem Speiseplan und gehört in manchen Gegenden unbedingt zum großen Silvesterfestessen. Dann wird er mit Linsen serviert, die zu Wohlstand im neuen Jahr verhelfen sollen. Unter den verschiedenen Wursterzeugnissen ist der Zampone wegen seiner typischen Form und seines unnachahmlichen Geschmacks einzigartig.

Die Entstehung dieser Spezialität aus Modena läßt sich bis in die ersten Jahre des 16. Jahrhunderts zurückverfolgen, als die Truppen von Papst Julius II. in das Gebiet von Modena einfielen und den Stadtbewohnern bald nur noch wenige Nahrungsreserven übrig blieben.

HERSTELLUNG

Zampone wird heute zu gleichen Teilen aus Schweinefleisch (vor allem aus der Schulter), Schweinefett und Speckschwarten hergestellt. Einst machte der Anteil an Speckschwarten 50 Prozent aus, wodurch der Zampone schwer verdaulich war. Inzwischen haben sich zwar die Gewichtsanteile verändert, doch hält man sich ansonsten auch heute noch streng an die Einhaltung der traditionellen Rezepte.

Gegessen wird der Zampone während der kalten Wintermonate. Die an den Festtagen dann einsetzende enorme Nachfrage stellte die Hersteller bislang allerdings vor kaum lösbare Probleme, da traditionell zubereiteter Zampone nur wenige Wochen haltbar ist und deshalb auch nicht lange auf Vorrat hergestellt werden kann. Teilweise Abhilfe schafft inzwischen das Vorkochen, wodurch die Haltbarkeit um einige Monate verlängert werden kann.

MODERNER ZAMPONE

Das Vorkochen bringt noch einige andere Vorteile mit sich: Zum einen entfällt die lange Kochzeit von etwa vier Stunden, die traditionell hergestellter Zampone benötigt, zum anderen besteht bei einer kürzeren Garzeit nicht die Gefahr, daß die Haut aufplatzt, so daß diese moderne Variante inzwischen immer beliebter wird.

Bei der Herstellung wird zunächst die Haut von den Vorderläufen abgezogen und kühl gelagert. Für die Füllung werden die Fleisch- und Fettstücke durch den Fleischwolf gedreht, während die Speckschwarten separat fein zerkleinert werden. Dann wird alles zusammen mit den Gewürzen in einer speziellen Maschine vermischt und unter Luftabschluß in die Schweinefüße gefüllt. Anschließend werden letzte Borsten abgesengt und zuletzt die Schweinefüße rund um die Klauen mit speziellen Nadeln mehrmals angestochen, damit Fett und Gelatine beim Kochen besser austreten können. Nach dem Kochen wird der Zampone sterilisiert.

KULINARISCHE EMPFEHLUNGEN

Zampone wird immer auf dieselbe Art zubereitet. Phantasie ist dagegen bei den Beilagen gefragt – er paßt vorzüglich zu Spinat, Wirsing, Artischocken, Saucen und Tagliatelle.

- Gekochten Zampone in Scheiben schneiden und mit Spinat, Senf und Endivien- oder Chicoréesalat in Essig und Öl anrichten.
- Gegarten Zampone in Scheiben schneiden, zusammen mit gedämpftem Wirsing wenig Minuten erhitzen und heiß servieren.
- Gegarte Zamponescheiben auf bißfest gekochten und in Butter geschwenkten Tagliatelle anrichten.
- Bereits gegarte Zampone stark zerkleinern und zu Papardelle und Gnocchi servieren.
- Gegarten Zampone in Scheiben schneiden und zu gekochten und mit Öl und Zitronensaft angemachten Artischokkenböden servieren.
- Oder Zamponescheiben zu einer Senfsauce (am besten Dijonsenf verwenden) oder zu einer grünen Sauce anrichten.

ZUBEREITUNG

Den Zampone mindestens 12 Stunden in kaltes Wasser legen. Anschließend tief zwischen den Klauen einschneiden und mit einem Holzstäbchen anstechen. In ein Küchentuch wickeln, das Tuch mit einem Bindfaden fixieren und an einem Kochlöffel festbinden, damit der Zampone besser in Form bleibt und mit kaltem Wasser in einem großen Topf zum Kochen bringen. Sobald die ersten Bläschen aufsteigen, die Temperatur zurückschalten, sodaß das Wasser nur noch leicht kocht (andernfalls kann die Haut platzen) und den Zampone etwa 4 Stunden kochen. Den Topf vom Herd nehmen, den Zampone kurz ziehen lassen, herausnehmen, eventuelle Fettrückstände abwischen und in Scheiben schneiden. Bei vorgekochtem Zampone nach der Packungsanleitung vorgehen.

WELCHER WEIN PASST DAZU?

Zu Zampone passen mittelschwere Rotweine, z.B. Rosso di San Colombano, Gutturnio dei Colli Piacentini, Rosso dell'Oltrepò Pavese oder auch der leichte, etwas herbe Lambrusco di Sorbara. Als Weißwein eignet sich trockener Prosecco oder Champagner.

DIE BESTEN ADRESSEN

Qualitativ hochwertigen Zampone finden Sie in ganz Italien in den besten Feinkostläden und Salumerien. Erste Adresse nahe Modena ist Zocca, wo es vorzüglichen Zampone in der Salumeria Prostrati gibt.
Einen etwas anders zubereiteten, aber ebenso guten Zampone finden Sie in Sassuolo in der Salumeria Fochetti Biondi. Hier heißt er »sassolino«, und wird statt in den Schweinefuß in die Bauchschwarte eingefüllt.

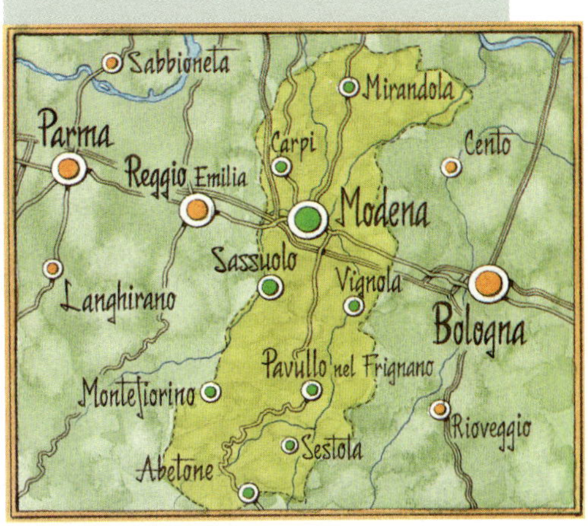

TOSKANA

Ursprüngliche Düfte vom Land

Die berühmte Piazza dei Miracoli in Pisa mit Dom und schiefem Turm.

Wer die Toskana besucht, ist vor allem von der überaus lieblichen Landschaft begeistert – einer Landschaft, der sich die Bewohner der Region mit ebenso großem Eifer wie Traditionsbewußtsein widmen und in der man immer wieder auf gepflegte Landhäuser trifft, die inmitten grüner Wiesen, silbrig schimmernder Olivenhaine, gelber Getreidefelder und von Weinbergen bedeckten Hügeln liegen. Welche Küche kennzeichnet eine Region, der es gelang, die Natur derart zu veredeln und zugleich die ländlichen Traditionen so gut zu bewahren? Ganz einfach: Sie ist sowohl rustikal als auch raffiniert, und sie bevorzugt einfache Gerichte, legt aber zugleich größten Wert auf all die Düfte und Aromen, die die Natur zu bieten hat.

Die Toskana ist vor allem die Region des Grillrosts und der Grillspieße, wo die berühmte Bistecca alla fiorentina nur auf einem Holzfeuer zubereitet werden darf, ebenso wie die vielen Gemüsesorten aus den Gärten, das Schweinefleisch oder die Pilze. Und wie werden diese gegrillten Gerichte verfeinert? Ein Blick auf die sorgsam gehegten Gewürzpflanzen und Kräuter der toskanischen Landschaft genügt: Knoblauch, Oregano, Rosmarin, Basilikum, Petersilie, Peperoncino, Salbei, Lorbeer, Wacholder, Anis und Estragon. Zu dieser Vielfalt gehört dann nur noch etwas toskanisches Öl, und schon ist das Essen fertig! Ein Essen, bei dem man größten Wert auf die Zutaten legt, denn in der Toskana regiert eine bäuerliche Küche, die auf Reinheit und Ursprünglichkeit setzt. Spektakuläre Mischungen, grelle Farben und ausgefallene Gerichte wird man deshalb hier nicht finden.

Cacciucco alla livornese, ein köstliches Fischgericht, auf einer Platte verführerisch angerichtet.

Ein Kennzeichen der traditionellen ländlichen Küche sind die vielfältigen Suppen und Eintöpfe: Nudeln und Kichererbsen, Reis und Dicke Bohnen, Rotkohlsuppe, Zwiebelsuppe, Brotsuppe mit Tomaten und Kartoffelsuppe. Natürlich fehlen auch nicht die schmackhaften Schweine- und Wildschweinschinken oder gut gewürzte Würste, wie z. B. Ingwerwürstchen, die mit Oliven und einem guten Chianti als Vorspeise serviert werden. Der Chianti ist einer der berühmtesten Weine Italiens.

So wie die toskanische Landschaft Städte hervorgebracht hat, die als wahre Kunstschätze gelten – in erster Linie Florenz, gefolgt von Pisa, Lucca oder Siena –, so hat auch die bäuerliche Küche der Toskana zahlreiche kulinarische Meisterwerke geschaffen. In Arezzo, dem antiken Etruskerzentrum, wo man in der Kirche San Francesco den Freskenzyklus der »Legende des Heiligen Kreuzes« von Piero della Francesca aus dem 15. Jahrhundert bewundern kann, zählt man einen mit Trüffelcreme verfeinerten Fasanenbraten zu den lokalen Spezialitäten. Daneben könnte man noch das

Garnelensoufflé anführen, ein ausgesprochen delikates Gericht, das bei festlichen Anlässen auch als Vorspeise gereicht wird. Nicht vergessen sollte man darüber die köstlichen Fischgerichte, die für die Küstenstädte charakteristisch sind, etwa den Cacciucco alla livornese, der auch die verwöhntesten Gaumen mit den Düften und Geschmacksnuancen des Meeres erfreut.
Von Livorno aus ist es nicht weit zur Maremma und ihren geschützten Naturoasen, der Lagune von Orbetello, den Uccellina-Bergen, dem See von Burano oder der Macchia von Capalbio.
Dort kann man die herrliche Schildkrötensuppe, eine Spezialität des Gebiets um Grosseto, oder die Uccelletti alla maremmana, Singvögel nach Art der Maremma, probieren, die mit Knoblauch und Sardellenfilets zubereitet und mit Olivenöl oder getrockneten Sauerkirschen serviert werden.
In Orbetello empfiehlt sich die Teilnahme an der Sagra delle anguille, dem Aalfest, das alljährlich im Juni stattfindet. Dort werden den Besuchern kostenlos marinierte und geräucherte Aalspezialitäten zum Probieren angeboten – auch eine gute Gelegenheit, um eine weitere toskanische Spezialität kennenzulernen: die Cieche, junge Aale, die im Mündungsgebiet des Arno bei Pisa und im Ombrone bei Grosseto gefangen werden. Gewöhnlich werden die Cieche mit Knoblauch und etwas Salbei in Olivenöl gebraten. Sie schmecken aber auch in einer Tarte aus Eiern, Semmelbröseln, Parmesan und Zitronensaft. Bleiben wir noch kurz bei den kulinarischen Festen (sagre): Es lohnt sich, am 15. August Camigliano bei Lucca zu besuchen. Dort veranstaltet man die Sagra del minestrone, bei der ein ganzes Menü gratis angeboten wird. Neben der Minestrone kann man Stockfisch, Bohnen auf toskanische Art und den klassischen Wein dieser hügeligen Landschaft probieren. Die Sagra ist zudem eine ideale Gelegenheit, Lucca und die einzigartigen romanischen Kirchen der Stadt zu besichtigen.
Bevor man die Toskana wieder verläßt, muß man aber unbedingt noch einige regionale Süßspeisen kosten, vor allem den Panforte di Siena, ein Gebäck aus kandierten Früchten, Mandeln, Walnüssen, Orangenschale, Zimt und anderen Gewürzen, der laut Historie bereits im 13. Jahrhundert hergestellt wurde.
Der Panforte ist natürlich nicht die einzige Besonderheit, die Siena zu bieten hat. Die relativ kleine Stadt lebt noch heute in vollkommener Harmonie mit ihrer Geschichte. Vor allem am 2. Juli und 16. August lohnt sich der Besuch der Stadt, denn dann wird auf der herrlichen Piazza del Campo der berühmte Palio ausgetragen, ein Pferderennen, bei dem die 17 Stadtviertel um den Sieg kämpfen. Und auch hier gibt es, wie in jeder toskanischen Trattoria, zum Abschluß eines Mahls ein Gläschen Vinsanto mit Cantuccini (oder Biscottini di Prato), ein delikates Gebäck mit Mandelsplittern.

Panforte und Ricciarelli sind typische Sieneser Süßspeisen. Im Hintergrund erhebt sich der Palazzo Pubblico an der berühmten Piazza del Campo (links).

Fahnenschwinger beim Palio in Siena, der zweimal jährlich auf der Piazza del Campo ausgetragen wird.

Crostini campagnoli

Geröstete Brotscheiben mit Nuß-Oliven-Paste

Zubereitungszeit
20 Minuten

Schwierigkeitsgrad
einfach

Zutaten für 4 Personen

- 1 kleine Knoblauchzehe
- 1 Zitrone
- 150 g große schwarze Oliven
- 10 Walnußkerne
- Salz
- Olivenöl extra vergine
- toskanisches Weißbrot vom Vortag

Dazu schmeckt ein Roséwein, z. B.

- Rosato di Bolgheri
- Schiava dell'Alto Adige

1 Die Knoblauchzehe abziehen. Die Zitrone heiß abwaschen, trocknen und die Schale fein abreiben.

2 Die Oliven entkernen und zusammen mit den Nußkernen, dem Knoblauch und der geriebenen Zitronenschale im Mörser zerstoßen.

3 Die Mischung in eine Schüssel geben, salzen und mit einem Holzkochlöffel soviel Öl untermischen, bis eine weiche Paste entsteht.

4 Das Brot in Scheiben schneiden, rösten, mit der Paste bestreichen und sofort servieren.

Zuppa garmugia

Fleisch-Gemüse-Suppe

Zubereitungszeit
30 Minuten

Kochzeit
50 Minuten

Schwierigkeitsgrad
einfach

Zutaten für 4 Personen

- 50 g geräucherter, durchwachsener Speck
- 1 kleine Stange Lauch
- 1 Zwiebel
- 2 Artischocken
- 50 g frische Saubohnen
- 100 g frische Erbsen
- 3 EL Olivenöl extra vergine
- 100 g Rinderhack
- 1 l Hühner- oder Rindfleischbrühe
- 24 Spargelspitzen
- geröstete Weißbrotscheiben (nach Belieben)

Dazu schmeckt ein leichter Rotwein, z. B.

- Rosso di Bolgheri
- Merlot

1 Den Speck in dünne Streifen schneiden. Den Lauch putzen, waschen, trocknen und in Ringe schneiden. Die Zwiebel abziehen und in hauchdünne Scheiben schneiden. Die Spitzen der Artischocken und die harten äußeren Blätter sowie das Heu entfernen und die Artischockenböden in dünne Scheiben schneiden. Die Bohnen und Erbsen enthülsen. Das Öl erhitzen und Speck, Lauch und Zwiebel darin anbraten.

2 Das Hackfleisch zufügen und ebenfalls kurz anbraten. Sobald es trocken wird, Artischocken, Bohnen und Erbsen untermischen, kurz ziehen lassen, mit kochender Brühe ablöschen und alles bei mäßiger Hitze etwa 20 Minuten zugedeckt garen. Die Spargelspitzen zufügen und kurz aufkochen. Die Suppe in tiefen Tellern anrichten und nach Belieben mit geröstetem Brot servieren.

Cacciucco

Toskanische Fischsuppe

Zubereitungszeit
60 Minuten

Kochzeit
60 Minuten

Schwierigkeitsgrad
mittel

Zutaten für 6 Personen
- 600 g Oktopus, Tintenfisch, Babytintenfisch
- 400 g Heringshai oder Seeteufel in Scheiben
- 400 g Drachenkopf, Knurrhahn, Petermännchen
- 400 g Kaisergranaten und Langusten
- 12 Miesmuscheln
- 1 Stange Sellerie
- 1 Möhre
- 1 Handvoll Petersilienblätter
- 1/2 Zwiebel
- 3 Knoblauchzehen
- 1 Chilischote
- 10 EL Olivenöl extra vergine
- 500 g geschälte Tomaten (aus der Dose)
- 1 Glas Rotwein
- toskanisches Weißbrot
- Salz

Dazu schmeckt ein leichter Rotwein, z. B.
- Elba rosso
- Ischia rosso

1 Alle Fische, Krebse und Meeresfrüchte waschen und trockentupfen. Sellerie, Möhre, Petersilie und Zwiebel putzen, waschen und trockentupfen bzw. abziehen und klein hacken. Die Knoblauchzehen ebenfalls abziehen, den grünen Sproß entfernen und leicht zerdrücken. Die Chilischote waschen und trockentupfen. Den Oktopus in Stücke, die Tintenfische in Ringe schneiden.

2 In einem großen Tontopf 5 Eßlöffel Öl erhitzen. 2 Knoblauchzehen und die Chilischote darin anbraten und den Knoblauch wieder herausnehmen. Die Oktopusstücke hineingeben und bei geringer Hitze etwa 20 Minuten schmoren. Die Tintenfischringe zugeben und weiterkochen, dabei immer wieder mit etwas Wein ablöschen.

3 Inzwischen in einem zweiten Topf das Gemüse im restlichen Öl anbraten. Drachenkopf, Seeschwalbenfisch, Tracina und Meerbarben zufügen und andünsten. Die Tomaten und 2 Eßlöffel Wasser zufügen, salzen und etwa 20 Minuten garen. Den Fisch in den Tontopf geben, alles einmal aufkochen und den übrigen Fisch und die Krebse zufügen. Einige Minuten ziehen lassen, dabei kurz vor Ende der Garzeit die Muscheln und die Petersilie untermischen. Alles nochmals salzen, die Chilischote herausnehmen und eventuell noch etwas kochendes Wasser zufügen.

4 Die Brotscheiben rösten und mit dem restlichen Knoblauch einreiben. Die Scheiben in tiefe Teller oder Tontöpfchen legen, mit Brühe übergießen und Fische, Krustentiere und Muscheln darauf verteilen.

Pollo in galera

»Eingewickeltes« Hähnchen

Zubereitungszeit
20 Minuten

Kochzeit
120 Minuten

Schwierigkeitsgrad
einfach

Zutaten für 6 Personen

- 1 Freilandhähnchen à 1,2 kg
- 600 g junge Zwiebeln
- 1/2 Glas Essig
- 12 Gewürznelken
- Salz, Pfeffer
- 3 EL Olivenöl extra vergine
- toskanisches Weißbrot vom Vortag

Dazu schmeckt ein leichter Rotwein, z. B.

- Chianti delle Colline pisane
- Sangiovese dei Colli pesaresi

1 Das Hähnchen waschen, trocknen, zusammenbinden und in einen tiefen Topf legen. Die Zwiebeln schälen, abwaschen und um das Hähnchen legen. Den Essig und die Nelken dazugeben, das Hähnchen salzen und pfeffern, 3 Eßlöffel Öl darüber gießen und soviel Wasser auffüllen, daß es gut bedeckt ist.

2 Die Bratform dicht mit Alufolie verschließen, so daß kein Dampf entweichen kann, und das Hähnchen bei mäßiger Hitze etwa 2 Stunden kochen.

3 Das Brot in Scheiben schneiden. Die Brotscheiben toasten und auf einer vorgewärmten Servierplatte anrichten. Die Alufolie entfernen, den Bratensaft nach Belieben etwas einkochen lassen, alles auf den Brotscheiben anrichten und servieren.

Für dieses Gericht braucht man ein Freilandhähnchen, damit es trotz langer Garzeit nicht zerkocht, sondern schön weich und schmackhaft wird.

Bensone garfagnino

Kuchen mit kandierten Früchten

Zubereitungszeit
30 Minuten

Backzeit
30 Minuten

Schwierigkeitsgrad
mittel

Zutaten für 4–6 Personen
- 300 g Mehl
- 100 g Kartoffelstärke
- 1 Päckchen Trockenhefe
- Salz
- 100 g Rosinen
- 50 g gemischte kandierte Früchte
- 150 g Butter
- 300 g Zucker
- 4 Eier
- abgeriebene Schale von je 1 unbehandelten Zitrone und Orange
- eventuell etwas Milch
- Butter für die Form

Dazu schmeckt ein leichter Dessertwein, z. B.
- Lunigiana bianco amabile
- Oltrepò pavese Moscato

1 Das Mehl mit der Kartoffelstärke, der Hefe und etwas Salz vermischen und sieben. Eine Springform von 22 Zentimeter Durchmesser mit Butter einfetten. Den Backofen auf 220 °C vorheizen. Die Rosinen einweichen und die kandierten Früchte kleinschneiden. Die zimmerwarme Butter mit dem Zucker schaumig rühren und die Eier nacheinander unterrühren.

2 Die Rosinen abgießen, trocknen und im Mehl wenden. Das Mehl löffelweise unter ständigem Rühren unterheben. Die Zitronen- und Orangenschale, die kandierten Früchte und die Rosinen unter den Teig rühren. Sollte der Teig zu fest sein, noch etwas Milch unterrühren. Den Teig in die Kuchenform füllen und 30 Minuten backen. Mit einem langen Holzspießchen in die Mitte des Kuchens stechen. Bleibt das Holz trocken, ist der Bensone fertig. Den Kuchen herausnehmen und abkühlen lassen.

Castagnaccio

Kastanienkuchen

Zubereitungszeit
10 Minuten

Backzeit
45 Minuten

Schwierigkeitsgrad
einfach

Zutaten für 6–8 Personen
- 1 Handvoll Sultaninen
- 1 Rosmarinzweig
- 500 g Kastanienmehl
- 5 EL Olivenöl
- 1 Handvoll Pinienkerne
- Salz
- Öl für die Form

Dazu schmeckt ein Likör- oder Dessertwein, z. B.
- Vin Santo bianco Pisano di San Torpé
- Moscato di Siracusa

1 Die Sultaninen einweichen, den Rosmarin waschen, trockentupfen und die Nadeln vom Stiel streifen. Eine Tarteform von 28 Zentimeter Durchmesser gut mit Öl einfetten. Den Backofen auf 220 °C vorheizen.

2 Das Mehl in eine Schüssel sieben, salzen und langsam 1/2 Liter Wasser unter ständigem Rühren untermischen. 3 Eßlöffel Olivenöl unterrühren, bis der Teig weich und klumpenfrei ist. Die Sultaninen abgießen.

3 Den Teig 2 Zentimeter hoch in die Form füllen, mit Pinienkernen, Sultaninen und Rosmarin bestreuen, mit dem übrigen Öl beträufeln und etwa 45 Minuten backen. Wenn die Oberfläche braun und rissig wird, ist der Kuchen fertig. In der Form abkühlen lassen und in dünne Scheiben geschnitten servieren.

TOSKANA

SPEZIALITÄTEN

Antipasti
Crostini con fegatini
Finocchiona
Insalata di farro
Lardo di Colonnata
Panzanella, Sbriciolona

Primi
Acquacotta
Cacciucco
Garmugia
Minestra di farro
Pappa al pomodoro
Pappardelle sulla lepre
Pici, Ribollita
Zuppa di cavolo nero

Secondi
Baccalà alla livornese
Cinghiale alla maremmana
Costata alla fiorentina
Peposo
Scottiglia
Tagliata di manzo
Trippa alla fiorentina

Desserts
Brigidini
Buccellato
Cantuccini
Castagnaccio
Panforte

TYPISCHE RESTAURANTS

Il vignaccio
Via di Santa Lucia 26, Camaiore (Lucca)
Tel. 0584/914200, Mittwoch Ruhetag

Venanzio
Colonnata
Piazza Palestro 3, Carrara
Tel. 0585/758062, Donnerstag Ruhetag

Da Tonino
Piazza Garibaldi, Cortona (Arezzo)
Tel. 0575/630500, Dienstag Ruhetag

Ristorante Barca
Via Guerrazzi 60, Portoferraio (Livorno)
Tel. 0565/918036, Mittwoch Ruhetag

Trattoria La Panzanella
Via dei Cappuccini 10, Empoli
Tel. 0571/922182, Sonntag Ruhetag

Coco Lezzone
Via del Parioncino 26 r, Florenz
Tel. 055/287178, Sonntag Ruhetag

Trattoria Acquacotta
Via dei Pilastri 51 r, Florenz
Tel. 055/242907, Dienstagabend und Mittwoch geschlossen

Trattoria Baldini
Via il Prato 96 r, Florenz
Tel. 055/287663, Samstag/Sonntag Ruhetag

Il Canto del Gallo
Via Mazzini 29, Grosseto
Tel. 0564/414589, Sonntag Ruhetag

Ristorante Il Tartufo
Via Oberdan 70, Livorno
Tel. 0586/884735, Montag Ruhetag

Trattoria Buatino
Via Borgo Giannotti 508, Lucca
Tel. 0583/343207, Sonntag Ruhetag

Lorenzo
Via Carducci 61, Forte dei Marmi (Lucca)
Tel. 0584/84030, Montag Ruhetag

Cacciucco mit Kichererbsen

In Folie gebratenes Perlhuhn

Da Riccà
Lungomare di Ponente
Marina di Massa (Massa)
Tel. 0585/241070, Mittwoch Ruhetag

Pieve di San Sigismondo
Poggio alle Mura 222, Montalcino (Siena)
Tel. 0577/866026, Dienstag Ruhetag

Da Bussé
Piazza Dumo 31, Pontremoli
(Massa Carrara)
Tel. 0187/831371, Freitag Ruhetag

Dorandò
Vicolo dell'Oro 2, San Gimignano (Siena)
Tel. 0577/941862, Montag Ruhetag

Ristorante Castelvecchio
Via Castelvecchio 65, Siena
Tel. 0577/49586, Dienstag Ruhetag

Trattoria da Vadò
Borgo San Lazzaro 9, Volterra (Pisa)
Tel. 0588/86477, Mittwoch Ruhetag

WEINE

Weißweine
Bianco della Valdinievole
Bianco delle Colline Lucchesi
Bianco di Pitigliano
Bianco Vergine della Valdichiana
Bolgheri, Candia dei Colli Apuani
Elba, Montecarlo
Monteregio, Montescudaio
Parrina, Pomino
Val d'Arbia
Vernaccia di San Gimignano

Roséweine
Barco Reale
Carmignano rosato
Val di Cornia rosato

Rotweine
Brunello di Montalcino
Carmignano
Chianti, Elba
Montecarlo, Monteregio
Montescudaio, Morellino di Scansano
Parrina, Pomino
Rosso di Montalcino
Rosso di Montepulciano
Sassicaia
Val di Cornia rosso
Vino Nobile di Montepulciano

Dessertweine
Moscadello di Montalcino
Vin Santo

KÄSE

Caciotta
Marzolino del Chianti
Pecorino Toscano
Raviggiolo, Ricotta

EINKAUFSMÖGLICHKEITEN FÜR TYPISCHE REGIONALE PRODUKTE

Weine
Enoteca Dionisio
Via Vittorio Emanuele 187
Camaiore (Lucca)

Enoteca Lenzi
Piazza Orsini 18
Castiglione della Pescaia (Grosseto)

Sauro e Assunta
Piazza della Sala, Pistoia

Casa del Caffè
Via San Matteo, San Gimignano (Siena)

Wurst
Salumeria Marini
Via A. Selva 313, Ferruccia (Pistoia)

Macelleria Gonnelli
Via Tasso 77, Reggello (Florenz)

Dario Cecchini
Panzano, Via XX Luglio 11
Greve (Florenz)

Käse
Da Lando
Via Vittorio Emanuele 41
Camaiore (Lucca)

La Cacioteca
Via Fillungo 242, Lucca

Bottega dei Portici
Piazza Garibaldi 3
Palazzuolo sul Senio (Florenz)

Angella
Via Garibaldi 2
Pontremoli (Massa Carra)

Finocchiona

Die Finocchiona ist eine typische Wurstspezialität des Chianti-Gebiets zwischen Florenz und Siena, das wegen seines Weins weltweiten Ruhm genießt. Von ihren Ursprüngen her entstand die Finocchiona im Chiantigiano im Süden von Florenz, doch kann man sie heute auch nördlich der Stadt und in der übrigen Toskana kaufen.

HERSTELLUNG

Die Finocchiona ist eine große Wurst, die einen Durchmesser von bis zu 20 Zentimetern haben kann. Für ihre Herstellung werden sehr magere Schweine verwendet, deren Fleisch zudem faserfrei sein muß.

Früher nutzte man zur Produktion der Finocchiona ausschließlich Bauchfleisch, während heute auch Schulter und Keule verwendet werden. Der Fettanteil der Wurst beträgt 50 Prozent und kommt aus den festen, wertvollen Schweinebacken und dem Bauchspeck.

Die Zutaten für diese Wurstspezialität werden zuerst grob gemahlen und dann mit wilden Fenchelsamen und etwas Knoblauch gewürzt, der aber nicht vorschmecken sollte. Anschließend wird der Wurstteig gesalzen und gepfeffert, mit Rotwein aus dem Chiantigebiet vermischt und etwas mehr als fünf Monate reifen gelassen; die Reifezeit kann je nach Dicke der Wurst aber auch bis zu einem Jahr dauern, wobei sich der charakteristische Geschmack der Finocchiona erst am Ende des Reifungsprozesses entwickelt.

AUFBEWAHRUNG

Finocchiona sollte nach dem Anschneiden an der Anschnittstelle mit Klarsichtfolie bedeckt und an einem kühlen Ort, am besten im Keller, aufbewahrt werden.

Bereits in Scheiben aufgeschnittene Finocchiona sollte man am besten in der Verpackung im Kühlschrank lagern und nach Möglichkeit noch am gleichen Tag verzehren.

EINKAUFSTIPS

- Achten Sie beim Kauf von Finocchiona darauf, daß sie zwar kompakt, aber dennoch relativ weich ist – ein Zeichen dafür, daß die Wurst ausgereift ist. Wenn Sie die Finocchiona mit den Fingerkuppen drücken, sollte sie nicht zu sehr nachgeben, aber auch nicht zu hart sein.
- Ihre Farbe sollte dunkelrot, nicht aber hellrot oder braun sein.
- Der Duft sollte deutlich an Fenchel erinnern, ohne daß der Knoblauch hervorsticht.
- Der Geschmack sollte leicht süßlich, voll und rund sein und an Fenchel, nicht aber an Knoblauch erinnern.

KULINARISCHE EMPFEHLUNGEN

Die würzige Finocchiona ist fester Bestandteil der klassischen toskanischen Antipasti und wird zu ungesalzenem Brot serviert. Daneben kann man sie für die unterschiedlichsten Gerichte verwenden, denen sie mit ihrem feinen Aroma einen unverwechselbaren Geschmack verleiht.

- Sehr schmackhaft, aber etwas schwer ist diese köstliche Vorspeise: Einige Scheiben Finocchiona zerbröckeln und gründlich mit Butter und Mascarpone vermischen. Die Creme auf geröstete Brotscheiben streichen und sofort servieren.
- Einige dicke Scheiben Finocchiona zerbröckeln und die Wurststücke unter ein fertig gegartes Lauchrisotto mischen.
- Finocchiona in dünne Scheiben schneiden, mit Olivenöl und Knoblauch anmachen und zu gegrillten Auberginen servieren.
- Finocchiona zerkleinern, in einen Focacciateig mischen und im Ofen backen. Dabei etwas weniger Öl als gewöhnlich verwenden.
- Blattspinat mit Finocchionastücken andünsten, die Masse auf einer Blätterteigschicht verteilen und zu einer pikanten Tarte backen.
- Einen geputzten, gewaschenen römischen Salat mit kochendem Wasser kurz überbrühen, abgießen, in vier Stücke schneiden, in einer Pfanne in etwas Öl anbraten und zu aufgeschnittener Finocchiona reichen.
- Einige schöne geputzte und gewaschene Salatblätter kurz mit kochendem Wasser überbrühen und auf einem Teller anrichten. Frischkäse, einige Stückchen Paté und kleingeschnittene Finocchiona darauf verteilen. Die Salatblätter zusammenrollen und sofort servieren. Anstelle von Kopfsalatblättern eignen sich auch sehr gut zarte, innere Wirsingblätter, die ein etwas kräftigeres Aroma haben.
- 1 Stange Bleichsellerie putzen, waschen und in kleine Würfel schneiden. Einige schöne Champignons putzen, feucht abreiben und in feine Scheiben schneiden. Beides mit etwas Salz und Olivenöl anmachen und zuletzt einige Finocchionastücke darüber bröseln.

SERVIERVORSCHLAG

Eine typische Eigenschaft der Fonocchiona ist, daß sie beim Schneiden leicht bröckelt. Sie wird deshalb auch »Sbriciolona«, die Bröslerin, genannt. Damit ganze Scheiben gelingen, sollte man sie nicht zu dünn aufschneiden.

Finocchiona z. B. in dicke Scheiben schneiden und ungesalzene Brotscheiben damit belegen.

WELCHER WEIN PASST DAZU?

Das intensive Aroma und der kräftige Geschmack der Fenchelsamen passen nicht sehr gut zu Wein. Denkbar wäre aber ein guter Parrina bianco.

DIE BESTEN ADRESSEN

Bis vor wenigen Jahren wurde der Finocchiona sogar ein eigenes Fest, eine *Sagra,* gewidmet, die in Bivigliano, einem kleinen Ort nördlich von Florenz alljährlich im Oktober stattfand.

Heute begegnet man dieser Wurstsorte in vielen Ortschaften und bei den unterschiedlichsten Anlässen oder örtlichen Festen, die vor allem im Sommer stattfinden.

Nicht weit von Bivigliano, an der Straße von Borgo San Lorenzo nach Pontassieve, liegt der kleine Ort Rufina, der für seinen ausgezeichneten Chianti bekannt ist. In der Metzgerei von Giancarlo Perigli bekommt man aber auch eine vorzügliche Finocchiona.

MARKEN

Einfache Zutaten und ursprüngliche Gerichte

Auf ein Nudelbrett gegossene Polenta mit Salsiccia (rechts).

Um den Ursprung der Gastronomie in den Marken zu verstehen, genügt ein Blick auf die geophysische Karte der Region: gebirgige Höhenzüge, die bis ans adriatische Meer mit seinen Klippen reichen. Über den von dichten Eichenwäldern überzogenen Anhöhen erheben sich kleine Städte, in denen gastfreundliche Menschen leben, die eng mit ihren Traditionen verbunden sind. Die Landwirtschaft ist einer der wichtigsten Wirtschaftszweige der Region, wobei in erster Linie Getreide, Mais, Tomaten, Blumenkohl, Wein und Oliven angebaut werden.

Aus dem Getreide macht man das Mehl und aus dem Mehl entstehen die Nudeln für eines der typischsten Gerichte der Marken, die Vincisgrassi, eine Nudelspezialität aus Macerata, die mit den weit bekannteren Lasagnerezepten der Emilia Romagna verwandt sind. Die Herkunft des Namen mens »Vincisgrassi« ist umstritten. So wird etwa behauptet, daß der Name auf einen gewissen Fürst Windischgrätz zurückgeht, der 1799 dem österreichischen Expeditionskorps im Krieg gegen Napoleon Bonaparte vorstand. Anscheinend servierte ihm ein unbekannter Koch jeden Tag Lasagne, die er mit schwarzen Trüffeln, Schinken, Sahne und Käse verfeinerte. Andere wieder vertreten die

Die Kirche von San Vittore in Genga, Provinz Ancona.

Meinung, es handle sich hierbei um ein bereits zu Beginn des 18. Jahrhunderts bekanntes volkstümliches Gericht, da damals Trüffel so häufig wie Kartoffeln wuchsen und es sich auch der einfachste Bauer leisten konnte, die kostbaren Knollen aufzutischen, was heute leider nicht mehr der Fall ist. Unnötig, darauf hinzuweisen, daß das Gericht auch in dieser Variante eine Wohltat für den Gaumen ist! Es sollte auf ein Antipasto aus Olive all' ascolana folgen, große grüne Oliven der Region, die mit Hackfleisch gefüllt, paniert und fritiert werden. Am besten schmecken sie in Ascoli Piceno, der Stadt, die ihnen den Namen gab. Dort sollte man es nicht versäumen, den Obst- und Gemüsemarkt im großen Kreuzgang der Kirche San Francesco an der Piazza del Popolo zu besuchen, deren Travertinverkleidung mit ihren warmen Farben den Mittelpunkt des historischen Zentrums von Ascoli Piceno markiert. Besucht man die Gegend im Frühsommer, sollte man an der Sagra teilnehmen, die am 26. Juni in Acquasanta Terme (Ascoli Piceno) stattfindet: Dann kann man geräucherten Schinken, Lonza (eine Rinderwurst), Ciausculo (ein Wurstpaté als Brotaufstrich) und natürlich die gefüllten Oliven probieren.

Doch kehren wir zu den Primi zurück. Neben den Vincisgrassi ist die Polenta eine weitere Spezialität der Marken. Die Leidenschaft für dieses Gericht geht soweit, daß sich die Bewohner der Region selbst gern als Polentaesser bezeichnen (»marchigià magna pulenda – die Leute der Marken essen Polenta«). Man ißt hier Polenta auf verschiedene Arten, doch am ursprünglichsten ist sie vielleicht, wenn sie nach dem Kochen noch weich auf ein großes Nudelbrett gestrichen, mit Hackfleischsauce übergossen und von der Tischgesellschaft direkt vom Brett gegessen wird.

Zu den kulinarischen Köstlichkeiten der Marken zählt auch die Porchetta, die hier erfunden wurde, auch wenn sie heute als Spezialität des Latiums und Sardiniens gilt. Porchetta ist ein im Freien an Verkaufsständen gebratenes, mit Fenchel, Rosmarin und Knoblauch gespicktes Spanferkel, das in Scheiben geschnitten angeboten wird. Ganz sicher nichts für den empfindlichen Magen oder für die schlanke Linie, doch die ideale Begründung für ausgedehnte Verdauungsspaziergänge durch die herrliche Landschaft der Region, z. B. bei Monterado, einem Ort in der Provinz Ancona, wo man am ersten Maisonntag eine Sagra della porchetta (Porchettafest) feiert. Nach dem schweren Genuß empfiehlt sich ein Spaziergang auf den Hängen des Conero, einer Felsformation des Apennin, die steil zum Meer abfällt und einen der schönsten Küstenabschnitte der Adria darstellt. Heute ist der Conero ein Nationalpark mit gut beschilderten Wegen, und mit etwas Glück kann man hier seltene Zugvögel wie den Wespenbussard oder den Storch beobachten.

Da wir schon vom Meer sprechen, sollten wir auch die sogenannten Brodetti der Marken erwähnen – Fischsuppen, die zu den reichhaltigsten und köstlichsten Italiens gehören und in tausenderlei Arten zubereitet werden, doch gehen alle auf drei Grundvarianten zurück: pur, mit Tomaten oder mit Safran. Das Hauptaugenmerk wird aber immer auf die Menge und Qualität der Fische gelegt. Einem Aberglauben zufolge sollten nie weniger als dreizehn Fischsorten enthalten sein!

Bevorzugt man jedoch Fleisch, muß man sich ins Landesinnere begeben. Hier kann man Wachtelspieße, Rebhühner und Tauben, Wildgerichte oder mit Oliven gefüllte Hähnchen probieren.

Das Mahl beschließt man dann mit einem Stück köstlichen Pecorino und begießt es mit einigen Gläsern guten Weißweins, etwa einem Verdicchio di Jesi.

Die Eigenheit der Bewohner der Marken kommt nicht zuletzt auch in den ausgefallenen Nachspeisen besonders gut zum Ausdruck. So werden etwa aus dem Pecorino in der Gegend um Ascoli Piceno die sogenannten Calcioni, süße Käseravioli, zubereitet, oder in Ancona eine Frustenga, eine Süßspeise aus einfacher Polenta, die man mit getrockneten Feigen, Walnüssen und Rosinen verfeinert.

Palazzo del Popolo in Ascoli Piceno.

Wachteln am Spieß, auf dem Grill über einem Bett aus Lorbeerblättern gebraten (Mitte).

Ciavarro

Suppe aus Hülsenfrüchten, Gemüse und Speck

Zubereitungszeit
20 Minuten
zuzüglich Einweichzeit

Kochzeit
3 Stunden

Schwierigkeitsgrad
einfach

Zutaten für 4 Personen
- 500 g Kichererbsen, Cannellibohnen, Linsen, Mais (gemischt)
- 200 g Speckschwarte
- 100 g Pizzatomaten
- Salz, schwarzer Pfeffer
- Olivenöl extra vergine

Dazu schmeckt ein leichter Rotwein, z. B.
- Rosso Conero (Marken)
- Barbera dei Colli tortonesi (Tortona, Piemont)

1 Die Kichererbsen 24 Stunden, die Cannellibohnen, Linsen und Maiskörner getrennt 12 Stunden in lauwarmem Wasser einweichen.

2 Die Speckschwarte mit einem Küchentuch abwischen und in kleine Stücke schneiden. Die Kichererbsen abseihen, mit dem Speck in einen Edelstahltopf geben, mit soviel Wasser auffüllen, daß sie etwa 3 Finger hoch bedeckt sind, und 3 Stunden zugedeckt bei kleiner Hitze kochen.

3 Nach 1 Stunde die abgeseihten Cannellibohnen und die Maiskörner, nach weiteren 30 Minuten die Linsen und die Tomatenstücke zugeben.

4 30 Minuten vor Ende der Garzeit die Suppe mit Salz und reichlich Pfeffer abschmecken. Sollte die Flüssigkeit zu stark einkochen, soviel kochendes Wasser zugießen bis die Suppe dickflüssig ist. Die Suppe servieren und bei Tisch noch mit 1 Schuß Olivenöl und etwas Pfeffer verfeinern.

Tonno briaco

Thunfisch in Marsala

Zubereitungszeit
20 Minuten

Kochzeit
30 Minuten

Schwierigkeitsgrad
mittel

Zutaten für 4 Personen

- 1 mittelgroße Zwiebel
- 1 Handvoll Petersilie
- 1 Lorbeerblatt
- Olivenöl extra vergine
- 4 Scheiben frischer Thunfisch à 200 g
- Salz, Pfeffer
- 1/2 Glas trockener Marsala
- 4 Sardellenfilets, in Salz eingelegt
- 4 Scheiben italienisches Weißbrot
- 1 EL Kapern
- Zitronensaft

Dazu schmeckt ein trockener Weißwein, z. B.

- Verdicchio di Matelica
- San Severo bianco

1 Die Zwiebel abziehen und fein schneiden, die Petersilie waschen, trockentupfen und fein hacken. Zwiebel, Petersilie und das Lorbeerblatt in einer Pfanne in 4 Eßlöffeln Öl anbraten. Den Thunfisch zufügen, leicht anbraten, wenig salzen und pfeffern und den Marsala zugießen. Die Thunfischscheiben von jeder Seite bei starker Hitze zugedeckt etwa 10 Minuten dünsten.

2 In der Zwischenzeit die Sardellenfilets waschen und trockentupfen. Die Gräten entfernen und die Sardellen zerkleinern. Die Brotscheiben in Öl rösten, abtropfen lassen und auf einer heißen Platte anrichten. Den Thunfisch auf den Brotscheiben verteilen und warm stellen.

3 Die Sardellenfilets in 3 Eßlöffeln Olivenöl anbraten, mit einer Gabel zerdrücken und die Marsalakochflüssigkeit zugießen. Die Kapern und etwas Zitronensaft zugeben. Die Sauce mit Salz abschmecken, einmal aufkochen, über die Thunfischscheiben gießen und servieren.

Marsala ist einer der beliebtesten Likörweine Italiens. Sein Name leitet sich ab von der gleichnamigen sizilianischen Stadt, in der er ursprünglich hergestellt wurde. Sein Geschmack ist voll, kräftig und warm. Das feine, bittere Aroma mancher Sorten erinnert an Mandeln.

Lu cuticusu

Würziger Bohnensalat

Zubereitungszeit
30 Minuten

Kochzeit
15 Minuten

Schwierigkeitsgrad
einfach

Zutaten für 4 Personen
- 3 kg frische Dicke Bohnen
- Salz
- 3 Sardellenfilets, in Salz eingelegt
- 2 Knoblauchzehen
- einige Majoranzweige
- 5 EL Olivenöl extra vergine
- 1 EL Essig

Dazu schmeckt ein Roséwein, z. B.
- Rosato Collameno
- Rosato di Arborea

1 Die Bohnen aus den Schoten lösen, abfädeln und zugedeckt in Salzwasser 15 Minuten bei mittlerer Hitze garen, bis ihre Haut schrumpelig, das Innere aber noch fest ist.

2 In der Zwischenzeit die Sardellenfilets unter fließendem kaltem Wasser abwaschen und die Gräten entfernen. Den Knoblauch abziehen und den grünen Sproß entfernen. Den Majoran waschen und trockentupfen.

3 Die Sardellen zusammen mit dem Knoblauch und dem Majoran kleinhacken. Die Bohnen abgießen, in eine Salatschüssel geben und mit Öl, Essig und den kleingehackten Zutaten vermischen. Den Salat sofort servieren.

»Cuticusu« bedeutet im Dialekt von Macerata soviel wie »Gaumenkitzel«.

Scarafolata

Rührteigbällchen

Zubereitungszeit
30 Minuten

Kochzeit
30 Minuten

Schwierigkeitsgrad
mittel

Zutaten für 8 Personen

- 4 Eier
- 4 EL Zucker
- 500 g Mehl
- 1 Päckchen Backpulver
- Salz
- 4 EL Olivenöl extra vergine
- 1/2 Glas Milch
- 1/2 Gläschen Mistrà
- abgeriebene Schale von 1 unbehandelten Zitrone
- Öl zum Ausbacken
- Puderzucker oder Zucker zum Bestreuen

Dazu schmeckt ein leichter Dessertwein, z. B.

- Vernaccia di Serrapetrona
- Moscato di Sardegna

1 Die Eier in eine große Schüssel schlagen und mit dem Zucker schaumig rühren. Das Mehl mit dem Backpulver und etwas Salz dazu sieben. Alles mit dem Olivenöl, der Milch, dem Mistrà-Likör und der Zitronenschale gründlich zu einem glatten, sehr weichen Teig verrühren.

2 Reichlich Öl in einer Pfanne auf 175 °C erhitzen. Mit einem Dessertlöffel kastaniengroße Bällchen vom Teig abstechen und die Bällchen portionsweise im Öl goldgelb braten, dabei die Pfanne öfter hin- und herschwenken. Die Bällchen aus der Pfanne nehmen und auf Küchenpapier abtropfen lassen. Wenn alle fertig gebacken sind, die Bällchen auf einem großen Teller anrichten, mit Puderzucker oder Zucker bestreuen und sofort servieren.

Mistrà ist ein Likör, der aus grünen Anissamen vergoren wird.

MARKEN

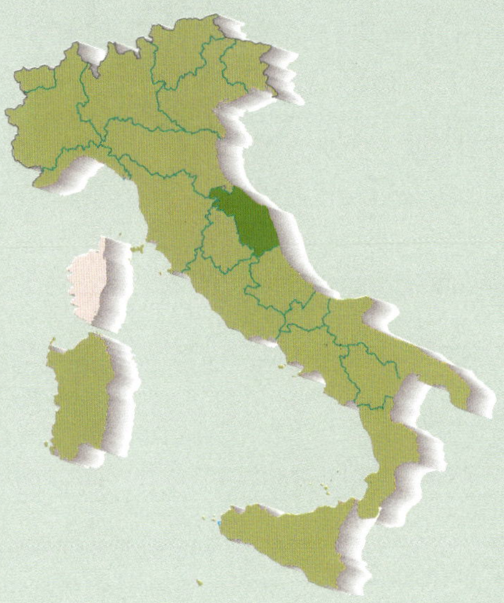

Getreideauflauf mit Zucchini und Zucchiniblüten

SPEZIALITÄTEN

Antipasti
Alici con cipolle
Bruschetta
Ciavuscolo
Fricandò di verdure
Lonzino
Olive all'ascolana
Tortino di verdure

Primi
Brodetto di pesce
Ciavarro
Frascarelli
Pinciarelli
Polenta alla spianatoia
Vincisgrassi

Secondi
Coniglio in gaggiotto
Coniglio in porchetta
Fricò alla cacciatora
Fritto misto all'ascolana
Frittura di paranza
Piccione in casseruola
Pollo in potacchio
Porchetta allo spiedo
Stoccafisso all'anconetana

Desserts
Calcioni
Ciambellone
Frustenga

TYPISCHE RESTAURANTS

Trattoria La Cantineta
Via Gramsci, Ancona
Tel. 071/201107, Sonntag Ruhetag

Strabacco
Via Oberdan 2, Ancona
Tel. 071/54213, Montag Ruhetag

Ristorante Incontri
Via Fortezza Pia 3, Ascoli Piceno
Tel. 0736/252227, Dienstag Ruhetag

Osteria dell'Arte
Vicolo dell'Arco della Luna 7,
Camerino (Macerata)
Tel. 0737/633558, Freitag Ruhetag

Al Pesce Azzurro
Viale Adriatico 48, Fano (Pesaro)
Tel. 0721/803165, Montag Ruhetag

Osteria della Miseria
Via Mandorli 2, Gabicce (Pesaro)
Tel. 0541/958308, Montag Ruhetag

Hostaria Santa Lucia
Via Marche 2b, Jesi (Ancona)
Tel. 0731/64409, Montag Ruhetag

Osteria dei Fiori
Via L. Rossi 61, Macerata
Tel. 0733/260142, Sonntag Ruhetag

Vanda
Castel Cavallino, Via Mari 6,
Urbino (Pesaro)
Tel. 0722/349117, Mittwoch Ruhetag

Hotel Astoria
Viale Vittorio Veneto 8, Fermo
(Ascoli Piceno)
Tel. 0734/228601

Il Bragozzo
Strada delle Marche 154, Pesaro
Tel. 0721/391472, Montag Ruhetag

Il Cantuccio di Leo
Via Perfetti 18, Pesaro
Tel. 0721/68088, Mittwoch Ruhetag

WEINE

Weißweine
Bianchello del Metauro
Falerio dei Colli Ascolani
Verdicchio di Jesi
Verdicchio di Matelica

Rotweine
Lacrima di Morro d'Alba
Rosso Conero
Rosso Piceno
Sangiovese

Dessertweine
Vernaccia di Serrapetrona

KÄSE

Casciotta di Serrapetrona
Formaggio di Tufo
Giuncata
Pecorino, Slattato

Mit Rosmarin gebratene Lammkoteletts

EINKAUFSMÖGLICHKEITEN FÜR TYPISCHE REGIONALE PRODUKTE

Weine
Enoteca Anconavini
Via D. Chiesa 19, Ancona

Enoteca Mercurio
Galleria del Commercio 3, Macerata

Enoteca Vino Vip
Viale Verdi 78, Pesaro

Wurst
Salumeria Bilei
Via Cialdini 5–7, Fabriano (Ancona)

Norcineria Altonera
Via Roma, Castel Sant'Angelo (Macerata)

Vissana Salumi
Corso Cesare Battisti 57
Visso (Macerata)

Salumi Passamonti
Via Leopardi 12, Monte Vidon Combatte (Ascoli Piceno)

Käse
Gastronomia Marinelli
Via Rodi 15, Ancona

Casa del Formaggio
Piazza Kennedy 10–11, Ancona

Cooperativa Agricola del Petrano
Strada del Monte Paganuccio
Cagli (Pesaro)

Piccola Bontà
Via Montebello 62
San Benedetto del Tronto (Ascoli Piceno)

UMBRIEN

Die Region der Genügsamkeit und Harmonie

Blick auf Assisi.

Welche Küche könnte eine Region haben, in der der hl. Franziskus geboren wurde? Umbrien ist von mittelalterlichen Orten geprägt, in denen bis heute eine unverfälschte, spirituelle Atmosphäre vorherrscht, gerade in den kleinen Städten, die wie ausgewogene Meisterwerke anmuten. In einer Region mit ausgedehnten Waldflächen, Flüssen, Felsmassiven und von Weinbergen und Olivenhainen überzogenen Hügeln schufen die Umbrier eine einfache, kräftige und bodenständige Küche. Wie in der Toskana regieren auch hier Bratspieße und Grill, auf dem in Umbrien unvergleichlich schmackhaftes Fleisch gebraten wird. Es schmeckt deshalb so gut, weil die Schweine noch mit Eicheln gefüttert und die Schnepfen, Rebhühner, Fasane, Wachteln, Hasen und Wildtauben in freier Wildbahn gejagt werden. Als einfache Würze genügt ein herrliches Olivenöl, das aufgrund seines feinen Aromas zu den besten Italiens gezählt wird. Und schließlich spiegelt sich die Harmonie und die Leichtigkeit von Städten wie Perugia, Gubbio, Assisi oder Città di Castello auch in den Gerichten der Region wider. Erinnert sei auch an die schwarzen Trüffel von Norcia und Spoleto. In keiner anderen Gegend geht man so freizügig mit dieser sündhaft teuren Knolle um wie hier: Anstatt sie in feinen Scheibchen kurz vor dem Servieren über das Gericht zu hobeln, wird sie hier zusammen mit Öl, Sardellenfilets und Knoblauch im Mörser zerrieben und als Sauce unter Spaghetti gemischt. Oder man hobelt große Mengen davon über einfache Eierspeisen.
In Cerreto di Spoleto, in der Provinz Perugia, ist die schwarze Trüffel auch König des lokalen Marktes, der von November bis März jeden Donnerstag stattfindet.
Musikliebhaber werden Spoleto allerdings in den Monaten Juni und Juli bevorzugen, denn dann findet dort – wie schon seit 40 Jahren – ein großes

Risotto mit schwarzen Trüffeln aus Norcia.

Das Polyptychon von Fra Angelico in der Galleria Nazionale dell'Umbria in Perugia.

internationales Musikfestival statt, bei dem sich die ganze Stadt in eine einzige Bühne verwandelt, und an jeder Straßenecke Opern, Theaterstücke oder Ballette aufgeführt und viele Konzerte gegeben werden.
Zahlreich sind die umbrischen Orte, die man unbedingt besuchen sollte, angefangen bei Orvieto, das im Süden der Region an der Grenze zu Latium liegt. Der Dom der Stadt stellt eines der bedeutendsten italienischen Baudenkmäler dar, und in seinen Mauern birgt er den berühmtesten Freskenzyklus des Jüngsten Gerichts von Luca Signorelli. Weltruhm erlangte Orvieto auch wegen des Weins, der hier produziert wird. Der trockene oder liebliche Orvieto ist der ideale Begleiter für Caciotta und Pecorino, zwei Käsesorten, die von den umbrischen Schäfern meisterhaft zubereitet werden.
In Perugia sollte man es nicht versäumen, die Galleria Nazionale dell'Umbria zu besuchen, in der Meisterwerke der italienischen Malerei wie etwa die »Madonna mit Kind« von Duccio da Boninsegna, das große Polyptychon von Fra Angelico und die Anbetung der Heiligen Drei Könige von Perugino ausgestellt werden. Perugia steht auch für ganz besondere kulinarische Genüsse wie etwa die Palombacci alla perugina, mit rohem Schinken umwickelte gebratene Wildtauben und die Minestra di carne, die Fleischsuppe. Diesbezüglich ist anzumerken, daß die Rinder aus der Gegend von Perugia aufgrund der vorzüglichen Qualität ihres Fleisches besonders berühmt sind.
Eine weitere obligatorische Etappe jedes Reisenden ist Assisi, wo man ein anderes typisches Regionalgericht kosten sollte: Cipollata, ein Zwiebelgemüse. Gepflegt werden hier bescheidene Zutaten, in denen die spirituelle Atmosphäre des Orts auf besondere Weise zum Ausdruck kommt. Eine echte Spezialität dieser Stadt betrifft den Bereich der Süßspeisen: die berühmte Rocciata di Assisi, ein mit Wein getränktes und mit reichlich Trockenfrüchten gefülltes Gebäck.
In Umbrien legt man dagegen keinen großen Wert auf die Primi, doch verdienen es einige ursprüngliche Antipasti besonders erwähnt zu werden: Mezzafegato, ein Gericht aus Schweineleber, Orangenschale, Pinienkernen, Rosinen und Zucker, der mit Knoblauch und Pfeffer gewürzte Capocollo, eine Wurst, Budellucci, mit Fenchelsamen aromatisierte, geräucherte und am Spieß oder auf dem Grill gebratene Schweinedärme, oder Castaldo tartufato, ein mit weißer Trüffel verfeinerter Käse aus Schaf- und Kuhmilch.

Die Kirche des hl. Franziskus in Gubbio.

Bevor man Umbrien wieder verläßt, sollte man noch einige der typischen Dolci der Region probieren: Pinoccata perugina, ein kleines Gebäck aus Oblaten und Pinienkernen, das vor allem während der Weihnachtszeit gebacken wird. Im Karneval gibt es die Cicerchiata, ein einfacher, mit Hagelzucker und bunten Streuseln verzierter Kuchen. Berühmt sind ferner das Pan pepato, gepfeffertes Brot aus Spoleto und Foligno, sowie das Pan nociato, Brot mit Walnüssen. Dabei handelt es sich um einfaches Gebäck, das besonders gut zu einem Glas Vin Santo schmeckt.

Zuppa alla todina

Kichererbsensuppe mit Kastanien

Zubereitungszeit
30 Minuten
zuzüglich Einweichzeit

Kochzeit
90 Minuten

Schwierigkeitsgrad
einfach

Zutaten für 6 Personen
- 200 g Kichererbsen
- Salz
- 250 g Eßkastanien
- 1 Handvoll Petersilienblätter
- 1 Knoblauchzehe
- Olivenöl extra vergine
- 100 g pürierte Tomaten
- schwarzer Pfeffer
- 6 geröstete Weißbrotscheiben

Dazu schmeckt ein leichter Rotwein, z. B.
- Colli Martani Sangiovese
- Chianti di Montalbano

1 Die Kichererbsen 24 Stunden in lauwarmem Wasser einweichen, abgießen, waschen und im Schnellkochtopf mit 1,5 Liter Wasser in etwa 30 Minuten gar kochen. Kichererbsen salzen, umrühren, etwa 10 Minuten ruhen lassen und abgießen. Das Kochwasser beiseite stellen.

2 Die Kastanien kreuzweise einritzen und 20 Minuten im Backofen bei 230 °C rösten. Die Maroni sorgfältig schälen und kleinschneiden. Die Petersilie waschen und trockentupfen, den Knoblauch abziehen und den grünen Sproß entfernen. Beides kleinhacken.

3 Die Petersilie mit dem Knoblauch in einem Topf in 3 Eßlöffeln Öl anbraten. Die Kastanien zufügen und etwas ziehen lassen. Das Tomatenpüree und nach einigen Minuten die Kichererbsen zufügen, wieder etwas ziehen lassen und schließlich das Kochwasser der Kichererbsen aufgießen. Die Suppe mit Salz und Pfeffer abschmecken und zugedeckt bei geringer Hitze etwa 30 Minuten kochen.

4 Die gerösteten Weißbrotscheiben in Suppenteller verteilen, die Suppe darüber gießen, etwas Olivenöl darüberträufeln und servieren.

Quaglie nel pane

Wachteln im Brotteig

Zubereitungszeit
30 Minuten

Kochzeit
30 Minuten

Schwierigkeitsgrad
mittel

Zutaten für 8 Personen
- 8 Wachteln
- Salz
- 8 Salbeiblätter
- 40 g Butter
- Pfeffer
- 1/2 Glas trockener Weißwein
- 800 g Weißbrotteig
- 8 Scheiben Schinkenspeck
- Olivenöl extra vergine

Dazu schmeckt ein leichter Rotwein, z. B.
- Colli del Trasimeno rosso
- Franciacorta rosso

1 Die Wachteln waschen und innen und außen trockentupfen. Jede Wachtel innen leicht salzen, 1 Salbeiblatt hineingeben und die Wachteln mit Küchengarn zusammenbinden.

2 Den Backofen auf 230 °C vorheizen. In einer großen Pfanne die Butter zerlassen. Die Wachteln darin kurz anbraten, salzen und pfeffern, mit dem Wein ablöschen und die Flüssigkeit bei großer Hitze verdampfen lassen. Die Pfanne vom Herd nehmen.

3 Den Teig einige Minuten kneten, in 8 Stücke teilen und jedes Stück ausrollen. Den Faden von den Wachteln lösen. Jede Wachtel in eine Scheibe Speck einwickeln, auf ein Teigstück legen, mit etwas Bratensauce übergießen und in den Teig einschlagen.

4 Ein Backblech mit Öl bestreichen. Die Wachteln darauf verteilen, auf der Oberseite mit Öl bestreichen und etwa 20 Minuten im Ofen backen. Sofort servieren.

Cipollata

Zwiebelgemüse

Zubereitungszeit
15 Minuten
zuzüglich Einweichzeit

Kochzeit
30 Minuten

Schwierigkeitsgrad
einfach

Zutaten für 4 Personen
- 30 g Sultaninen
- 200 g Trockenpflaumen
- 600 g Zwiebeln
- 1 Handvoll Petersilienblätter
- etwas frischer Majoran
- Salz
- 4 EL Olivenöl extra vergine
- 5 Gewürznelken
- 1/2 TL Zimtpulver

Dazu schmeckt ein leichter Rotwein, z. B.
- Colli Altotiberini rosso
- Cesanese del Piglio

1 Sultaninen und Trockenpflaumen getrennt in lauwarmem Wasser einweichen. Die Zwiebeln abziehen, in Scheiben schneiden und mit Wasser bedeckt etwa 10 Minuten garen.

2 Die Petersilien- und Majoranblätter waschen, trockentupfen und kleinhacken. Die Sultaninen und Trockenpflaumen abgießen und trocknen. Die Pflaumen entkernen und das Fruchtfleisch zerdrücken.

3 Die Zwiebeln abgießen, in eine große Pfanne geben, salzen und mit 4 Eßlöffeln Öl zugedeckt bei geringer Hitze in 10 Minuten glasig dünsten. Nelken, Sultaninen, Pflaumen und gehackte Kräuter zugeben und weitere 10 Minuten bei geringer Hitze kochen, dabei ab und zu umrühren. Falls die Flüssigkeit zu sehr verdunstet, einige Eßlöffel kochendes Wasser zufügen. Den Zimt über das Zwiebelgemüse streuen, kurz ziehen lassen und die Zwiebeln servieren.

Crostoni ubriachi

Brot mit Schokoladen-Mandel-Creme

Zubereitungszeit
30 Minuten
zuzüglich Ruhezeit

Kochzeit
15 Minuten

Schwierigkeitsgrad
einfach

Zutaten für 6 Personen

- 100 g Blockschokolade
- 3 kleine Tassen Espresso
- 120 ml Rum
- 120 ml Alchermes (süßer roter Kräuterlikör)
- 6 Scheiben italienisches Weißbrot vom Vortag
- 150 g Mandeln

1 Die Blockschokolade fein zerkleinern und die Hälfte der Schokoladenstücke in einem kleinen Topf bei schwacher Hitze schmelzen. Den Topf vom Herd nehmen und den Espresso, 70 ml Rum und 70 ml Alchermes unterrühren. Die Brotscheiben solange in die Schokolade eintauchen, bis sie weich, aber nicht vollständig durchtränkt sind. Die Brotscheiben auf einem Teller anrichten und eventuell einmal in der Mitte durchschneiden.

2 Den Backofen auf 170 °C vorheizen. Die Mandeln knapp 3 Minuten in kochendes Wasser geben, abgießen, schälen und auf einem Backblech im Backofen leicht rösten. Die gerösteten Mandeln fein hacken und in einer Schüssel mit den übrigen Schokoladenstückchen und dem restlichen Alkohol gründlich verrühren. Die Brotscheiben mit der Schokoladen-Mandel-Creme bestreichen und vor dem Servieren kurze Zeit ziehen lassen.

Der Alchermes ist ein dunkelroter Likör, der mit Zimt, Bärwurz und Gewürznelken zubereitet wird. Zu dieser Mischung kommt anschließend noch Rosenwasser, Jasminextrakt, Reiswasser, Zucker und Koschenille, die den Likör rot färbt.

UMBRIEN

SPEZIALITÄTEN

Antipasti
Brustengo
Budellucci
Capocollo
Crescia
Crostoni
Mazzafegato
Pizzola ternana
Torta al testo

Primi
Ciriole
Imbrecciata
Risotto con gli strigoli
Manfrigoli
Pappardelle al cinghiale
Rigatoni alla norcina
Stringozzi
Zuppa di cicerchie

Secondi
Beccaccia al crostone
Cipollata
Lumache alla folignate
Palombacci alla ghiotta
Piccione ripieno
Tegamaccio

Desserts
Brustengolo
Cicerchiata
Crescionda
Maccheroni dolci
Mostaccioli
Pan nociato
Pan pepato, Pinoccata
Rocciata, Tozzetti

TYPISCHE RESTAURANTS

Piazzetta dell'Erba
Via S. Gabriele dell'Addolorata 15 b
Assisi (Perugia)
Tel. 075/815352, Montag Ruhetag

Buca di San Francesco
Via Brizi 1
Assisi (Perugia), Montag Ruhetag

Villa Roncalli
Via Roma 25, Foligno (Perugia)
Tel. 0742/391091, Montag Ruhetag

Taverna del Lupo
Via Ansidei 6, Foligno (Perugia)
Tel. 075/9274368, Montag Ruhetag

Trattoria da Sara
Strada Calvese 55-57, Narni (Terni)
Tel. 0744/796138, Mittwoch Ruhetag

Cantina della Villa
Colle di Nocera 141, Nocera Umbra (Perugia)
Tel. 0742/810666, Mittwoch Ruhetag

Hotel Grotta Azzurra
Via Alfieri 12, Norcia (Perugia)
Tel. 0743/816513

Ristorante I Sette Consoli
Piazza Sant'Angelo 1a, Orvieto
Tel. 0763/343911, Mittwoch Ruhetag

Cesarino
Via della Gabbia 13, Perugia
Tel. 075/5736277, Mittwoch Ruhetag

Pan nociato todino (Brot mit Walnüssen)

La volpe e l'uva
Via Ripa Corsica 1, Orvieto
Tel. 0763/341612, Montag/Dienstag Ruhetag

Aladino
Via delle Prome 11, Perugia
Tel. 075/5720938, Montag Ruhetag

Trattoria Pecchiarda
Vicolo San Giovanni 1, Spoleto
Tel. 0743/221009, Donnerstag Ruhetag

Trattoria Carlino
Via Piemonte 1, Terni
Tel. 0744/420163, Montag Ruhetag

La Mulinella
Ponte Naia 29, Todi (Perugia)
Tel. 075/8944779, Mittwoch Ruhetag

Taverna del Pescatore
Pigge, Staatsstraße Flaminia Vecchia 139 km, Trevi (Perugia)
Tel. 0742/780920, Mittwoch Ruhetag

Il Bersaglio
Via V. E. Orlando 14
Città di Castello (Perugia)
Tel. 075/8555534, Mittwoch Ruhetag

WEINE

Weißweine
Grechetto
Malvasia
Orvieto
Torgiano
Trebbiano

Rotweine
Montefalco
Sagrantino di Montefalco
Sangiovese
Torgiano

Passato di fave con bruschetta (Bohnenmus mit Bruschetta)

Dessertweine
Sagrantino di Montefalco liquoroso

KÄSE

Pecorino
Caciotta al tartufo, Scamorza

EINKAUFSMÖGLICHKEITEN FÜR TYPISCHE REGIONALE PRODUKTE

Weine
Cantina Foresi
Piazza Duomo 2, Orvieto

Enoteca Vivo Vino
Corso Vecchio 201, Terni

Accademia dei Convivanti
Via San Bonaventura 11, Todi

Wurst
Salumificio Elli Giulietti
Corso Cavour 13, Città di Castello (Perugia)

Ansuini
Via Anicia 105, Norcia (Perugia)

Salumeria Olivieri
Via Mazzini 66, Foligno (Perugia)

Käse
Gastronomia Carraro
Corso Cavour 101, Orvieto

Fattoria L'Arco
Cordigliano 19, Todi

Caciotta

Caciotta, ein delikater Käse, den es in verschiedenen Sorten gibt, wird vor allem in Mittelitalien hergestellt. Die Verarbeitung erfolgt nach jahrhundertealter Tradition und verleiht dieser Spezialität einen ganz besonderen Geschmack. Die Sorten unterscheiden sich durch die verwendete Milch und die lokalen Besonderheiten bei der Herstellung.

In Italien gibt es Käsesorten, die alle denselben Namen tragen, sich aber im Geschmack von Region zu Region und sogar von Provinz zu Provinz unterscheiden. Auf den Märkten Mittelitaliens fehlen daher nie Käsetypen, die allgemein als »Caciotta« bezeichnet werden.

Der Caciotta ist ein sehr altes Produkt, was sich auch an seinem Namen ablesen läßt. »Cacio« kommt vom altlateinischen »caseus« (= Käse), während der Begriff »formaggio« auf das jüngere »formaticum« zurückgeht und kleine (Käse-) Formate von ein bis zwei Kilogramm bezeichnet. Daneben werden als Besonderheiten noch Käse angeboten, deren Schale mit Tomaten gefärbt ist oder die in Walnußblätter eingewickelt oder mit Trüffel oder Peperoncino (Chili) aromatisiert werden.

HERSTELLUNG

Bei dem typischen Caciotta aus Schafmilch wird die Milch auf 36 °C erhitzt, mit einem bestimmten Milchferment versetzt und dann mit Kälber- oder Lämmerlab zum Gerinnen gebracht. Nach der Gerinnung wird die gestockte Milch so lange gebrochen, bis die Masse in kleine Teile zerfällt. Anschließend wird die Flüssigkeit abgegossen, die Käsemasse in zylindrische Formen gefüllt und mit Salzlake bedeckt. Der Käse reift dann 20 bis 30 Tage bis er seinen typischen aromatischen Geschmack entwickelt hat. Vor allem wenn er mit Kälberlab zubereitet wird, schmeckt er sehr mild und angenehm.

Um die Besonderheiten dieses Käses besser kennenzulernen, lohnt sich ein Besuch bei den lokalen Käsereien, vor allem in der Toskana, wo die meisten Betriebe in der Maremma angesiedelt sind. Hier wird der Käse auch vorwiegend aus Kuhmilch hergestellt und schmeckt dadurch relativ süß.

Der Caciotta aus der Gegend von Siena besteht dagegen aus reiner Schafmilch. Seine Rinde wird meist mit Tomaten behandelt, wodurch sie ihre typische rot-orangefarbene Tönung erhält.

In Umbrien wird der Kuhmilch bei der Gerinnung häufig noch geriebene Trüffel zugefügt, es gibt aber auch andere Geschmacksrichtungen wie etwa mit Zwiebeln.

Äußerst delikat ist ferner die kleine Caciottina aus Büffelmilch, die im Latium hergestellt wird, nur 200 bis 300 Gramm schwer ist und als besonders hochwertig geschätzt wird.

Daneben gibt es noch die Caciotta aus dem römischen Hinterland mit gelbgrüner Rinde. Erwähnenswert ist auch eine Caciotta-Variante aus Kampanien, wo der Käse mit Peperoncino gewürzt wird, sowie einen sardischen Caciotta, der ebenfalls aus Schafmilch hergestellt wird.

EINKAUFSTIPS

- Ein Caciotta ist zylindrisch geformt und wiegt 1 bis 2 Kilogramm. Seine Rinde ist seitlich leicht nach außen gewölbt und sollte dünn, glatt oder leicht faltig, weiß oder strohgelb sein.
- Der Käse sollte weich, aber kompakt oder mit ganz feinen Blasen versehen sein.
- Der Geschmack sollte ausgesprochen delikat sein und an die Süße von Milch erinnern, das Aroma sollte angenehm mild sein.

KULINARISCHE EMPFEHLUNGEN

Der Caciotta wird nach Reifegraden unterschieden und dementsprechend in der Küche verwendet. Sein milder, weicher Geschmack paßt gut zu knackigem Gemüse und eignet sich ideal zum Binden von Füllungen und Saucen. Auch mit einem feinen Honig kommt der Käse sehr gut zur Geltung.

- Sehr jungen Caciotta in Würfel schneiden und daraus zusammen mit frischen Tomaten, Basilikum, Salz und Olivenöl eine würzige Pastasauce bereiten.
- Jungen Caciotta in Würfel schneiden und über frische Salate geben oder zu in Öl gebratenen Zucchini servieren.
- Mittelalten Caciotta für die Käsefüllung von Ravioli verwenden.
- Jungen Caciotta in winzige Würfel schneiden, mit kleinen geputzten und gewaschenen Selleriestückchen, Pilzscheiben und Trüffelspänen vermischen und mit Zitronensaft, Olivenöl und Salz abschmecken.
- Kräftigen, mittelalten Caciotta aus Schafmilch zum Verfeinern von Reisgerichten oder zu gedünsteten und in Butter geschwenkten Möhren oder zu Lauch verwenden.
- Würzigen, mittelalten Caciotta in Scheiben geschnitten zu getrüffeltem Honig servieren.
- Reifen Caciotta in Stücke schneiden und mit feingeschnittenen frischen Artischocken und einer Marinade aus Olivenöl, Zitronensaft und etwas Salz servieren.

SERVIERVORSCHLÄGE

Servieren Sie jungen Caciotta, besonders die milden Sorten aus Kuhmilch, vorzugsweise zu (italienischem) Weißbrot. Reiferer Caciotta paßt dagegen besser zu Mischbrot. Lange gereifter Caciotta schmeckt am besten zu Vollkornbrot.

WELCHER WEIN PASST DAZU?

Zu sehr jungem Caciotta paßt am besten ein leichter Weißwein wie Lugana, Ribolla oder Gavi. Für die würzigeren Sorten eignen sich dagegen kräftigere Weißweine wie Tocai del Collio oder auch Greco di Tufo.

DIE BESTEN ADRESSEN

Auf der Suche nach Caciotta sollte man sich ins mittelitalienische Binnenland begeben, denn nur dort, wo der Käse hergestellt wird, schmeckt er auch besonders gut.
Hier zwei Adressen, bei denen erstklassige Qualität garantiert ist:
Cascina La Parrina in Albinia bei Orbetello (Grosseto), nahe Kilometer 146 auf der Via Aurelia.
Giacomo Vitto in Amelia (Terni), Via della Repubblica 45.

LATIUM

Eine einfache, aber schmackhafte Küche

Von einer Region wie dem Latium erwartet man vielleicht eine reiche und üppige Küche, die an die Prachtentfaltung des römischen Kaiserreichs oder der päpstlichen Höfe erinnert. Das ist jedoch falsch, denn die Küche des Latiums ist die einfachste der ganzen Halbinsel und geht weniger auf eine ländliche Tradition, als vielmehr auf die Welt der Hirten zurück. Sie ist nicht gerade raffiniert, aber sehr schmackhaft und kunstvoll zubereitet. Wie jeder weiß, kann man in den meisten Trattorien zu angemessenen Preisen auch gut essen. Dies geht hier so weit, daß sich ein volkstümlicher Spruch gebildet hat, der eine sonderbare These zum Ausdruck bringt: »Je mehr man ausgibt, um so schlechter ißt man!« Denn hier wird mit fetten Zutaten gekocht: Eine echte Frittura wird in Schmalz und nicht in Olivenöl zubereitet, Nudeln werden mit Schweinebacken und Bohnen mit Speckschwarten gewürzt. Rom ist die Heimat der mit Hackfleichsauce gefüllten Reiskroketten und der Panzerotti mit ihrer Schinken-Käse-Füllung.

Typische Produkte des Latiums vor der Piazza Navona (oben).

Bucatini all'amatriciana (rechts).

Beides sind fritierte Gerichte, die man nicht nur als Vorspeise, sondern zu jeder Tageszeit genießt, etwa in der Pause beim Besuch der antiken Bauwerke oder auf einem Ausflug zu den vielen Villen, die die Stadt umgeben.

Zu den Nudelgerichten, die inzwischen längst nationale und teilweise auch internationale Bedeutung erlangt haben, gehören sicherlich die Spaghetti alla carbonara, die mit Ei und in Butter gebratenem Speck serviert werden, dann die Penne all'arrabiata mit einer Sauce aus Tomaten, Pilzen, dem üblichen Speck und viel, viel Peperoncino (Chili), und schließlich die Bucatini all'amatriciana, mit Tomatensauce, Speck und ebenfalls Chilischoten. Das letztgenannte Gericht stammt eigentlich aus den Abruzzen: Amatrice, der Ort, der ihm seinen Namen gab, liegt heute in der Provinz Pieti, gehörte aber früher zur abruzzesischen Provinz von L'Aquila.

Will man aber ein Nudelgericht kosten, das nur in einer römischen Trattoria serviert wird, muß man eine Pagliata mit Rigatoni probieren. Pagliata ist aus dem Zwölffingerdarm und sein besonderer Geschmack rührt von dem darin enthaltenen Speisebrei Chimo her. Auch wenn verwöhntere Gaumen darüber wahrscheinlich die Nase rümpfen, sollte man sich diesen außergewöhnlichen Genuß auf keinen Fall entgehen lassen. Bei den Hauptgerichten sind vor allem zartes Milchlamm (Abbacchio), Wildschwein und Schweinefleisch zu nennen, während Rind- und Kalbfleisch hier keine besondere Rolle spielen. Ein anderes

volkstümliches Gericht und ebenso typisch wie die Pagliata ist Coda alla vaccinara, ein in einem Sud aus Zwiebeln, Möhren und Sellerie eingelegter Ochsenschwanz, der zuerst mit Speck und Schinken angebraten und dann langsam in einer Tomatensauce gedünstet wird.

Wer Rom schon einmal besucht hat und nun das Hinterland besser kennenlernen will, sollte sich in das Gebiet der Castelli begeben, wo an den Hängen der Albanerberge die früheren Landresidenzen der Päpste und des römischen Adels liegen.

Nachdem man der besonderen Atmosphäre von Orten wie Frascati – mit den berühmten Villen Lancelotti und Aldobrandini – Grottaferrata, Nemi, Ariccia, Albano oder Castel Gandolfo – die heutige Sommerresidenz des Papstes – nachgespürt hat, sollte man sich an die rustikalen Tische der typischen Gasthäuser (Osterien) setzen und die berühmte Porchetta probieren, zu der natürlich nur regionale Weißweine passen wie etwa der klassische Frascati, der Marino, der Colli Albani und andere.

Ariccia besucht man am besten am ersten Sonntag im September, um an der Sagra della porchetta teilzunehmen, auch wenn die echten Römer den Oktober für Ausflüge in die Osterien des Castelli-Gebiets bevorzugen.

Von Castel Gandolfo sollte man dann noch nach Viterbo fahren und den dortigen Papstpalast aus dem 13. Jahrhundert besichtigen. Von hier aus geht es weiter nach Tuscania und Tarquinia, den antiken Etruskerzentren. Will man die Etrusker auch in kulinarischer Hinsicht entdecken, genügt es, die Minestra tuscia zu probieren, eine delikate Suppe aus Gemüse und Grieß, die mit reichlich Parmesan serviert wird und zu der man Weißwein trinkt. Das Mahl könnte dann vegetarisch fortgesetzt werden, denn die Landschaft des Latiums bietet hochwertiges Gemüse, und die entsprechenden Gerichte haben sich sehr bald auch außerhalb der Region durchgesetzt. Von großer Bedeutung etwa sind Artischocken, die in Olivenöl (»alla giudia«) oder mit Knoblauch, Petersilie und Minze gefüllt (»alla romana«) gekocht werden.

Im Latium ist auch eine weitere Gemüsesorte sehr verbreitet, die außerhalb der Region nicht so sehr geschätzt ist: die Puntarelli, eine Art Salat, der zwischen Februar und März geerntet wird.

Auf die Hirtentradition in der Region gehen auch viele schmackhafte Käsesorten zurück, zu denen neben anderen vor allem der klassische römische Pecorino, der köstliche Büffelmozzarella, Provatura, Caciotta und natürlich der erstklassige Ricotta-Frischkäse gehören. Letzterer wird vor allem für die Zubereitung von pikanten und süßen Kuchen, unvergeßlichen Pizzas und für eine Reihe von feinen Desserts verwendet.

Detail von Wandmalereien eines alten etruskischen Grabes in Tarquinia (links).

Detailansicht der Fassade und der Treppen des Palazzo dei Papi in Viterbo.

Supplì al telefono

Fritierte Reiskroketten

Zubereitungszeit
30 Minuten
zuzüglich Kühlzeit

Kochzeit
20 Minuten

Schwierigkeitsgrad
mittel

Zutaten für 8–10 Personen

- 1 kleines Stück Zwiebel
- 40 g Butter
- 350 g Arborioreis oder Milchreis
- 1 l Fleischbrühe
- 3 Eier
- Muskatnuß
- 150 g Mozzarella
- 1 Handvoll Petersilienblätter
- Salz, Pfeffer
- 100 g geriebener Parmesan
- Mehl und Semmelbrösel zum Panieren
- Butterschmalz oder Öl zum Fritieren

Dazu schmeckt ein trockener Weißwein, z. B.

- Cerveteri bianco
- Gambellara

1 Die Zwiebel abziehen und in der Butter glasig dünsten. Den Reis dazugeben, anrösten und nach und nach unter ständigem Rühren die kochende Brühe zugießen, bis sie vollständig aufgesogen ist. Wenn der Reis bißfest ist, den Topf vom Herd nehmen und nach einigen Minuten 1 Ei und 1 Prise Muskatnuß unterrühren. Den Reis in einen großen tiefen Teller geben und auskühlen lassen.

2 Inzwischen den Mozzarella abgießen, abtropfen lassen und in kleine Würfel schneiden. Die Petersilie waschen, trockentupfen und kleinhacken. In einer Schüssel 1 Ei mit etwas Salz und frisch gemahlenem Pfeffer, dem Parmesan, der Petersilie und den Mozzarellawürfelchen verrühren.

3 1 gehäuften Eßlöffel Reis auf der Handfläche verteilen, in die Mitte 1 Teelöffel Füllung drücken, die Hand schließen und längliche Supplì formen, dabei darauf achten, daß die Füllung nicht herausläuft.

4 Das restliche Ei mit etwas Salz in einem tiefen Teller verquirlen. Die Supplì nacheinander vorsichtig zuerst in Mehl, dann in Ei und zum Schluß in Semmelbröseln wenden.

5 In einer Pfanne das Butterschmalz erhitzen. Die Supplì darin bei mäßiger Hitze solange fritieren, bis der Mozarella im Innern geschmolzen ist und die Supplì außen knusprig und goldgelb sind. Auf Küchenpapier abtropfen lassen und sofort servieren.

Spaghetti alla carbonara

Spaghetti carbonara

Zubereitungszeit
10 Minuten

Kochzeit
20 Minuten

Schwierigkeitsgrad
einfach

Zutaten für 4 Personen

- 100 g magerer, durchwachsener Speck
- 4 Eier
- Salz, Pfeffer
- 4 EL geriebener Pecorino oder 5 EL geriebener Parmesan
- 350 g Spaghetti (Bucatini oder Penne)
- 1 EL Olivenöl extra vergine

Dazu schmeckt ein trockener Weißwein, z. B.

- Frascati
- Pinot grigio dell'Isonzo

1 Den Speck in kleine Würfel oder Streifen schneiden. Die Eier in einer großen Schüssel mit etwas Salz, reichlich frisch gemahlenem Pfeffer und 2 Eßlöffeln Pecorino verquirlen, dabei darauf achten, daß sich keine Klümpchen bilden.

2 Die Nudeln in leicht gesalzenem Wasser bißfest kochen. In der Zwischenzeit den Speck in einer Pfanne im Öl anbraten, dabei häufig umrühren, damit sich das Fett löst und die Speckstückchen knusprig, aber nicht trocken werden.

3 Die Eier nochmals verquirlen. Die Nudeln abgießen, abtropfen lassen, in die Schüssel zu den Eiern geben und rasch verrühren. Den Inhalt der Schüssel in die Pfanne mit dem Speck geben und alles verrühren bis die Eier zu stocken beginnen. Die Nudeln mit dem restlichen Pecorino und frisch gemahlenem Pfeffer servieren. (Man kann die Nudeln auch zuerst in die Pfanne mit dem Speck und erst dann in die Schüssel mit den Eiern geben.)

Ein typisches Rezept aus der römischen Küche, von dem behauptet wird, es sei während der amerikanischen Besatzung im Zweiten Weltkrieg entstanden. Andere schreiben es den Köhlern (carbonari) zu, die einst in den Bergen Latiens lebten.

Baccalà in agrodolce alla romana

Süßsaurer Stockfisch auf römische Art

Zubereitungszeit
20 Minuten

Kochzeit
1 Stunde

Schwierigkeitsgrad
einfach

Zutaten für 6 Personen
- 1 kg Stockfisch
- 1 EL Sultaninen
- 12 Trockenpflaumen
- 1 Apfel
- Zitronensaft
- 1 Zwiebel
- 1 Knoblauchzehe
- 1 Handvoll Petersilienblätter
- 10 EL Olivenöl extra vergine
- 0,1 l trockener Weißwein
- 2 EL Essig
- 500 g Pizzatomaten
- 1 EL Pinienkerne
- abgeriebene Schale von 1 unbehandelten Zitrone
- 1 kleine Chilischote
- 1 EL Zucker
- Salz
- Mehl zum Wenden

Dazu schmeckt ein trockener Weißwein, z. B.
- Colli Albani
- Montecarlo bianco

1 Den Stockfisch über Nacht wässern. Die Sultaninen und Trockenpflaumen in warmem Wasser einweichen, abgießen und trockentupfen. Die Pflaumen entkernen. Den Apfel schälen, entkernen, in Scheiben schneiden und mit Zitronensaft beträufeln. Die Zwiebel und den Knoblauch abziehen. Die Petersilie waschen, trockentupfen und mit Zwiebel und Knoblauch kleinhacken. Den Stockfisch waschen, entgräten, in Stücke schneiden, trockentupfen und leicht in Mehl wenden.

2 In einer Pfanne 6 Eßlöffel Öl erhitzen. Den Stockfisch darin von beiden Seiten jeweils 4 Minuten braten, herausnehmen, abtropfen lassen und beiseitestellen. Petersilie, Zwiebel und Knoblauch im restlichen Öl anbraten, mit Wein und Essig ablöschen und bei starker Hitze auf 1/3 der Flüssigkeit einkochen. Die Tomaten zugeben und aufkochen. Apfelscheiben, Pflaumen, Sultaninen, Pinienkerne und geriebene Zitronenschale untermischen und alles bei mäßiger Hitze etwa 15 Minuten garen.

3 Die Stockfischstücke in die Sauce legen. Die fein zerstoßene Chilischote und den Zucker zufügen, alles salzen und bei mäßiger Hitze nochmals aufkochen. Den Fisch dabei mehrmals in der Sauce wenden und mit der Sauce auf einem großen Teller anrichten.

Uccelletti finti di campagna

»Fleischvögel« am Spieß

Zubereitungszeit
30 Minuten

Kochzeit
30 Minuten

Schwierigkeitsgrad
einfach

Zutaten für 4 Personen
- 500 g Rinderrouladenfleisch
- 100 g roher Schinken in Scheiben
- Salbeiblätter
- Salz, Pfeffer
- italienisches Weißbrot
- 50 g durchwachsener Speck
- Schmalz oder Olivenöl extra vergine

Dazu schmeckt ein leichter Rotwein, z. B.
- Cesanese del Piglio secco
- Latisana Merlot

1 Das Rindfleisch in Scheiben schneiden, mit einem nassen Fleischklopfer hauchdünn klopfen und in 8 bis 10 Zentimeter lange Quadrate schneiden. Die Fleischstücke jeweils mit 1 Scheibe Schinken belegen und 1 Salbeiblatt darauf legen. Das Fleisch zusammenrollen und salzen und pfeffern.

2 Das Weißbrot in große, den Speck in kleine Würfel schneiden. Auf kleine Holzspieße jeweils 1 Brot- und Speckwürfel, 1 Roulade und 1 Salbeiblatt und nochmals je 1 Stück Speck und Brot stecken. Die Spieße mit zerlassenem Fett oder Öl bestreichen.

3 Den Backofen auf 180 °C vorheizen. Ein Blech einfetten. Die Spieße darauf legen und etwa 30 Minuten im Ofen braten, dabei einmal wenden, damit sie gleichmäßig bräunen. Die Spieße auf einem vorgewärmten Teller anrichten und sofort servieren.

Carciofi alla romana

Artischocken auf römische Art

Zubereitungszeit
20 Minuten

Kochzeit
30 Minuten

Schwierigkeitsgrad
mittel

Zutaten für 4 Personen
- 8 spitze römische oder provencalische Artischocken
- Zitronensaft
- 1 Knoblauchzehe
- 50 g Petersilienblätter
- einige Minzeblätter
- Salz
- Olivenöl extra vergine

Dazu schmeckt ein trockener Weißwein, z. B.
- Montecampatri Colonna
- Pinot grigio

1 Die äußeren Blätter der Artischocken entfernen. Den Stiel bis auf 2 bis 3 Zentimeter kürzen und schälen. Die Artischocken in Zitronenwasser legen, damit sie sich nicht verfärben. Den Knoblauch abziehen. Die Petersilie waschen, trockentupfen und mit den Minzeblättern und dem Knoblauch kleinhacken.

2 Die Blätter der Artischocken vorsichtig auseinanderziehen, die Knoblauchkräuter und etwas Salz in die Mitte geben und die Blätter wieder andrücken.

3 Die Artischocken kopfüber und eng aneinanderliegend in einen kleinen, hohen Topf geben, erneut salzen, 2 Teile Wasser und 1 Teil Öl zugießen, so daß sie fast vollständig bedeckt sind, und zugedeckt bei mäßiger Hitze kochen.

Römische Artischocken haben keine Stacheln und tragen violette Blätter mit dunkelgrünen Blattadern. Die »Cimaroli« sind die kleinsten und zartesten.

Crostata di ricotta

Ricottakuchen

Zubereitungszeit
40 Minuten zuzüglich Ruhezeit

Backzeit
40 Minuten

Schwierigkeitsgrad
mittel

Zutaten für 6–8 Personen

Für den Teig:
- 300 g Mehl
- 150 g Butter
- 150 g Zucker
- Salz
- 1 Ei
- 3 Eigelbe
- abgeriebene Schale von 1/2 unbehandelten Zitrone

Für die Füllung:
- 50 g Sultaninen
- 30 g Zitronat und Orangeat
- 600 g Ricotta
- 250 g Zucker
- 1 Ei
- 3 Eigelbe
- abgeriebene Schale von je 1/2 unbehandelten Zitrone und Orange
- Zimtpulver
- 40 g Pinienkerne
- Rum

Außerdem:
- 1 Ei zum Bestreichen
- Butter und Mehl für die Form
- Puderzucker

Dazu schmeckt ein leichter Weißwein, z. B.
- Aleatico di Gradoli
- Moscato dell'Oltrepò pavese

1 Das Mehl auf ein Nudelbrett sieben, die weiche Butter in Flocken darauf verteilen und beides schnell zu großen Bröseln vermengen. Die Brösel anhäufeln, den Zucker, 1 Prise Salz, Ei, Eigelbe und Zitronenschale zufügen und rasch verkneten. Den Teig zu einer Kugel formen, in Folie wickeln und 30 Minuten kühlstellen.

2 Die Sultaninen in lauwarmem Wasser einweichen. Zitronat und Orangeat sehr fein schneiden. Den Ricotta durch ein Sieb drücken und mit Zucker, Ei, Eigelben, den abgeriebenen Zitrusschalen, etwas Zimt, den Pinienkernen, den abgetropften Sultaninen und 1 Schuß Rum verrühren.

3 Den Backofen auf 180 °C vorheizen. Eine Tarteform von 24 Zentimeter Durchmesser mit Butter einfetten und mit Mehl ausstreuen. 2/3 des Teigs auf dem Nudelbrett ausrollen und damit den Boden und den Rand der Form auskleiden. Die Füllung hineingeben und verstreichen.

4 Den restlichen Teig ebenfalls ausrollen, in Streifen schneiden und die Streifen gitterartig über die Füllung legen. Die Ränder nach innen biegen und mit Hilfe einer Gabel leicht andrücken. Die Teigstreifen mit verquirltem Ei bestreichen und den Kuchen im Ofen etwa 40 Minuten backen.

5 Den Kuchen herausnehmen, abkühlen lassen und auf einem Teller anrichten. Nach Belieben mit gesiebtem Puderzucker bestreuen, in Scheiben schneiden und servieren.

LATIUM

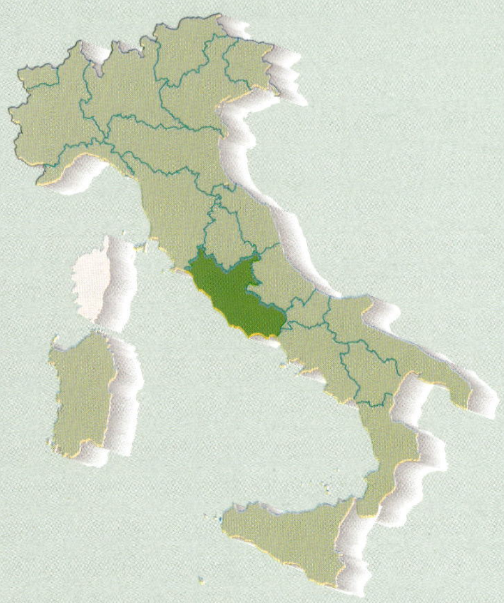

Rigatoni mit Pagliata

SPEZIALITÄTEN

Antipasti
Bruschetta, Fave e pecorino, Panzerotti, Supplì di riso, Carciofi alla giudìa

Primi
Bazzofia, Bucatini all'amatriciana, Farricello, Minestra tuscia, Pasta con l'arzilla e broccoli, Pasta e ceci, Penne all'arrabbiata, Pezzata, Rigatoni alla gricia, Rigatoni con la pajata, Riso e rigaglie, Sagne, Spaghetti alla carbonara, Stracciatella alla romana, Tonnarelli cacio e pepe

Secondi
Abbacchio a scottadito, Abbuot, Baccalà alla romana, Coda alla vaccinara, Fritto di cervella, Garofolato, Spuntature di maiale, Stracotto di bufala, Pollo alla ciociara, Saltimbocca alla romana, Trippa alla romana

Desserts
Ciambelletti di magro, Maritozzi, Romanella, Torta di ricotta

TYPISCHE RESTAURANTS

Da Gianfranco
Via Burbon del Monte 39
Acquapendente
Tel. 0763/717042, Montag Ruhetag

La Vecchia Osteria
Via Gramsci 103, Anzio
Tel. 06/9846100, Dienstag Ruhetag

La Giaretta
Via Ferretti 108, Civita Castellana
Tel. 0761/53398, Montag Ruhetag

L'Angoletto
Via Guglielmotti 2, Civitavecchia
Tel. 0766/32825, Montag Ruhetag

Zarazà
Via Regina Margherita 21, Frascati
Tel. 06/9422053, Montag Ruhetag

Hostaria Tittino
Vicolo Cipresso 2-4, Frosinone
Tel. 0775/251227, Sonntag Ruhetag

La Briciola di Adriana
Via Gabriele d'Annunzio 12, Grottaferrata
Tel. 06/9459338, Sonntagabend und Montag geschlossen

La Locanda del Bere
Via Foro Appio 64, Latina
Tel. 0773/258620-618620, Sonntag Ruhetag

Ristorante degli Angeli
Madonna degli Angeli 1
Magliano Sabina
Tel. 0744/91377-91892, Sonntagabend und Montag geschlossen

Punta Incenso
Forna, Via Cala Caparra, Ponza
Tel. 0771/808517, Dienstag Ruhetag, im Sommer durchgehend geöffnet

Bistrot
Piazza San Rufo 25, Rieti
Tel. 0746/498798, Sonntag und Montagmittag geschlossen

Pecora Nera
Via del Terminillo 33, Rieti
Tel. 0746/497669, Sonntag Ruhetag

Ponte della Ranocchia
Circonvallazione Appia 29,
Ecke Via Tola 58, Rom
Tel. 06/7856712, Sonntag Ruhetag

Da Vittorio
Via Mario Musco 29-31, Rom
Tel. 06/5408272-5414165,
Samstagabend und Sonntag
geschlossen

Fauro
Via Fauro 44, Rom
Tel. 06/8083301, Sonntag Ruhetag

Dito e luna
Via dei Sabelli 51, Rom
Tel. 06/4940726, Sonntag Ruhetag

Tram Tram
Via dei Reti 44-46, Rom
Tel. 06/490416, Montag Ruhetag

Uno e Bino
Via degli Equi 58, Rom
Tel. 06/4460702, Montag Ruhetag

Zampagna
Via Ostiense 179, Rom
Tel. 06/5742306, Sonntag Ruhetag

La Torre
Via della Torre 5, Viterbo
Tel. 0761/226467
Sonntag Ruhetag

WEINE

Weißweine
Bianco Capena
Cerveteri
Colli Albani
Colli Lanuvini
Cori
Est! Est! Est!
Frascati
Genazzano
Greco di Vignanello
Marino
Montecompatri Colonna
Trebbiano di Aprilia
Velletri, Vignanello
Zagarolo

Rotweine
Aleatico di Gradoli
Cerveteri
Cesanese del Piglio
Cesanese di Affile
Cesanese di Olevano Romano
Cori
Genazzano
Velletri
Vignanello

Dessertweine
Aleatico di Gradoli liquoroso

KÄSE

Cacioricotta
Caciotta
Marzoline
Mozzarella di bufala
Pecorino
Ricotta
Scacione

Cicale

EINKAUFSMÖGLICHKEITEN FÜR TYPISCHE REGIONALE PRODUKTE

Weine
Enoteca Del Gatto
Via XX Settembre 21
Anzio

Enoteca Izzi
Corso Claudio 14
Fondi (Latina)

Enoteca del Porto
Via del Porto 2
Terracina

Wurst
Salumeria Cencioni
Via Cairoli 18
Viterbo

Käse
Salumeria Cencioni
Via Cairoli 18
Viterbo

Pecorino romano

Pecorino, der von Oktober bis Juni vor allem in den Provinzen Rom, Frosinone, Cagliari und Grosseto hergestellt wird, gehört zu den beliebtesten Käsesorten Italiens und erlebt seit Jahrzehnten einen wahren Exportboom, besonders nach Nordamerika.

HERKUNFT

Der erste »cacio«, abgeleitet vom lateinischen caseum = Käse, wurde mit Sicherheit aus Schafmilch hergestellt, denn Schafe waren die ersten Säugetiere, die von Menschen gezüchtet wurden. Auch die Kinder und weiteren Nachfahren von Adam und Eva, Kain und Abel oder Abraham, werden immer zusammen mit Schafen dargestellt, denn diese Tiere lieferten ihnen die wertvolle Milch, die eines der wichtigsten Lebensmittel in der Frühzeit war. Heute wird Schafmilch in Italien ausschließlich zur Käseherstellung verwendet.

HERSTELLUNG

Insgesamt gibt es zehn verschiedene Pecorinosorten. Zu den klassischen Varianten wird der römische Pecorino gezählt, der nur Schafmilch enthalten darf.

Die Gerinnung wird durch Lammlab eingeleitet, dann folgt die Trockensalzung, die sich über drei Monate hinzieht. Während dieser Zeit wird der Käse mehrmals mit Salzlauge gewaschen und angestochen, damit das Salz besser eindringen kann.

Ein fertiger Pecorino romano wiegt zwischen acht und zwanzig Kilogramm. Seine Rinde ist hart, hell und glatt oder mit einer schwarzen Kunststoffolie überzogen. Die Farbe reicht von weiß bis strohgelb.

EINKAUFSTIPS

- Achten Sie bei einem abgepackten Pecorinostück darauf, ob die Packung Blasen aufweist. Diese Luftblasen entstehen durch die Gärung von Keimen, die Geschmack und Aussehen des Käses verderben.
- Außerdem darf der Käse keine grünlichen oder rötlichen Stellen aufweisen, die ebenfalls ein Hinweis dafür sind, das der Käse bereits verdorben ist.
- Geruch und Geschmack eines guten Pecorino müssen durchdringend und kräftig sein. Je nach Lagerungsdauer sollte der Käse mehr oder weniger würzig und voll schmecken.
- Kaufen Sie keine allzu großen Pecorinostücke, die nicht bald verbraucht werden. Wenn Sie den Käse nicht sofort verwenden, sollten Sie ihn möglichst vakuumverpackt aufbewahren. Ansonsten empfiehlt es sich, den Käse fest in Papier oder Alufolie zu verpacken und ihn an einen nicht zu kalten Platz in den Kühlschrank zu legen.
- Bewahren Sie angeschnittenen Käse in ein Tuch oder Frischhaltefolie gewickelt kühl, aber nicht zu trocken auf. Gut geeignet ist das Gemüsefach des Kühlschranks.
- Pecorino romano darf nicht tiefgefroren werden, da er nach dem Auftauen krümelig wird.

KULINARISCHE EMPFEHLUNGEN

Pecorino romano ist äußerst vielseitig verwendbar.
Als Tischkäse schmeckt er am besten nach einer Reifezeit von drei bis acht Monaten.
Älterer Pecorino wird in der Regel gerieben zum Würzen von Nudel- und Gemüsegerichten verwendet.

• Reiben Sie älteren Pecorino über die typischen Nudelgerichte Mittelitaliens wie Spaghetti Amatriciana oder Carbonara, oder streuen Sie ihn auf Spaghetti, Cacio e pepe, die mit schwarzem Pfeffer gewürzt sind.

• Reichen Sie einen jungen Pecorino zu frischen Dicken Bohnen, die in neuen Wein eingelegt sind.

• Reiben Sie ein Stück mittelalten Pecorino auf angebratene Zwiebel und rühren Sie solange um, bis der Käse geschmolzen ist. Dann nehmen Sie die Sauce vom Herd, rühren 1 Eigelb unter und reichen sie zu Penne oder Gnocchetti.

• Verwenden Sie älteren, grob geriebenen Pecorino für Füllungen und zum Überbacken.

• Gratinieren Sie Paprikaschoten und Auberginen mit reichlich jungem Pecorino.

• Reichen Sie junge Pecorinostücke zu gekochtem Gemüse wie Rübenkraut, Broccoli oder Radicchio oder zu Salaten wie Rucola, Feldsalat und Radieschen.

FEHLER, DIE MAN VERMEIDEN SOLLTE

Pecorino romano eignet sich nicht

• für Carpaccios, Fleischsalate oder Hackfleischsaucen

• für alle Arten von Fisch und Krustentieren, Tintenfisch oder Tintenfischfüllungen

• zum Überbacken von Meeresfrüchten, wenn diese mit Petersilie und Semmelbröseln zubereitet sind.

SERVIERVORSCHLÄGE

Pecorino romano wird als Käse gereicht, wenn er zwischen drei und acht Monate alt ist. Man kann das ganze Stück auf einem Holzbrett mit einem entsprechenden Messer oder in großen Stücken auf einem Salatbett anrichten.
Älterer Pecorino wird wie Parmesan gerieben zum Würzen zahlreicher Gerichte verwendet.

WELCHER WEIN PASST DAZU?

Zu einem jüngerem Pecorino paßt ein kräftiger Weißwein wie etwa Torgiano oder Vernaccia di San Gimignano.
Zu älterem Pecorino schmeckt ein nicht zu alter Rotwein, etwa Donnas, Montepulciano d'Abruzzo oder Cesanese del Piglio.

DIE BESTEN ADRESSEN

Das Herstellungsgebiet des Pecorino romano, des ältesten Pecorino Italiens, der noch auf römische Zeit zurückgeht, ist mittlerweile sehr groß, denn heute wird er im Latium, auf Sardinien und in der Provinz von Grosseto hergestellt, wenngleich seine ursprüngliche Herkunft eigentlich im römischen Hinterland liegt.
Wenn Sie also einen Ausflug dorthin planen, können Sie ihn in jeder Trattoria probieren. Meist kommt er mit frischen Dicken Bohnen und Weiß- oder Rotwein aus dem Latium auf den Tisch.
Hier können Sie auch behandelte Pecorinos kaufen, die in Asche gewendet werden oder deren Rinde mit Tomaten gefärbt wird. Diese Rotfärbung geht auf den alten Brauch zurück, die Rinde mit Schafblut zu bestreichen.

ABRUZZEN UND MOLISE

Traditionsverbundenheit und Peperoncino

Blick auf Castel di Sangro in der Provinz L'Aquila.

Müßte man für diese beiden Regionen ein treffendes Symbol wählen, so wäre das Bild der Chitarra wohl am geeignetsten. Dabei handelt es sich allerdings nicht um ein Musikinstrument, sondern um ein uraltes Gerät zur Nudelfertigung, das aus einem rechteckigen Holzrahmen besteht, auf den zahlreiche Stahldrähte gespannt sind. Darauf legt man den ausgerollten Teig aus Hartweizen und Eiern, preßt ihn mit dem Nudelholz durch die Drähte – und fertig sind die berühmten quadratischen Maccheroni alla chitarra, die der traditionsbewußte Koch mit einer üppigen Sauce aus Lammfleisch und Peperoncino (Chili) oder mit der klassischen Amatriciana-Sauce serviert.

Dieses Gerät ist aber nicht nur hinsichtlich der Entstehung eines der typischsten Gerichte dieser Region so treffend, sondern auch für die Überlieferung alter Bräuche und die Pflege jener lokalen Traditionen, die der Modernisierung bislang noch nicht zum Opfer gefallen sind. Denn die Küche der Abruzzen und des Molise ist authentisch und ursprünglich, das heißt, sie ist noch nicht von Kompromissen verfälscht, mit denen man es woanders all jenen rechtzumachen versucht, deren kulinarische Vorlieben andere sind als die der Einheimischen. Das bedeutet, daß man auf zahlreiche Gerichte neugierig sein muß, wenn man die Gewohnheiten dieser Region kennenlernen möchte.

Dabei darf man sich allerdings nicht von der feurigen Schärfe des roten Peperoncino abschrecken lassen, der hier nicht zufällig auch »diavolillo« (»Teufelchen«) genannt wird und eine unverzichtbare Zutat in jedem Gericht darstellt. Man kann auch nicht behaupten, daß die Köche dieser Region die Bedeutung des Wortes »gemäßigt« kennen, denn wenn sie kochen, dann kochen sie richtig. Darunter ist zu verstehen, daß der Gast heilig ist und gestärkt das Haus verlassen muß – ohne Wenn und Aber und mit allem, was dazu gehört. In den Abruzzen zum Beispiel kann man auch heute noch die Panarda bestellen, ein Mahl, das aus über dreißig Gängen besteht, die alle probiert werden müssen, will man nicht den Koch beleidigen, der weder Zeit noch Mühe für die aufwendige Zubereitung gescheut hat.

Was in diesem Gebiet am meisten beeindruckt, ist die kulinarische Vielfalt: An der Küste überwiegen Meerbarben (Triglie), Meeresfrüchte und Blaufisch sowie eine Reihe weiterer Fische, die für die Zubereitung der köstlichen Suppen (in den Abruzzen heißen sie »brodetti«) benötigt werden: Drachenkopf, Rochen, Oktopus, Petersfisch und Langusten. Im Landesinnern bevorzugt man Lamm, Zicklein und Kaninchen, die mit schmackhaftem Gemüse wie Cardy und dem zarten, weißen

Gegrillte Meerbarben.

Sellerie aus L'Aquila gereicht werden, der auch als Vorspeise mit einer Marinade aus Öl und Peperoncino serviert wird und ebenso in fast allen Suppen und Saucen enthalten ist.
L'Aquila ist auch der ideale Ausgangspunkt für eine Rundfahrt, die in ganz Italien ihresgleichen sucht: Sie führt zunächst nach Sulmona, das für seine Bonbons und Pralinen bekannt ist. Im Tal des Aterno, an dessen Ufer sich zahlreiche Kirchen

und mittelalterliche Burgen erheben, geht es weiter nach Piana di Navelli, wo noch heute Safran angebaut wird, jenes kostbare Gewürz aus dem Mittleren Osten, das von einem Dominikanerfrater im 14. Jahrhundert nach Italien gebracht wurde und dessen violette Blüten erst im Herbst blühen. Genutzt werden jedoch nur die leuchtend roten Pollenfäden, die geduldige Hände vorsichtig aus den Blüten lösen, um sie dann in der Nähe von Kaminen auf Sieben zu trocknen. Wenn man bedenkt, daß für ein Kilogramm Safran 200000 Blüten notwendig sind, wird klar, warum dieses Gewürz so teuer ist. Merkwürdig ist allerdings, daß die traditionelle Küche der Abruzzen keine Safrangerichte kennt.
Von Piana di Navelli führt ein kurzer Abstecher in Richtung Rocca Calascio zur achteckigen Kirche

Santa Maria della Pietà und zu einer der eindrucksvollsten Burgen Italiens. Von dort geht es ins Molise, eine der am wenigsten vom organisierten Tourismus berührten Regionen Italiens und vielleicht gerade deshalb eine der faszinierendsten Gegenden überhaupt. Ein richtiges Essen beginnt im Molise mit geräuchertem Schinken und einer typischen Wurst, der Mulette. Dann folgt traditionell eine Brennesselsuppe oder ein Teller Nudeln mit Lammfleisch oder Tomatensauce und Peperoncino. Den Höhepunkt bildet ein Milchlammgericht, das in einer Sauce aus Knoblauch, Öl und Rosmarin gekocht und mit verquirlten Eiern und geriebenem Pecorino verfeinert wird. Zur Erholung von den »Strapazen« eines so reichhaltigen Mahls empfiehlt sich anschließend die Erkundung von Saepinum, einer antiken Römersiedlung.
Vom Landesinnern geht es dann weiter in Richtung adriatische Küste, wo die Küche des Molise feine Meeressalate, gegrillte und fritierte Fische aller Art, Spaghetti mit Muscheln, Risotto mit Meeresfrüchten und herzhafte Fischsuppen zu bieten hat. Liebhaber dieser Gerichte sollten es auch nicht versäumen, an der Sagra del pesce teilzunehmen, einem Fest zu Ehren des Fisches, das alljährlich am letzten Augustsonntag im mittelalterlichen Termoli gefeiert wird.
Bevor man die Abruzzen und den Molise wieder verläßt, muß man aber unbedingt noch eine Likörspezialität, den Centerbe, probieren. Dieses hochprozentige Getränk steht in völligem Einklang mit dem ehernen Grundsatz der Menschen dieser Region, daß man seinen Gästen keine halben Sachen anbietet.

Archäologische Ausgrabungen in Saepinum in der Provinz Campobasso (oben).

Casteldelmonte in der Provinz L'Aquila (links).

Cardo in brodo alla chietina

Cardysuppe à la Chieti

Zubereitungszeit
40 Minuten

Kochzeit
30 Minuten

Schwierigkeitsgrad
mittel

Zutaten für 6 Personen

- 1 Cardy à ca. 1,5 kg (distelähnliche Pflanze, deren fleischige Blattstiele verwendet werden)
- Saft von 2 Zitronen
- 1 EL Mehl
- Salz
- 300 g Hackfleisch vom Schwein
- 7 Eier
- 150 g geriebener Pecorino
- 1,5 l Brühe
- 200 g geriebener Parmesan
- 3 Hühnerlebern

Dazu schmeckt ein leichter Rotwein, z. B.

- Marsicano rosso
- Rosso dei Colli Euganei

1 Die äußeren, harten Stiele der Cardy entfernen, den Rest in 2 Zentimeter breite Stücke schneiden und abfädeln. Die Cardy in kaltes Wasser legen und die Hälfte des Zitronensafts zufügen. In einer Pfanne unter Rühren das Mehl anrösten, nach und nach reichlich kaltes Wasser und den restlichen Zitronensaft zugießen und aufkochen. Das Wasser salzen, die Cardystücke hineingeben und etwa 20 Minuten bei mäßiger Hitze kochen. Das Gemüse abgießen, in kaltes Wasser legen, erneut abgießen und trockentupfen.

2 Das Hackfleisch mit 2 Eiern und Pecorino vermischen, salzen, zu kleinen Kugeln formen und in der kochenden Brühe garen. Die restlichen Eier mit dem Parmesan und etwas Salz verrühren, die Cardy darin wenden, bis sie von der Ei-Käse-Masse umhüllt sind. Das Gemüse in einem Topf mit Brühe und Fleischbällchen übergießen. Die kleingeschnittenen Hühnerlebern zufügen, aufkochen, umrühren und einige Minuten ziehen lassen.

Cozze ripiene

Gefüllte Miesmuscheln

Zubereitungszeit
30 Minuten

Kochzeit
10 Minuten

Schwierigkeitsgrad
einfach

Zutaten für 4 Personen

- 1 kg Miesmuscheln
- 1 Handvoll Petersilienblätter
- 2 Knoblauchzehen
- 1 kleine Chilischote
- 3 EL Semmelbrösel
- 2 EL geriebener Pecorino
- Olivenöl extra vergine

Dazu schmeckt ein Roséwein, z. B.

- Biferno rosato
- Alto Adige Schiava rosato

1 Die Muscheln in kaltes Wasser legen und voneinander trennen. Die Schalen unter fließendem kalten Wasser mit einer harten Bürste oder einem Messer sorgfältig reinigen.

2 Die Muscheln bei starker Hitze in einer Pfanne zum Öffnen bringen. Die leeren Schalen entfernen, das Muschelfleisch mit einem Messer von den unteren Schalen lösen, aber in der Schale belassen.

3 Den Ofen auf 220 °C vorheizen. Petersilie und Chilischote waschen und trockentupfen, den Knoblauch abziehen und den grünen Sproß entfernen. Alles kleinhacken und mit Semmelbröseln, Pecorino und einigen Eßlöffeln Öl vermischen. Die Masse über die Muscheln verteilen, die Muschelhälften nebeneinander in eine Backform legen und etwa 10 Minuten gratinieren. Die Muscheln auf einem warmen Teller anrichten und sofort servieren.

Scrippelle 'im busse

Dünne Pfannkuchen in Brühe

Zubereitungszeit
10 Minuten

Kochzeit
20 Minuten

Schwierigkeitsgrad
mittel

Zutaten für 4 Personen
- 100 g Mehl
- 1 Ei
- 125 ml Milch
- 125 ml Wasser
- Salz
- 1 Handvoll Petersilienblätter
- 1 Prise Muskatnuß
- 1 l Hühner- oder Rindfleischbrühe
- 2 EL Olivenöl extra vergine
- geriebener Pecorino oder Parmesan

Dazu schmeckt ein trockener Weißwein, z. B.
- Trebbiano d'Abruzzo
- Trentino Riesling renano

1 Das Mehl in eine Schüssel sieben. Das Ei leicht verquirlen und gründlich mit dem Mehl verrühren, damit sich keine Klümpchen bilden. Milch und Wasser langsam unterrühren und den Teig etwas salzen. Die Petersilie waschen, trockentupfen, fein hacken und unter den Teig mischen. Die Muskatnuß zufügen und den Teig einige Minuten ruhen lassen.

2 In der Zwischenzeit die Brühe zum Kochen bringen. Den Crespelleteig nochmals kurz durchrühren und eventuell noch etwas Milch zufügen, bis er dünnflüssig ist.

3 Eine kleine Pfanne mit etwas Öl bestreichen und erhitzen. Einige Eßlöffel Teig in die Pfanne geben und den Pfannkuchen von beiden Seiten backen. Den fertigen Pfannkuchen auf ein Holzbrett legen und auf die gleiche Weise weitere Crespelle backen, bis der Teig verbraucht ist.

4 Die Pfannkuchen mit geriebenem Käse bestreuen, zu Dreiecken falten und in Suppentellern anrichten. Nochmals Käse darüber streuen und die kochende Brühe darüber gießen. Alles einige Minuten ruhen lassen und sofort servieren.

Spiedini di mare

Spieße mit Meeresfrüchten

Zubereitungszeit
30 Minuten
zuzüglich Marinierzeit

Kochzeit
10 Minuten

Schwierigkeitsgrad
einfach

Zutaten für 4 Personen
- 300 g kleine Tintenfische
- 300 g Babytintenfische
- 600 g Scampi oder Kaisergranaten
- 1 Knoblauchzehe
- 10 EL trockener Weißwein
- 6 EL Olivenöl extra vergine
- Salz, Pfeffer
- 1 Bund Petersilie

Dazu schmeckt ein trockener Weißwein, z. B.
- Biferno bianco
- Bianco del Vesuvio

1 Die Tintenfische gut reinigen und Tintensack, Mundstück und Knorpel entfernen. Die Tintenfische unter fließendem kaltem Wasser gründlich waschen und trockentupfen. Die Scampi aus den Schalen lösen und die Köpfe entfernen.

2 Die Knoblauchzehe abziehen, der Länge nach halbieren, den grünen Sproß entfernen und den Knoblauch zusammen mit dem Weißwein, dem Öl, etwas Salz und frisch gemahlenem Pfeffer in einen Topf geben. Die Marinade mit einer Gabel gut verrühren und die Meeresfrüchte hineinlegen. Alles nochmals gründlich durchrühren und die Meeresfrüchte etwa 30 Minuten zugedeckt ziehen lassen.

3 Die Meeresfrüchte aus der Marinade nehmen, in wechselnder Reihenfolge auf dünne Holzspieße stecken und in die Marinade zurücklegen. Eine Grillplatte erhitzen. Die Spieße abtropfen lassen, auf den Grill legen und unter mehrmaligem Wenden etwa 10 Minuten braten. Die Petersilie in die Marinade tauchen und die Spieße während des Grillens immer wieder damit bestreichen. Die fertigen Spieße auf einem warmen Teller anrichten und sofort servieren.

Brasciole

Kalbfleischrouladen

Zubereitungszeit
30 Minuten

Kochzeit
30 Minuten

Schwierigkeitsgrad
mittel

Zutaten für 4 Personen

- 4 Eier
- 2 EL geriebener Pecorino
- Salz, Pfeffer
- Olivenöl extra vergine
- 200 g Scamorzakäse
- 1 Handvoll Petersilienblätter
- 1 Zwiebel
- 100 g durchwachsener Speck oder Schinkenspeck
- 4 Kalbsschnitzel à 100 g
- 4–8 Mangoldblätter
- 4 Scheiben roher Schinken
- 1 Glas trockener Weißwein

Dazu schmeckt ein leichter Rotwein, z. B.

- Pentro di Isernia rosso
- Roero

1 Die Eier in einer Schüssel mit Pecorino, Salz und Pfeffer verquirlen. In einer kleinen Pfanne jeweils 1 Eßlöffel Öl erhitzen und nacheinander aus dem Teig 4 Eierkuchen, ungefähr in Schnitzelgröße, backen.

2 Den Scamorzakäse in hauchdünne Scheiben schneiden. Die Petersilie waschen und trockentupfen, die Zwiebel abziehen und beides zusammen mit dem Speck kleinhacken. Das Fleisch waschen, trockentupfen, auf ein Küchenbrett legen und vorsichtig mit einem angefeuchteten Fleischklopfer so klopfen, daß sich die Scheiben leicht vergrößern, aber nicht reißen. Die Mangoldblätter waschen und trockentupfen. Jedes Schnitzel mit jeweils 1 Eierkuchen, 1 Scheibe Schinken, 1 bis 2 Mangoldblättern und den Scamorzascheiben belegen. Die Fleischscheiben fest zusammenrollen und mit Küchengarn zu Rouladen binden.

3 In einer Pfanne 3 Eßlöffel Öl erhitzen und Zwiebel, Speck und Petersilie darin anbraten. Die Rouladen zufügen, ebenfalls anbraten und salzen und pfeffern. Das Fleisch bei mäßiger Hitze einige Minuten schmoren, dabei ab und zu mit etwas Wein übergießen und heiß servieren.

Torta di mandorle

Mandelkuchen

Zubereitungszeit
30 Minuten
zuzüglich Abkühlzeit

Backzeit
30 Minuten

Schwierigkeitsgrad
mittel

Zutaten für 4–6 Personen

- 100 g Mandeln
- 4 Eier
- 50 g Mehl
- 150 g Zucker
- 50 g Semmelbrösel
- abgeriebene Schale von 1 unbehandelten Zitrone
- 1 TL Zimtpulver
- Salz
- Butter und Mehl für die Form
- Puderzucker zum Bestreuen

Dazu schmeckt ein leichter Dessertwein, z. B.

- Moscato del Molise
- Oltrepò pavese Moscato

1 Den Backofen auf 180 °C vorheizen. Die Mandeln knapp 3 Minuten in kochendes Wasser geben, abgießen und mit einem rauhen Tuch die Haut abreiben. Die Mandeln auf einem Backblech verteilen und etwa 10 Minuten im Backofen rösten, dabei einmal wenden. Die Mandeln herausnehmen und klein hakken. Eine Springform von 20 Zentimeter Durchmesser mit Butter einfetten und mit Mehl ausstreuen.

2 Die Eier trennen. Das Mehl sieben. Die Eigelbe mit dem Zucker schaumig rühren. Mandeln, Mehl, Semmelbrösel, abgeriebene Zitronenschale und das Zimtpulver untermischen und alles gründlich zu einem glatten Teig verrühren.

3 Die Eiweiße mit etwas Salz sehr steif schlagen und den Eischnee vorsichtig unter die Teigmasse heben. Den Teig in der Springform verteilen, glattstreichen und etwa 30 Minuten im Backofen backen.

4 Den Kuchen aus dem Ofen nehmen, abkühlen lassen, aus der Form lösen und reichlich Puderzucker darüber sieben. Den Kuchen in Stücke schneiden und servieren.

ABRUZZEN UND MOLISE

Polenta à la Molise

SPEZIALITÄTEN

Antipasti

Friselle
Muletta
Scapece di Vasto

Primi

Cavatelli con gli scampi
Maccheroni alla chitarra
Scrippelle
Spaghetti allo scoglio
Tacconi
Taccozze
Zuppa di ortiche

Secondi

Agnello a cacio e uova
Agnello all'arrabbiata
Agnello sotto la coppa
Arrosticini
Brodetto di pesce
Fegatini di agnello
Lepre alla teramana
Mazzarelle teramane
Scamorza allo spiedo
Torcinelli alla brace

Desserts

Bocconotti
Ferratelle
Pizza dolce
Tarallucci

TYPISCHE RESTAURANTS

Gambero
Viale Marconi 1, Alba Adriatica
Tel. 0861/712728, Montag Ruhetag

Al Caminetto
Via degli Alpini 95, Carsoli
Tel. 0863/995105, Montag Ruhetag

Primavera
Viale Benedetto Croce 69, Chieti
Tel. 0871/560157, Sonntag Ruhetag

Bandiera
Contrada Pastini 32, Civitella Casanova
Tel. 085/845219, Mittwoch Ruhetag

Locanda della Tradizione Abruzzese
Via Piane, Corropoli
Tel. 0861/810129, Mittwoch Ruhetag

Osteria del Moro
Lungomare Spalato 74, Giulianova
Tel. 085/8004973, Mittwoch Ruhetag

Osteria dello Stracciavoce
Via Trieste 159, Giulianova
Tel. 085/8005326, Montag Ruhetag

Villa Majella
Via Sette Dolori 30, Guardiagrele
Tel. 0871/809362, Montag Ruhetag

Osteria Antiche Mura
Via XXV Aprile 2, L'Aquila
Tel. 0862/62422, Sonntag Ruhetag

Trattoria del Giaguaro
Piazza Santa Maria Paganica 4, L'Aquila
Tel. 0862/28249, Montagabend und Dienstag geschlossen

Bilancia
Contrada Palazzo 10, Loreto Aprutino
Tel. 085/8289321, Montag Ruhetag

Antico Cantinone
Via Ciotti 5, Teramo
Tel. 0861/248863, Sonntag Ruhetag

Cantina di Jozz
Via delle Caserme 61, Pescara
Tel. 085/28513, Montag Ruhetag

Fattoria Fernando
Via Aremogna 13, Pescara
Tel. 085/28513, Montag Ruhetag

Murena
Lungomare Matteotti 1-3, Pescara
Tel. 085/378246, Sonntag Ruhetag

Plistia
Via Principe di Napoli 28, Pescasseroli
Tel. 0863/910732, Montag Ruhetag

Antica Taverna
Via Fannini 3, Pizzoferrato
Tel. 0872/946255

Giocondo
Via del Suffragio 2, Rivisondoli
Tel. 0864/69123, Dienstag Ruhetag

La Cabina
Via Aufinate 1, San Pio delle Camere
Tel. 0862/93567, Montag Ruhetag

Clemente
Vico del Vecchio 11, Sulmona
Tel. 0864/52284, Donnerstag Ruhetag

Cantina Aragonese
Corso Matteotti 88, Ortona
Tel. 085/9063217, Sonntagabend und Montag geschlossen

Sotto le Stelle
Via Nazario Sauro 50, Teramo
Tel. 0861/247126, Sonntag Ruhetag

Sosta
Via Regina Margherita 34, Torano Nuovo
Tel. 0861/82085, Dienstag Ruhetag

Hostaria del Pavone
Via Barbarotta 15-17, Vasto
Tel. 0873/60227, Dienstag Ruhetag

Da Casciano
Viale Marconi 29, Agnone
Tel. 0865/77511, Dienstag Ruhetag

Antica Trattoria del Riccio
Via Sannio 7, Cantalupo nel Sannio
Tel. 0865/814246

Adriano
Via Napoli 14, Carovilli
Tel. 0865/838688, Dienstag Ruhetag

Emilio
Via Spensieri 21, Ferrazzano
Tel. 0874/416576, Dienstag Ruhetag

Tana dell'Orso
Colle dell'Orso, Frosolone
Tel. 0874/890785, Dienstag Ruhetag

Ribo
Contrada Malecoste, Guglionesi
Tel. 0875/680655, Montag Ruhetag

Taverna Maresca
Corso marcelli 186, Isernia
Tel. 0865/3976, Sonntag Ruhetag

Pizza rustica teramana (gefüllte Pizza)

WEINE

Weißweine
Biferno
Pentro di Isernia
Trebbiano d'Abruzzo

Rotweine
Biferno
Cerasuolo d'Abruzzo
Montepulciano d'Abruzzo
Pentro di Isernia

KÄSE

Burrino
Caciocavallo
Caciofiore aquilano
Cacioricotta
Cambese
Incanestrato
Marcetto
Mozzarella
Pampanella
Pecorino
Scamorza molisana/Scamorza passita

EINKAUFSMÖGLICHKEITEN FÜR TYPISCHE REGIONALE PRODUKTE

Weine
Azienda Agricola Di Majo
Contrada Ramitello 4, Campomarino (CB)

Enoteca Visaggio
Via De Cesaris 44, Pescara

Wurst
Salumi Giuliani
Via Patini 21, L'Aquila

Alimentari Aquilino
Piazza Roma 11, Anversa degli Abruzzi (L'Aquila)

Macelleria Cavaliere
Prato del Toro 1, Castel del Giudice (Isernia)

Käse
Antonio Puisone
Via San Bartolomeo 31, Bojano (Campobasso)

Caseificio Petronio
Via San Donato 56, Castel del Monte (L'Aquila)

Salumeria Antonio
Via Nazario Sauro 120, Giulianova (Teramo)

Scamorza

Scamorza, ein Frischkäse, der nach einer kurzen Reifezeit von fünf bis sechs Tagen in den Handel kommt und von dem es auch eine geräucherte Variante gibt, stammt ursprünglich aus Süditalien. Er ist »verwandt« mit anderen typischen Käsespezialitäten dieser Region und heute in ganz Italien verbreitet.

Der Scamorza mit seinem glatten Teig, der vielen süditalienischen Käsezubereitungen wie etwa dem Provolone ähnelt, wird aus reiner Kuhmilch oder aus einer Milchmischung hergestellt, wobei er am ehesten zwischen dem würzigeren und trockeneren Caciocavallo und dem etwas wasserhaltigeren Mozzarella eingeordnet werden kann. Wie bei vielen regionalen Spezialitäten gibt es auch hinsichtlich der Herkunft des Scamorza mehr Hypothesen als gesicherte Fakten. Am wahrscheinlichsten ist, daß er zufällig erfunden wurde bzw. durch einen »Fehler« entstand. So wird behauptet, bei der Herstellung von Provolone oder Caciocavallo sei einst das Lab übermäßig sauer gewesen, so daß man mehr warmes Wasser als sonst zufügte – und fertig war der Scamorza. Diese These überzeugt vor allem deshalb, weil im Molise für den Scamorza dasselbe Verfahren angewendet wird wie bei der Herstellung von Caciocavallo, jedoch wärmeres Wasser verwendet wird. Im Gegensatz zum Caciocavallo benötigt der Scamorza keine längere Reifezeit. Deshalb stellte man früher in den Sommermonaten vor allem Frischkäse wie Scamorza her, und verzichtete auf Käse mit langer Reifezeit, die in der Regel während der kälteren Jahreszeit zubereitet wurden.

HERSTELLUNG

Scamorza wird aus leicht erwärmter frischer Milch hergestellt. Durch Zugabe von Kälberlab läßt man die Milch gerinnen, fügt dem Teig heißes Wasser zu, wodurch er seine typische homogene Konsistenz erhält, und verleiht ihm seine charakteristische Flaschenform. Dann wird der Scamorza einige Stunden in eine Salzlösung getaucht, nach dem Herausnehmen getrocknet und einige Tage zum Reifen an einer Schnur aufgehängt. Die Herstellung von geräuchertem Scamorza geht auf uralte Konservierungsmethoden zurück. Da jedoch früher der dünnere Teil der Flaschenform beim Räuchern in der Hitze schmolz und der Käse auf den Boden tropfte, entwickelte man ein bis heute angewendetes Verfahren. Dabei wird der fertige Scamorza in eine fast runde Form gepreßt, wodurch ihm allerdings der typische »Hals« zum Befestigen der Schnur fehlt. Um den Käse dennoch zum Räuchern aufhängen zu können, bindet man daher die Schnur wie einen Gürtel einfach um die Mitte des Käselaibs.

EINKAUFSTIPS

- Die Rinde sollte zartweiß oder alabasterfarben sein.
- Der Teig sollte glatt und milchigweiß bis strohgelb sein.
- Scamorza sollte weich, fein und leicht milchig schmecken.
- Geräucherter Scamorza sollte eine braune bis leicht graue Rinde haben.
- Die Räucherung sollte in Aroma und Geschmack voll zur Geltung gebracht werden.

KULINARISCHE EMPFEHLUNGEN

Scamorza wird ähnlich wie Mozzarella verwendet. Da er beim Erhitzen schnell schmilzt, eignet er sich gut zum Verfeinern von Nudelgerichten oder pikanten Gemüsekuchen und zum Überbacken von Gemüse.

- Scamorza (auch geräucherten Scamorza) beispielsweise für Pizza und Calzone anstelle von Mozzarella verwenden. Oder Gnocchi mit kleingeschnittenem Scamorza, Butter und rohen Schinkenwürfeln verfeinern.
- Einige Kartoffeln in der Schale kochen, in zwei Hälften schneiden, aushöhlen und Scamorza- und Emmentalerstückchen hineingeben. Die Kartoffelhälften im Ofen überbacken, bis der Käse geschmolzen ist.
- Scamorza in dünne Scheiben schneiden und gebackene Auberginen damit belegen.
- In Würfel geschnittenen Scamorza zusammen mit geräucherten Speckstückchen auf ausgerolltem Blätterteig verteilen, eine Eigelb-Sahne-Mischung darüber gießen und den Blätterteig etwa 20 Minuten im Ofen backen.
- Scamorza in dicke Scheiben schneiden, in Mehl wenden und die Käsescheiben auf dem Grill oder in der Pfanne braten.
- Scamorza zum Überbacken von Gemüse wie Auberginen, Paprika, Zwiebeln oder Zucchini verwenden: Die Käsescheiben und das Gemüse abwechselnd in eine Form schichten und im Ofen überbacken.
- Zimmerwarmen Scamorza zu italienischem Weißbrot reichen.

LAGERUNG UND AUFBEWAHRUNG

Ungeöffnet hält sich Scamorza mehrere Tage, wenn man ihn an einem luftigen Ort aufhängt. Er sollte allerdings möglichst bald verbraucht werden, da er beim Kauf bereits ausgereift ist und bei längerer Lagerung eher schlechter als besser wird. Dabei können Sie sich auch an der Konsistenz orientieren: Ist der Käse sehr weich, das heißt wasserhaltig, sollte er sofort verzehrt werden; ist er dagegen fest (nicht trocken), können Sie ihn noch einige Tage aufbewahren. Industriell gefertigter Scamorza ist meist länger haltbar als von Hand hergestellter Käse.
Einmal angeschnitten sollte Scamorza möglichst bald verbraucht werden. Man kann ihn sehr gut im Kühlschrank aufbewahren, sollte ihn aber immer in ein Tuch oder in Klarsichtfolie wickeln.

WELCHER WEIN PASST DAZU?

Reichen Sie zu Scamorza einen kräftigen Weißwein wie beispielsweise Martina Franca oder Falerio dei Colli Ascolani.
Zu geräuchertem Scamorza paßt ein trockener, aromatischer Weißwein wie etwa ein Silvaner aus dem Trentino.

DIE BESTEN ADRESSEN

Das Ursprungsgebiet des Scamorza sind die Abruzzen und Molise und die Basilikata. Der Käse wird mittlerweile in ganz Italien vertrieben, wobei einige industriell hergestellte Produkte einen garantierten Qualitätsstandard besitzen. Im Molise wird Scamorza auch heute noch von einigen wenigen Hirten hergestellt, deren Produkte besonders frisch sind. In diesem Zusammenhang sind zwei Adressen: zu empfehlen: Mario Antenucci in Agnone (Isernia) und Marco Santilli in Montenero Valcocchiara (Isernia).

APULIEN

Die Traditionen der Hirten und Fischer

Die Kirche San Nicola in Bari.

Denkt man an Apulien, hat man sofort die kleinen, kirschgroßen Strauchtomaten vor Augen, wie sie dort früher in jeder Küche aufgehängt waren. Doch die Zeit vergeht, und inzwischen sind viele aus den bäuerlichen Regionen in die städtischen Ballungszentren gezogen. Im Hinblick auf das Essen bleibt der Apulier aber immer der Einfachheit und Unverfälschtheit der bäuerlichen Küche verbunden. Eine beliebte Vorspeise etwa sind kleine Strauchtomaten mit möglichst selbstgepreßtem Olivenöl auf »frisedde«, kleinen, in Wasser eingeweichten Brotkringeln.
Von den Hirten stammen auch die unzähligen Focaccia- und Pizzavarianten, die man bei jeder Gelegenheit ißt, am besten schmecken sie jedoch bei einem Ausflug aufs Land im kühlen Schatten eines Olivenbaums. Belegt sind die Pizze mit Mozzarella und Tomaten, mit Zwiebeln, Oliven, Kapern und Sardellen oder auch mit Ricotta und Schinken. Für ein Mittagessen zu Hause oder in einer Trattoria gibt es überall von fleißigen Händen frisch zubereitete Nudeln. Die Zutaten für den Nudelteig sind immer dieselben: ein Teil Hartweizengrieß, ein Teil Weizenmehl, Salz und Wasser. Aus diesen einfachen Zutaten entstehen dann Orecchiette, Cavatieddi, Làgane, die der bekannteren Lasagne ähneln, Lanache, eine Art Tagliatelle, und viele andere Nudelformen. Traditionell werden die Nudeln auch mit den Gemüsen und Kräutern zubereitet, aus denen dann die Sauce gemacht wird, etwa mit Rübenkraut, Blumenkohl und Rucola.
Tomaten, Olivenöl, Nudeln, Gemüse ... das alles hat das ländlich-bäuerliche Apulien zu bieten.
Ein kulinarischer Höhepunkt der Küstengebiete ist Taranto, die Hochburg der Fischküche. Der Grund dafür liegt auf der Hand: Taranto profitiert durch seine Lage in einer Bucht (mar Grande) und einem Lagunenbecken (mar Piccolo) von zwei ausgesprochen fischreichen Gewässern. Den verwöhntesten Gaumen bieten sich hier erstklassige Zahnbrasse, Oktopus und Babytintenfisch, köstlicher Hummer, Tintenfisch oder Goldbrasse, gar nicht zu reden von den Miesmuscheln, die im Lagunenbecken zu geradezu gigantischer Größe heranwachsen. Durch diesen Fischreichtum ist Taranto wohl auch die Stadt mit den besten Fischsuppen aus Meeresfrüchten, Zackenbarsch, Drachenkopf, Meerbarbe, Krebsen und kleinen Tintenfischen. Nach den Gaumenfreuden des Meeres kann man sich im Museo Archeologico Nazionale beim Anblick so bedeutender Exponate wie der Bronzestatue des Zeus gedanklich in die Zeit des antiken Griechenland versetzen lassen. Berühmt für seine Fischsuppen ist auch das zur Provinz Brindisi gehörende Fasano, im August außerdem Schauplatz von Festen mit lokalen

Salat mit Lauch, Zwiebeln und Knollen der Traubenhyazinthen.

Die unverwechselbaren Trulli von Alberobello.

Spezialitäten wie Spaghetti mit Meeresfrüchten, Meerbarben und anderen herrlich duftenden gebackenen Fischen. Wer außerdem noch eine Reise ins Mittelalter machen möchte, muß zurück zur adriatischen Küste. Ausgangspunkt ist Bari mit der Kirche San Nicola, die gegen Ende des 11. Jahrhunderts zur Aufbewahrung der Reliquien des gleichnamigen Heiligen erbaut wurde, und dem Dom. Zuvor sollte man aber noch Alberobello einen Besuch abstatten, einem außergewöhnlichen Dorf mit traditionellen apulischen Bauernhäusern, den »Trulli« , die einen runden Grundriß und ein konisches Dach haben. Wer dort gegen Ende Dezember vorbeikommt, kann das Fest »Natale fra i Trulli« bei Drosseln in Weinsauce, Orecchiette mit Hackfleischsauce und gutem Wein wie dem Rosatello della Selva oder dem Bianco di Coccolicchio mitfeiern. Ist man erst mal in Bari, muß man unbedingt eine Spezialität dieser Stadt probieren: Tiella di riso e cozze. Bei diesem Gericht werden Zwiebeln, Tomaten, Kartoffeln, Reis und Miesmuscheln in eine Pfanne geschichtet und mit reichlich Olivenöl übergossen geschmort.

Das schönste mittelalterliche Schmuckstück Apuliens ist zweifellos Castel del Monte, das allein schon eine Reise in diese Region wert ist. Unweit von Andria steht es in grandioser Alleinlage als achteckige Festung des Stauferkönigs Friedrich II.

Auf dem Rückweg vom Landesinneren zur adriatischen Küste mit einem Abstecher zum Dom von Trani führt die Reise zur Halbinsel von Gargano, einer kleinen Naturoase mit malerischen Dörfern wie Vieste, Peschici oder Rodi Garganico. Dort wird im Mai das Fest der Orangen gefeiert, bei dem neben Orangen auch Mandarinen, Zitronen, Feigen und Johannisbrot angeboten werden. Zum Essen gibt es lokale Spezialitäten aus Milchprodukten sowie Fisch und Meeresfrüchte in allen nur denkbaren Varianten.

Bevor die kulturell-kulinarische Rundreise dann mit den süßen Köstlichkeiten der Region ihren Abschluß findet, sollte man auf jeden Fall noch Lampascioni probieren. Denn obwohl diese wildwachsenden Traubenhyazinthen fast überall in Italien wachsen, findet man deren Knollen als Gemüse vorwiegend in den Küchen Apuliens, wo man es deshalb auch in den unterschiedlichsten schmackhaften Zubereitungen probieren kann, sei es gekocht, gegrillt und süßsauer eingelegt oder aber als Zutat in anderen Gerichten.

Nicht vorbei kommt man in Apulien schließlich an so köstlichen Dolci wie den Carteddate, einem weihnachtlichen schneckenförmigen Gebäck mit Honig, oder den traumhaften Bocconotti aus Blätterteig mit einer Füllung aus Amarenakirschenmarmelade und Creme, dem Osterkranz und allen nur denkbaren Sorten von köstlichen Mandelplätzchen.

Bronzestatue des Zeus (5. Jh. v. Chr.) aus dem Archäologischen Museum in Taranto.

Scalcione

Lauchtarte

Zubereitungszeit
30 Minuten
zuzüglich Ruhezeit

Backzeit
20 Minuten

Schwierigkeitsgrad
einfach

Zutaten für 4 Personen

Für den Teig:
- 20 g Hefe
- 500 g Mehl
- 1 Prise Salz

Für die Füllung:
- 1 Handvoll Rosinen
- 500 g Lauch
- 4 Sardellen, in Salz eingelegt
- 50 g Kapern, in Salz eingelegt
- 100 g schwarze Oliven
- 3 EL Olivenöl extra vergine

Außerdem:
- Öl für die Teigschüssel und die Form

Dazu schmeckt ein leichter Rotwein, z. B.
- San Severo bianco
- Piave Verduzzo

1 Die Hefe in einer kleinen Schüssel zerbröckeln und in 2 Eßlöffeln lauwarmem Wasser auflösen. Das Mehl auf ein Nudelbrett sieben, anhäufeln, in die Mitte eine Mulde drücken und das Salz hineingeben. Etwas lauwarmes Wasser zufügen und alles mit den Händen verkneten. Die aufgelöste Hefe zugießen und solange kneten, bis ein glatter, elastischer Teig entsteht. Den Teig zu einer Kugel formen, an der Oberfläche einmal einschneiden, in eine mit Öl gefettete Schüssel legen und mit einem Tuch bedeckt etwa 60 Minuten gehen lassen, bis sich sein Volumen verdoppelt hat.

2 Die Rosinen in lauwarmem Wasser einweichen. Den Lauch putzen, waschen, abtropfen lassen und in feine Streifen schneiden. Sardellen und Kapern unter fließendem kaltem Wasser waschen und trockentupfen. Die Sardellen entgräten, die Oliven entkernen.

3 Das Öl in einer Pfanne erhitzen und den Lauch darin anbraten. Die Pfanne vom Herd nehmen, die Sardellen mit einer Gabel in der Pfanne zerdrücken, und die Pfanne zurück auf den Herd stellen. Die Kapern und Oliven zugeben und ziehen lassen.

4 Den Backofen auf 220 °C vorheizen. Eine Tarteform von etwa 30 Zentimeter Durchmesser mit Öl ausstreichen. Die Rosinen abtropfen lassen. Etwas mehr als die Hälfte des Teigs hineingeben, mit den Handflächen ausziehen und an Boden und Ränder drücken. Die Füllung gleichmäßig auf dem Teigboden verteilen und die Rosinen darüber geben. Den restlichen Teig zu einer runden Platte ziehen und auf die Füllung legen. Die Teigränder zusammendrücken und die Oberfläche mehrmals einstechen. Die Tarte etwa 20 Minuten backen und noch heiß in der Form servieren.

Orecchiette con le polpette

Orecchiette mit Fleischbällchen

Zubereitungszeit
30 Minuten

Kochzeit
30 Minuten

Schwierigkeitsgrad
mittel

Zutaten für 4 Personen

- 1 Handvoll altbackenes Weißbrot
- Milch
- 1 Handvoll Petersilienblätter
- 1 Knoblauchzehe
- 300 g gemischtes Hackfleisch aus Kalb und Schwein
- 1 Ei
- geriebener Pecorino
- Olivenöl extra vergine
- 1/2 Zwiebel
- Salz, Pfeffer
- 1/2 Glas trockener Weißwein
- 400 g Tomatenpüree
- 350 g Orecchiette
- reichlich Basilikum

Dazu schmeckt ein leichter Rotwein, z. B.

- Rosso di Cerignola
- Sangiovese di Romagna

1 Das Brot in Milch einweichen, ausdrücken und zerpflücken. Die Petersilie waschen und trockentupfen. Den Knoblauch abziehen und mit der Petersilie kleinhacken. Beides in einer Schüssel mit Hackfleisch, Ei, 3 Eßlöffeln Pecorino und dem Brot zuerst mit einer Gabel vermischen, dann mit den Händen verkneten und nußgroße Bällchen daraus formen.

2 In einer Pfanne 8 Eßlöffel Olivenöl erhitzen und die Fleischbällchen darin gleichmäßig braten, salzen und pfeffern. Die Zwiebel abziehen, in Scheiben schneiden und mit den Bällchen anbraten. Den Wein zugießen, bei starker Hitze einkochen lassen und die Tomaten zugeben. Die Sauce bei mittlerer Hitze etwa 20 Minuten kochen, salzen und pfeffern.

3 Die Orecchiette in Salzwasser bißfest kochen, abgießen und abtropfen lassen. Das Basilikum waschen, trockentupfen, grob hacken und zur Sauce geben. Nudeln und Sauce gut vermischen und vor dem Servieren mit geriebenem Pecorino bestreuen.

In der Gegend um Murge serviert man dieses Gericht mit jungem, rohem Stangensellerie.

Tiella di riso e cozze

Reisauflauf mit Miesmuscheln

Zubereitungszeit
40 Minuten

Kochzeit
35 Minuten

Schwierigkeitsgrad
mittel

Zutaten für 4 Personen
- 600 g Miesmuscheln
- 200 g Zwiebeln
- 2 Knoblauchzehen
- 1 Handvoll Petersilienblätter
- 500 g festkochende Kartoffeln
- 500 g geschälte Cocktailtomaten
- Salz
- Olivenöl extra vergine
- geriebener Pecorino
- 200 g Reis
- Pfeffer

Dazu schmeckt ein weicher, aromatischer Weißwein, z. B.
- Lizzano bianco
- Tocai italico di Lison Pramaggiore

1 Die Muscheln entbarten, unter kaltem Wasser abbürsten und mit einem kurzen Messer über einer Schüssel öffnen, die Flüssigkeit dabei auffangen und durch ein Sieb gießen. Die Zwiebeln abziehen und hauchdünn schneiden. Den Knoblauch abziehen und ohne den grünen Sproß kleinhacken. Die Petersilie waschen, trocknen und fein hacken. Die Kartoffeln schälen, waschen und in dünne Scheiben schneiden.

2 Den Backofen auf 200 °C vorheizen. In eine tönerne Auflaufform eine Schicht Tomaten füllen, darüber Zwiebeln geben, mit Petersilie bestreuen, salzen und mit Öl beträufeln. Eine Schicht Kartoffeln und Tomaten einfüllen. Die Muschelhälften darauf setzen, Pecorino, Petersilie, Knoblauch und den Reis darüber streuen, mit Kartoffeln bedecken und Petersilie, Knoblauch und Muschelwasser darüber verteilen. Salzen, pfeffern, mit etwas Öl beträufeln, 1 Schöpflöffel Wasser zugeben und alles 35 Minuten im Ofen garen.

Zum Öffnen der Muscheln ein vierfach gefaltetes Geschirrtuch in die Hand legen und die Muschel damit festhalten. Das Messer zwischen die Schalen schieben und entlang des Rands anheben.

Zuppa ai frutti di mare

Suppe mit Meeresfrüchten

Zubereitungszeit
30 Minuten

Kochzeit
15 Minuten

Schwierigkeitsgrad
einfach

Zutaten für 4 Personen
- 800 g Miesmuscheln
- 1 kg Venusmuscheln, Herzmuscheln und küchenfertige Pfahlmuscheln, gemischt
- 1 Zwiebel
- 1 Knoblauchzehe
- 1 Handvoll Basilikumblätter
- 1 Handvoll Petersilienblätter
- 120 ml Olivenöl extra vergine
- 350 g frisches Tomatenpüree
- Salz, Pfeffer
- geröstete Weißbrotscheiben (ital. Weißbrot)

Dazu schmeckt ein trockener Weißwein, z. B.
- Martina Franca
- Cinque Terre

1 Die Miesmuscheln entbarten. Die Schalen unter kaltem Wasser mit einem Messer abschaben und mit den anderen Meeresfrüchten gründlich waschen. Zwiebel und Knoblauch abziehen und beides in hauchdünne Scheiben schneiden. Basilikum und Petersilie waschen, trocknen und getrennt fein hacken.

2 In einer Pfanne Zwiebel und Knoblauch im Öl anbraten. Tomaten, Basilikum, 1 Prise Salz und Pfeffer zugeben, aufkochen und etwas einkochen lassen. Alle Muscheln zufügen und bei starker Hitze zugedeckt kochen, bis sie sich öffnen. Die Petersilie zugeben. Die Suppe kräftig umrühren, einige Minuten ziehen lassen und zu geröstetem Weißbrot servieren.

Diese Suppe läßt sich noch mit Krabben oder Scampi verfeinern, die nach der Zugabe der Tomatenstücke einfach mitgekocht werden.

Caponata estiva

Sommerlicher Gemüseeintopf

Zubereitungszeit
40 Minuten

Kochzeit
45 Minuten

Schwierigkeitsgrad
einfach

Zutaten für 6 Personen
- 400 g Auberginen
- 350 g Paprikaschoten
- 300 g Zucchini
- 150 g grüne Bohnen
- Basilikumblätter
- Salz
- 350 g festkochende Kartoffeln
- 2 mittelgroße Zwiebeln
- 2 Knoblauchzehen
- 7 EL Olivenöl extra vergine
- 400 g pürierte Tomaten (aus der Dose)
- Pfeffer
- Öl zum Fritieren
- Mehl zum Wenden

Dazu schmeckt ein leichter Rotwein, z. B.
- San Severo rosso
- Rosso del Vesuvio

1 Sämtliches Gemüse und das Basilikum waschen. Von Auberginen und Zucchini die Stielansätze entfernen. Die Auberginen in Scheiben schneiden, in ein Sieb legen und salzen. Von den Paprikaschoten Stiel, Kerne und Trennwände entfernen und das Fruchtfleisch würfeln. Die Bohnen abfädeln und zerkleinern. Die Kartoffeln waschen, schälen und mit den Zucchini in dünne Scheiben schneiden. Zwiebeln und Knoblauch abziehen und beides hauchdünn schneiden.

2 Zwiebeln und Knoblauch im Öl glasig dünsten. Paprika und Bohnen zufügen und bei mittlerer Hitze dünsten. Kartoffeln und Zucchini zugeben und alles 15 Minuten unter Rühren schmoren. Das Tomatenpüree zufügen, alles salzen und pfeffern und etwa 30 Minuten köcheln lassen, dabei eventuell ab und zu etwas kochendes Wasser zugießen. Das Fritieröl auf 175 °C erhitzen. Die Basilikumblätter zerpflücken.

3 Die Auberginenscheiben waschen, trockentupfen, in Mehl wenden und im heißem Öl fritieren. Die Auberginen abtropfen lassen und mit dem Basilikum zum übrigen Gemüse geben. Alles kräftig umrühren, mit Salz und Pfeffer abschmecken.

Scarcedda

Osterkranz

Zubereitungszeit
30 Minuten

Backzeit
30 Minuten

Schwierigkeitsgrad
mittel

Zutaten für 6–8 Personen

- 500 g Mehl
- 1 Prise Salz
- 1/2 Päckchen Backpulver
- 100 g Zucker
- 100 ml Olivenöl
- 2 Eigelbe
- 2 Eier
- Öl für das Backblech

Dazu schmeckt ein leichter Dessertwein, z. B.

- Moscato di Trani
- Moscato dell'Oltrepò pavese

1 Den Backofen auf 200 °C vorheizen und ein Backblech mit Öl bestreichen. Das Mehl sieben und mit Salz, Backpulver und Zucker vermischen. Die Mehlmischung anhäufeln und in die Mitte eine Mulde drücken. Eigelbe und das Olivenöl hineingeben und alles kräftig zu einem glatten Teig verkneten.

2 Ein kleines Stück Teig abnehmen und beiseite legen. Den restlichen Teig in drei gleichgroße Stücke teilen. Die Teigstücke zu Strängen formen und die Stränge zu einem Zopf flechten. Den Zopf zu einem Kranz formen und die Enden leicht zusammendrücken.

3 Ein Ei vorsichtig waschen, abtrocknen und auf die Nahtstelle des Zopfs legen. Aus dem beiseite gelegten Teig 2 Streifen formen, diese überkreuz auf das Ei legen und am Kranz befestigen.

4 Das restliche Ei gut verquirlen und den Teigkranz gleichmäßig damit bestreichen. Den Kranz auf das Backblech legen und im Ofen in etwa 30 Minuten goldgelb backen. Den Osterkranz auf einem Kuchengitter auskühlen lassen und servieren.

Die Scarcedda ist ein traditionelles Gebäck zur Osterzeit. Je nach Größe kann der Kranz auch mit mehreren rohen Eiern belegt werden, es muß aber immer eine ungerade Anzahl sein!

APULIEN

SPEZIALITÄTEN

Antipasti
Impepata di cozze
Peperonata
Scamorza al forno

Primi
Capunti
Cavatelli con senapelli
Ciceri e tria
Fricelli
Orecchiette con le cime di rapa
Purea di fave con cicoria
Sagna penta
Spaghetti ai frutti di mare
Tiella di riso e cozze

Secondi
Cazzmarr
Cozze arraganate
Gnumeredde
Paranzella
Pecora in pignata
Tordi al vincotto
Turcinieddi alla brace
Zuppa di pesce

Desserts
Bocconotti
Carteddate
Quaresimali
Scarcedda
Sporcamuss
Taralli glassati

TYPISCHE RESTAURANTS

Antichi Sapori
Piazza Sant'Isidoro 9, Andria
Tel. 0883/569529, Montag Ruhetag

Taverna Verde
Largo Adua 19, Bari
Tel. 080/5540870, Sonntag Ruhetag

Terranima
Via Putignani 213-215, Bari
Tel. 080/5219725, Sonntag Ruhetag

Pantagruele
Via Salita di Pipalta 1-3, Brindisi
Tel. 0831/560605, Sonntagabend und Montag geschlossen

Già sotto l'Arco
Corso Vittorio Emanuele 71, Carovigno
Tel. 0831/996286, Montag Ruhetag

Fontanina
Strada Provinciale per Alberobello, Castellana Grotte
Tel. 080/406810, Montag Ruhetag

Cibus
Via Chianche di Scarano 7
Ceglie Messapica
Tel. 0831/388980, Dienstag Ruhetag

Mulino
Via Castel del Monte 135, Corato
Tel. 080/8723925, Montag Ruhetag

Antica Locanda
Via Spirito Santo 49, Noci
Tel. 080/4972460, Sonntagabend und Dienstag geschlossen

Da Pompeo (früher Giordano)
Vico al Piano 14, Foggia
Tel. 0881/724640, Sonntag Ruhetag

Osteria di Salvatore Cucco
Piazza Pellicciari 4, Gravina in Puglia
Tel. 080/3261872, Sonntagabend und Montag geschlossen

Centro Storico
Via Eroi de Dogali 6, Locorotondo
Tel. 080/9315473, Mittwoch Ruhetag

Il Baracchio
Corso Roma 38, Manfredonia
Tel. 0884/583874, Donnerstag Ruhetag

Ritrovo degli Amici
Corso Messapia 8, Martina Franca
Tel. 080/4839249, Sonntagabend und Montag geschlossen

Van Westerhout
Via De Amicis 3-5, Mola di Bari
Tel. 080/47466989, Dienstag Ruhetag

Zeppole (apulisches Gebäck)

Coppola Rossa
Via dei Celestini 13, Manfredonia
Tel. 0884/582522, Sonntagabend und Montag geschlossen

Bistrot
Corso Dante 33, Molfetta
Tel. 080/3975812, Mittwoch Ruhetag

Capriccio
Via della Libertà 71, Cisternino
Tel. 080/9542553, Mittwoch Ruhetag

Peppe Zullo
Via Piano del Paradiso, Orsara di Puglia
Tel. 0881/964763

Osteria del Tempo Perso
Via Tanzarella 47, Ostuni
Tel. 0831/303320, Montag Ruhetag

Cantinone
Via San Lorenzo 1, Putignano
Tel. 080/4913378, Mittwoch Ruhetag

Ristor
Via Alberto Mario 38, Ruvo di Puglia
Tel. 080/813736, Montag Ruhetag

Bruna
Via Risorgimento 8, San Donato di Lecce
Tel. 0832/658207, Montag Ruhetag

Federiciano da Miki
Via Chiesa Madre 10, Vico del Gargano
Tel. 0884/994879, Mittwoch Ruhetag

Miesmuscheln in Knoblauch und Öl

WEINE

Weißweine

Castel del Monte, Gioia del Colle
Gravina, Leverano, Lizzano
Locorotondo, Martina, Franca
Ostuni, San Severo

Rotweine

Alezio, Brindisi
Cacc'e Mitte, Castel del Monte
Copertino, Gioia del Colle
Leverano, Lizzano
Malvasia Nera, Matino
Nardò, Orta Nova Ottavianello di
Ostuni, Primitivo di Gioia del Colle
Primitivo di Manduria
Rosso Barletta, Rosso Canosa
Rosso di Cerignola, Salice Salentino
San Severo, Squinzano

Dessertweine

Aleatico di Gioia del Colle
Aleatico di Puglia
Moscato di Trani
Primitivo di Manduria liquoroso

KÄSE

Burrata, Caciocavallo, Cacioricotta
Caciotta, Canestrato, Giumeata
Marzotica, Mozzarella
Pecorino, Primosale
Provolone, Ricotta
Schianta, Scamorza

EINKAUFSMÖGLICHKEITEN FÜR TYPISCHE REGIONALE PRODUKTE

Weine

La Stalla del Nonno
Via XXIV Maggio 26-28
Palo del Colle (Bari)

Maiellaro
Piazza Garibaldi 50,
Polignano a Mare

Wurst

Michele Trivisano
Via Castagneto 28,
Orsara (Foggia)

Salumificio Martino
Via Paolotti 8,
Martina Franca (Taranto)

Käse

Caseificio Notarnicola
Via Cielo Alto,
Alberobello

Cooperativa Caseificio Pugliese
Statale 98,
Corato (Bari)

Masi
Corso Mazzini 195,
Ostuni (Brindisi)

Olive

Oliven – italienisch olive – sind die Früchte des Olivenbaums, einer uralten Pflanze, die ursprünglich aus Asien stammt, heute aber längst im gesamten Mittelmeerraum verbreitet ist. Eßbare Oliven werden, je nach Reifegrad, grün oder schwarz geerntet und unterschiedlich zubereitet und konserviert.

Italien ist geradezu prädestiniert für den Anbau von Oliven, und bis auf einige Bergregionen werden in allen Teilen Italiens auf mehr oder weniger großen Flächen Millionen von Olivenbäumen kultiviert. Das Anbaugebiet reicht vom 30. bis zum 40. Breitengrad – von Nordafrika bis zur Poebene – und entspricht dem gesamten Mittelmeerraum. Sogar in einigen etwas nördlicher gelegenen Gebieten, etwa an den Ufern des Gardasees, können wegen des ausgesprochen milden Klimas Olivenbäume angepflanzt werden. Damit sie gedeihen, darf die Temperatur während der Wintermonate zwischen Dezember und Februar trotz der Vegetationspause höchstens einmal für einige wenige Stunden bis auf unter –7 °C absinken.
Bei günstigen klimatischen Verhältnissen werden Olivenbäume hunderte von Jahre alt, wobei sich fruchtbare mit weniger ertragreichen Jahren abwechseln.

DIE VERSCHIEDENEN SORTEN

In Italien werden viele verschiedene Olivensorten kultiviert, die man in eßbare Sorten und Sorten zur Ölgewinnung unterteilt. Die noch unreif, gegen Ende des Sommers geernteten Oliven sind grün mit festem Fruchtfleisch. In reifem Zustand, während des Winters, färben sie sich allerdings dunkelviolett bis schwarz und werden weicher. In beiden Fällen kann man sie jedoch nicht so essen, weil sie ohne entsprechende Vorbehandlung ausgesprochen bitter schmecken.
Die als nahrhafte Energiequelle überaus geschätzten Oliven werden wie seit tausenden von Jahren durch unterschiedliche Methoden haltbar gemacht.
Während der römischen Antike wurden die Früchte in eine Mischung aus Wasser und Asche gelegt, heute werden sie dagegen mit Ätznatron und Kalk vorbehandelt und dann sorgfältig gewaschen (siehe nebenstehender Kasten).

EINKAUFSTIPS

Beim Kauf von Oliven hat man die Qual der Wahl zwischen zahlreichen unterschiedlich eingelegten grünen und schwarzen Oliven, die teils noch mit Kräutern und Knoblauch aromatisiert sind.

So werden *grüne Oliven*

- mit Kalk und Ätznatron behandelt und schmecken dadurch fast süß.
- in Wasser eingeweicht und dann in Salzlake eingelegt. Diese relativ hellen Oliven findet man hauptsächlich in Mittelitalien.
- in eine stark salzhaltige Lake gelegt, dann gewässert und schließlich in eine milde Salzlake eingelegt. Bei dieser Behandlung werden die Oliven so hell, daß man sie in Italien als »weiße« Oliven bezeichnet.
- zuerst in Salzlake eingelegt, dann leicht zerdrückt und schließlich zusammen mit Kräutern, Knoblauch oder Peperoncino eingelegt.

Schwarze Oliven werden

- in Wasser, Salz, dann wieder in Wasser und schließlich in Salzlake eingelegt. Sie haben eine violette Färbung und einen angenehm bitteren Geschmack.
- in Wasser eingeweicht und anschließend an der Luft oder im Backofen getrocknet. Sie sind schwarz und verschrumpelt.
- mit Natron und Kalk behandelt und dann in Salzlake eingelegt. Sie sind groß und schwarz.
- mit Kalk und Natron behandelt oder in Salzlake eingelegt und dann zusammen mit Kräutern oder anderen Aromen wie Orangenschalen in Öl eingelegt. Auch diese aromatisierten Oliven sind meist schwarz.

KULINARISCHE EMPFEHLUNGEN

Egal ob grün oder schwarz – Oliven sind eine große geschmackliche Bereicherung vieler Gerichte wie Patés, Mousses, Nudelsaucen und Salate.

- Oliven im Backofen trocknen (sie bekommen dadurch die typisch schrumpelige Haut) und etwas getrockneten, zerbröselten Peperoncino darüberstreuen. Als Vorspeise zu geröstetem italienischem Weißbrot servieren.

- Violettschwarze Oliven entkernen und zusammen mit wildem Fenchelkraut oder anderen Kräutern durch den Fleischwolf drehen oder im Mixer pürieren. Das Paté zu geröstetem Brot servieren.

- In einer kleinen Pfanne einige Eßlöffel dieser Paté bei geringer Hitze zusammen mit reichlich Sahne aufkochen und als Sauce zu Tagliolini servieren.

- Aus grünen oder schwarzen entkernten und halbierten Oliven, in hauchdünne Scheiben geschnittener roter Zwiebel (zuvor in kaltem Wasser einweichen, damit sie nicht so scharf ist), frischen Tomaten, rohem Stangensellerie und gewürfeltem, in Salzlake eingelegtem Käse (gut schmeckt etwa ein griechischer Feta-Käse) einen Salat zubereiten.

- In Öl eingelegten Thunfisch und zerlassene Butter gründlich mit dem Schneebesen vermischen und zu dieser Creme entkernte und längs in Streifen geschnittene grüne Oliven geben. Zu geröstetem Brot oder als Sauce zu Linguine oder anderen langen Nudeln servieren.

LAGERUNG

Offene Oliven sollte man im eigenen Saft in einen gut verschließbaren Behälter umfüllen und im Kühlschrank aufbewahren. Auf diese Weise bleiben sie wochenlang frisch. Wichtig ist, von Zeit zu Zeit nachzusehen, ob sie eventuell verschrumpelt sind oder ob sich Schimmel bildet. Dasselbe gilt für abgepackte Oliven, die nach dem Öffnen ebenfalls im Kühlschrank aufbewahrt werden müssen.

SERVIERVORSCHLAG

Oliven schmecken zu Käsewürfeln, eingelegten Paprikaschoten, Sardellen, Kapern, in Öl eingelegtem Thunfisch und eingelegtem Gemüse. Dazu serviert man am besten Ciabatta oder Baguette.

WELCHER WEIN PASST DAZU?

Zu Oliven paßt ein am besten ein weicher Wein wie Orvieto oder Vermentino ligure.

DIE BESTEN ADRESSEN

Gute Oliven werden in Italien auf den meisten Märkten angeboten. Darüber hinaus kann man in den italienischen Ölmühlen oft verschiedenartig vorbehandelte Oliven probieren. In Apulien findet man entlang der Landstraße zwischen Brindisi und Ostuni unzählige Bauernhöfe, die typische lokale Spezialitäten herstellen. So bietet etwa die Masseria Asciano in Ostuni, Ortsteil Lardagnano Nuovo, drei verschiedene Olivenöle an sowie auf unterschiedlichste Arten vorbehandelte Oliven. Auch das Gebiet um Foccia ist berühmt für seine Oliven, die den großen, grünen griechischen Oliven ähneln.

KAMPANIEN

Die Kunst der Pasta und Pizza

Blick auf Atrani an der Küste von Amalfi (rechts).

Wollte man die kampanische Küche durch ein Gemälde darstellen, wäre das zweifelsohne eine bunte, strahlende Landschaft mit unbekümmerten, vergnügten Menschen – und dennoch würde dies nicht ausreichen, um all ihre Merkmale wiederzugeben, denn es fehlten der erfrischende Duft des Meeres, die Rufe der Frauen beim Kochen, die Wärme der Menschen, die ihre Küchengeheimnisse nicht verstecken und durch ihre köstlichen Gerichte dem Leben eine zusätzliche Prise Freude verleihen.

In Neapel entstand einst die Pizza, heute *das* italienische Gericht schlechthin, und in Kampanien pflegt man die Kunst, sie in den vielfältigsten Formen zuzubereiten. Verfeinert werden sie alle auf einfache, aber delikate Weise: mit einer würzigen Tomatensauce.

Meeresfrüchte-Spießchen.

Die Wiege einer Vielzahl von typisch italienischen Gerichten stand gerade in dieser Region – warum sollte man sie also nicht auch hier probieren? Nur so kann man sicher sein, daß es sich bei den Tomaten um die richtigen handelt, die unter der

Sonne von San Marzano gereift sind, daß wirklich der wohlschmeckende Büffelmozzarella aus Battipaglia verwendet und daß der Teig sorgfältig und geduldig von Hand zubereitet wurde.

Wer sich in Sachen Pizza auskennt und zudem der Meinung ist, die Gastronomie sei auch eine Form der Kultur, kommt nicht umhin, Neapel zu besuchen und in der Antica Pizzeria della regina d'Italia Brandi einzukehren. Denn hier entstand die berühmte Pizza Margherita, deren Name auf Margherita von Savoyen zurückgeht, die von 1878 bis 1900 italienische Königin war.

Wer das lebhafte, manchmal auch etwas chaotische Treiben in Neapel vermeiden möchte und ein ruhigeres Reiseziel ins Auge faßt, könnte im Juni nach Positano an der Küste von Amalfi fahren und an der Sagra della Pizza teilnehmen. Von dort kann man die Reise auf der in den Fels geschlagenen Straße hoch über dem Meer fortsetzen, die Atrani und Ravello miteinander verbindet – die beiden berühmten Ortsteile von Amalfi.

Hier sollte man feine Fischgerichte probieren, z. B. gebratene Meerbarben und Tintenfische, Miesmuscheln und Sardellen (Alici a scapece), die zuerst fritiert und dann in Essig, Knoblauch, Schalotten und Lorbeer eingelegt werden, Oktopussalat, sowie Seebarsch und Langusten. Den Abschluß eines reichhaltigen Mahls bilden dann die sogenannten Babà, kleine Kuchen, die in Zitronenlikör eingelegt sind. Vom Golf von Salerno geht es weiter zur Bucht von Neapel und dann mit der Fähre auf die beliebte Insel Ischia, die aufgrund ihrer vulkanischen Herkunft eng mit dem Vesuv verwandt ist. In den zahlreichen Restaurants der Insel, die romantisch in kleinen Buchten liegen, gibt es unzählige regionale Spezialitäten: Pasta e fagioli all'ischitana, ein Bohnen-Nudel-Eintopf mit drei oder vier verschiedenen Nudelsorten (Spaghetti, Tripolini, Bucatini und Linguine), Spaghetti alla puttanesca (Spaghetti mit Tomaten, schwarzen Oliven, Sardellenfilets, Kapern, Knoblauch und Peperoncino) oder Spaghetti alle cozze (Spaghetti mit Miesmuscheln). Wer indes Fleisch bevorzugt, könnte Kaninchen nach Inselart mit Tomaten, Basilikum und Rosmarin oder Pollo alla diavola probieren, ein in regionalem trockenem Weißwein gekochtes Hähnchen. Auf der Rückfahrt nach Neapel lohnen die archäologischen Grabungsstätten von Pompeji und Herkulaneum einen Besuch. Danach überrascht ein weiteres vorzügliches Gericht: Sartù, ein Reisauflauf mit Pilzen, Erbsen, Salsiccia, Frikadellen,

Neapolitanische Krippe.

Mozzarella und Parmesan. Als Alternative hierzu bieten sich die einfacheren Strangolapreti alla napoletana an, eine aus Mehl, Grieß und gekochten Kartoffeln hergestellte Maccheroniart, die mit einer Fleischsauce (Rind- oder Schweinefleisch) gereicht wird.
Neben den einzigartigen Kunstschätzen erlangte auch das neapolitanische Kunsthandwerk Weltruhm. In einem eigenen Museum kann man geschnitzte Krippen und Keramiken bewundern, die einst die schönsten Kreuzgänge des 18. Jahrhunderts schmückten. Einige Wochen vor Weihnachten können die Besucher in der Via San Gregario Armeno solche Krippen kaufen oder den Kreuzgang der Kirche Santa Chiara besuchen, der mit gelber, grüner und blauer Maiolikakeramik geschmückt ist und einen kleinen Garten umschließt. Vor dem Abschied von dieser Region sollte man unbedingt noch einige der typischen Süßigkeiten probieren, die hier hergestellt werden. Dazu zählen vor allem die Pastiera, eine meisterliche Torte mit einer Füllung aus Ricotta und kandierten Früchten, die traditionell an Ostern gebacken wird, dann aber auch Struffoli, mit Orangen und Zitronen verfeinertes und mit Honig bestrichenes Eiergebäck, mit Ricotta gefüllte Sfogliatelle oder Zeppole di San Giuseppe und einiges andere mehr.

Pastiera napoletana, die typische Ostertorte.

Pizza Margherita

Pizza Margherita

Zubereitungszeit
20 Minuten

Backzeit
20 Minuten

Schwierigkeitsgrad
einfach

Zutaten für 4 Personen

- 400 g Hefeteig (Seite 176)
- 300 g geschälte Tomaten (aus der Dose)
- Salz
- ca. 200 g Mozzarella
- einige Basilikumblätter
- Olivenöl extra vergine
- 1 EL geriebener Parmesan oder Pecorino

Dazu schmeckt ein trockener Weißwein, z. B.

- Ischia bianco
- Trebbiano di Romagna

1 Den Backofen auf 230 °C vorheizen. Ein rundes Backblech von 28 Zentimetern Durchmesser mit Öl bestreichen. Den vorbereiteten Hefeteig noch einmal kurz durchkneten, zu einer Kugel formen und in die Mitte des Blechs legen. Den Teig mit den Handballen und Fingerspitzen solange ausziehen bis er das Blech vollständig ausfüllt. Die Ränder leicht nach oben biegen.

2 Die Tomaten mit Saft darauf verteilen, mit der Gabel zerdrücken und leicht salzen. Den Mozzarella abgießen, abtropfen lassen und in dünne Scheiben schneiden. Die Basilikumblätter waschen, trockentupfen, mit den Fingern zerzupfen und darauf verteilen. Alles mit einigen Eßlöffeln Öl beträufeln und mit geriebenem Parmesan bestreuen. Die Pizza etwa 20 Minuten backen und sofort servieren.

Zu Ehren der Königin Margherita von Savoyen kreierte der Pizzabäcker Raffaele Esposito 1889 anläßlich ihres Besuchs in Neapel die gleichnamige Pizza.

Vermicellini con alici fresche

Nudeln mit frischen Sardellen

Zubereitungszeit
20 Minuten

Kochzeit
20 Minuten

Schwierigkeitsgrad
mittel

Zutaten für 4 Personen
- 400 g frische Sardellen
- 1 kleine Handvoll Petersilienblätter
- 2 Knoblauchzehen
- 6 EL Olivenöl extra vergine
- 300 g geschälte Tomaten (aus der Dose)
- Salz, Pfeffer
- 2 gehäufte EL Semmelbrösel
- 350 g Vermicellini (dünne Spaghetti)

Dazu schmeckt ein trockener Weißwein, z. B.
- Capri bianco
- Vermentino di Gallura

1 Kopf, Gräten und Schwanzflosse von den Sardellen entfernen. Die Sardellen unter fließendem Wasser spülen und mit Küchenpapier trockentupfen. Die Petersilie waschen, trockenschwenken und kleinhacken. Den Knoblauch abziehen und fein schneiden.

2 5 Eßlöffel Öl in einer großen Pfanne erhitzen, den Knoblauch kurz darin anbräunen und herausnehmen. Die Sardellen in die Pfanne legen und etwas ziehen lassen. Die Tomaten zugeben, nach Belieben salzen und pfeffern, alles durchmischen und bei stärkerer Hitze etwa 10 Minuten kochen bis die Sardellen in größere Stücke zerfallen.

3 In einer Pfanne das restliche Olivenöl erhitzen. Die Semmelbrösel darin unter Rühren anrösten und mit der Petersilie unter die Sauce mischen. In der Zwischenzeit die Nudeln in reichlich Salzwasser *al dente* kochen, abgießen und abtropfen lassen. Die Sauce mit den Nudeln vermischen und sofort servieren.

Calamari ripieni alla campana

Gefüllte Tintenfische

Zubereitungszeit
40 Minuten

Kochzeit
70 Minuten

Schwierigkeitsgrad
einfach

Zutaten für 4 Personen

- 30 g Sultaninen
- 1 Stange Sellerie
- 1 Bund Basilikum
- 1 Stück Chilischote
- 1 Handvoll Petersilienblätter
- 1 kleine Knoblauchzehe
- Olivenöl extra vergine
- 500 g geschälte Tomaten (aus der Dose)
- 30 g Pinienkerne
- 1 Ei
- Salz
- 4 Tintenfische à 250 g
- 2 EL Semmelbrösel
- 2 EL geriebener Caciocavallokäse
- 2–3 EL Zitronensaft
- 100 g schwarze Oliven
- 1/2 Glas trockener Weißwein

Dazu schmeckt ein trockener Weißwein, z. B.

- Bianco del Vesuvio
- Bianco dei Colli maceratesi

1 Die Sultaninen in lauwarmem Wasser einweichen. Stangensellerie, Basilikum, Chilischote und Petersilie waschen und trocknen. Den Knoblauch abziehen, den grünen Sproß entfernen, zusammen mit Sellerie und Basilikum feinhacken und in 3 Eßlöffel Öl anbraten. Die Tomaten zugeben, zerkleinern und alles etwa 30 Minuten bei geringer Hitze kochen.

2 Inzwischen die Petersilie kleinhacken. Die Pinienkerne grob zerkleinern und die Sultaninen abgießen. Das Ei mit 1 Prise Salz verrühren. Die Tintenfische häuten. Die Köpfe mit den Fangarmen abtrennen, Augen und Mundwerkzeuge entfernen und die Knorpel herausziehen. Die Tintenfische waschen und trocknen. Köpfe und Fangarme kleinschneiden, in 1 Eßlöffel Öl anbraten und zusammen mit Semmelbröseln, Caciocavallo, Sultaninen, Pinienkernen, dem Zitronensaft und dem verrührten Ei vermischen. Mit dieser Masse die Tintenfischkörper zu 2/3 füllen und die Öffnung mit Küchengarn zunähen.

3 Die Tintenfische mit einer Nadel anstechen und zusammen mit der Chilischote, den Oliven und dem Wein zur Sauce geben. Alles salzen, aufkochen und auf kleiner Flamme etwa 40 Minuten garen, dabei die Tintenfische mehrmals vorsichtig wenden. Alles auf einer Servierplatte anrichten oder auf Tellern portionieren und servieren.

Polpettone al pomodoro

Hackbraten mit Tomatensauce

Zubereitungszeit
30 Minuten

Kochzeit
60 Minuten

Schwierigkeitsgrad
mittel

Zutaten für 6 Personen

- 250 g Weißbrotscheiben (nicht zu trocken)
- 1 große Handvoll Petersilienblätter
- 1 Knoblauchzehe (nach Belieben)
- 50 g Provolone
- 500 g Rinderhack
- 100 g geriebener Parmesan
- 2 rohe Eier
- Salz, Pfeffer
- 100 g roher Schinken
- 2 weichgekochte Eier
- Mehl für das Backpapier

Für die Sauce:

- 1 Knoblauchzehe
- einige Basilikumblätter
- 5 EL Olivenöl extra vergine
- 500 g Tomatenpüree (aus der Dose)
- Salz, Pfeffer

Dazu schmeckt ein kräftiger, vollmundiger Rotwein, z. B.

- Taurasi
- Barbaresco

1 Das Brot in kaltem Wasser einweichen und gut ausdrücken. Die Petersilie waschen, trockentupfen und kleinhacken, den Knoblauch abziehen, den grünen Sproß entfernen und die Knoblauchzehe fein zerdrücken. Den Provolonekäse in dünne Streifen schneiden.

2 In einer Schüssel das Hackfleisch, das ausgedrückte Brot, den Parmesan, die rohen Eier, die Petersilie, den Knoblauch und Salz und Pfeffer vermischen. Alles zuerst mit einer Gabel, dann mit den Händen gründlich durchkneten, bis die Masse gut gebunden ist.

3 Einen Bogen Backpapier oder Alufolie auf der Arbeitsfläche auslegen und leicht mit Mehl bestreuen. Den Hackfleischteig darauf legen und mit den Händen zu einem Rechteck von etwa 1,5 Zentimeter Dicke formen. Die Schinkenscheiben und die gekochten, geschälten Eier darauf legen. Das Backpapier an einer Seite anheben und so den Fleischteig vorsichtig zu einer Rolle formen.

4 In einer Pfanne etwa 1 Finger hoch Öl erhitzen. Die Hackfleischrolle mit Hilfe des Papiers vorsichtig hineingleiten lassen und von allen Seiten anbraten, dabei den Braten mit einem Kochlöffel oder einem Pfannenwender mehrmals drehen. Sobald der Hackbraten außen goldbraun ist, aus der Pfanne nehmen, abtropfen lassen und warm halten.

5 Für die Sauce den Knoblauch abziehen und den grünen Sproß entfernen. Die Basilikumblätter waschen, trockentupfen und grob zerkleinern. Die Knoblauchzehe leicht zerdrücken, in einer Pfanne im Olivenöl anbraten und herausnehmen. Das Tomatenpüree zufügen und zum Kochen bringen. Den Hackbraten hineinlegen, die Basilikumblätter darüber streuen, alles salzen, pfeffern und bei geringer Hitze etwa 45 Minuten garen, dabei mehrmals wenden und immer wieder mit der Tomatensauce übergießen, damit er gleichmäßig gart. Den Braten auf einer vorgewärmten Platte anrichten, mit der Sauce übergießen, in dicke Scheiben schneiden und servieren.

Pomodori con il riso

Tomaten mit Reisfüllung

Zubereitungszeit
30 Minuten
zuzüglich Ruhezeit

Kochzeit
45 Minuten

Schwierigkeitsgrad
einfach

Zutaten für 4 Personen

- 8 Fleischtomaten à 150 g
- 1 Knoblauchzehe
- 1 Handvoll Basilikumblätter
- 150 g Reis
- Olivenöl extra vergine
- 2 gehäufte EL geriebener Parmesan
- Salz, Pfeffer

Dazu schmeckt ein leichter Rotwein, z. B.

- Capri rosso
- Rosso Canosa

1 Die Tomaten waschen, einen Deckel abschneiden und beiseite legen. Die Tomaten mit einem kleinen Löffel vorsichtig aushöhlen, innen salzen und mit der Öffnung nach unten abtropfen lassen. Das Fruchtfleisch durch ein Sieb in eine Schüssel streichen. Den Knoblauch abziehen und den grünen Sproß entfernen. Die Basilikumblätter waschen, trocknen und zusammen mit dem Knoblauch kleinhacken. Beides mit dem Reis, 6 Eßlöffeln Olivenöl, Parmesan, Salz und Pfeffer zum Tomatenfruchtfleisch geben, vermischen und etwa 60 Minuten ruhen lassen.

2 Den Backofen auf 190 °C vorheizen. Eine Auflaufform mit Öl bestreichen, die Tomaten innen mit Küchenpapier trockentupfen und mit der Reismischung füllen. Jeweils 1 Schuß Öl darüber träufeln, den Deckel aufsetzen, die Tomaten in die Backform setzen und etwa 45 Minuten backen. Die Tomaten herausnehmen, 10 Minuten abkühlen lassen und auf einer Platte warm oder zimmerwarm servieren.

Peperoni al gratin

Paprikagratin

Zubereitungszeit
30 Minuten

Kochzeit
20 Minuten

Schwierigkeitsgrad
mittel

Zutaten für 4–6 Personen

- 4 dickfleischige Paprikaschoten
- 1 große Handvoll Petersilienblätter
- 1 Knoblauchzehe
- 30 g kleine Kapern, in Salz eingelegt
- 100 g Oliven
- Olivenöl extra vergine
- Salz
- Semmelbrösel
- Oregano

Dazu schmeckt ein trockener Weißwein, z. B.

- Greco di Tufo
- Frascati

1 Den Backofen auf 240 °C vorheizen und die Paprikaschoten darin weich rösten. Die Schoten herausnehmen und zwischen zwei Lagen Küchenpapier abkühlen lassen. Stielansätze, Kerne und Trennwände entfernen. Die Schoten halbieren, unter fließendem Wasser schälen und trocknen. Die Petersilie waschen und trocknen, den Knoblauch abziehen und ohne den grünen Sproß mit der Petersilie kleinhacken. Die Kapern waschen, die Oliven entkernen und zerkleinern.

2 Eine Auflaufform leicht einölen. Eine Schicht Paprikahälften hineinlegen, leicht salzen, mit Semmelbröseln, Petersilie, Knoblauch, Oregano, Kapern und Oliven bestreuen, mit 1 Schuß Öl beträufeln und so fortfahren, bis alles verbraucht ist. Die Paprika etwa 20 Minuten bei 200 °C im Ofen überbacken.

KAMPANIEN

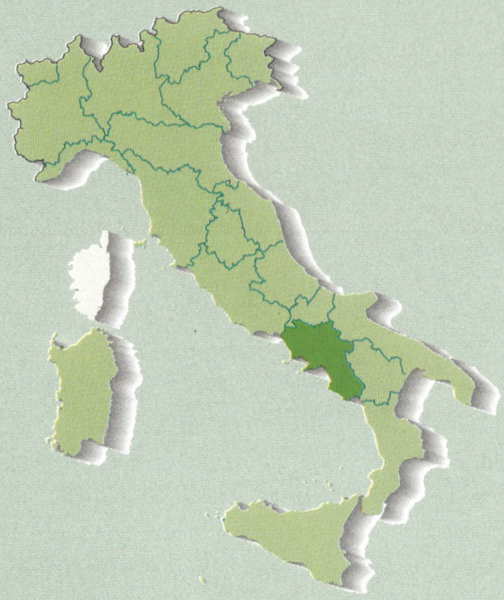

Auberginen à la Positano

SPEZIALITÄTEN

Antipasti
Alici a scapece, Insalata di mare, Pizza

Primi
Minestra maritata, Migliaccio, Pasta e fagioli, Risotto alla pescatora, Sartù di riso, Spaghetti alla puttanesca, Spaghetti alle cozze, Spaghetti alle vongole, Zuppa di cozze, Zuppa di soffritto

Secondi
Agnello con i lampasciuni
Baccalà in cassuola, Coccio all'acquapazza, Pollo alla diavola, Polpo alla luciana, Purpetielli affogati
Salsicce con le pepacelle

Desserts
Babà, Pastiera, Sfogliatelle, Struffoli, Susanielli, Torta caprese, Zeppole di San Giuseppe

TYPISCHE RESTAURANTS

Da Gemma
Via Fra' Gerardo Sasso 9, Amalfi
Tel. 089/871345, Mittwoch Ruhetag

Paranza
Via Dragone 2, Atrani
Tel. 089/871840, Dienstag Ruhetag

Antica Trattoria Martella
Via Chiesa Conservatorio 10, Avellino
Tel. 0825/31117, Sonntagabend und Montag geschlossen

Pergola
Via Nazionale, Capaccio
Tel. 0828/723377, Montag Ruhetag

Hostaria di Bacco
Via G. B. Lamia 9, Furore
Tel. 089/874006+874583, Freitag Ruhetag

Focolare
Via Cretaio 68, Ischia
Tel. 081/980604, Mittwoch Ruhetag

Melograno
Via Mazzella 110, Cava dell'Isola, Ischia
Tel. 081/998450

Peppina
Via Bocca 23, Ischia
Tel. 081/998312, Mittwoch Ruhetag

Trattoria di Pietro
Corso Italia 8, Melito Irpino
Tel. 0825/472010, Mittwoch Ruhetag

Da Sica
Via Bernini 17, Neapel
Tel. 081/5567520, Donnerstag Ruhetag

La Cantina di Triunfo
Riviera di Chiaia 34, Neapel
Tel. 081/668101
Sonntag und an Feiertagen geschlossen

La Chiacchierata
Piazza Matilde Serao 37, Neapel
Tel. 081/411465, Sonntag Ruhetag

Mattonella
Via Nicotera 13, Neapel
Tel. 081/416541
Sonntagabend geschlossen

Donna Rosa
Via Montepertuso 97-99, Positano
Tel. 089/811806

Cucina Flegrea
Via Monteruciello 20, Pozzuoli
Tel. 081/5247481, Montag Ruhetag

WEINE

Weißweine

Aversa Asprinio
Bianco dei Campi Flegrei
Capri
Castel San Lorenzo
Cilento
Falanghina
Falerno del Massico
Fiano d'Avellino
Greco di tufo
Guardia Sanframondi, Ischia
Lacryma Christi
Sant'Agata dei Goti
Solopaca
Vesuvio

Roséweine

Taburno

Rotweine

Aglianico, Capri
Castel San Lorenzo
Cilento
Falerno del Massico Primitivo
Falerno del Massico Rosso Guardia
Sanframondi Ischia
Lacryma Christi del Vesuvio
Per' e Palummo
Piedirosso
Rosso dei Campi Flegrei
Sant'Agata dei Goti
Solopaca
Taburno
Taurasi
Vesuvio

Dessertweine

Falanghina di Sant'Agata dei Goti passito
Moscato di Castel San Lorenzo
Per' e palummo passito

KÄSE

Caciocavallo
Mozzarella di bufala
Cacioricotta
Provola affumicata
Pecorino
Burrino
Cacioforte
Casu peruto
Provolone, Quagliata
Scamorza

EINKAUFSMÖGLICHKEITEN FÜR TYPISCHE REGIONALE PRODUKTE

Weine

Sant'Agata
Contrada Sant'Agata, Centola (Salerno)

Manzoni
Corso Garibaldi 244, Salerno

Wurst

La Tradizione
Seiano, Via R. Bosco 931, Vico Equense (Neapel)

Mario Iacullo
Contrada Anghiglio, Ricogliano (Salerno)

Käse

Caseificio Granese
Piazza Matteotti 4, Montella (Avellino)

Cremeria d'Angelo
Via Galiani 4, Neapel

Caseificio Belfiore
Via Belvedere 35, Agerola (Salerno)

Caseificio Fratelli Beneduce
Via Romani 6, Madonna dell'Arco (Neapel)

Spiedini di mozzarella (Mozzarellaspießchen)

Pasta

Wahrscheinlich sind die Nudeln nicht in Italien, sondern im fernen Osten entstanden. Sicher ist nur, daß die Italiener die besten Zubereitungs- und Verfeinerungsmethoden entwickelt haben. Nudeln sind Italiens Nationalgericht schlechthin, sein gastronomisches Aushängeschild und die Basis der Mittelmeerkost, die man wegen ihrer gesundheitlichen Vorzüge heute in der ganzen Welt nachahmt.

Nudeln werden aus Getreidemehl, Wasser und/oder Eiern hergestellt und zu Spaghetti, Tagliatelle, Rigatoni und vielen anderen Formen verarbeitet. Es gibt zwei grundlegende Nudelarten:

• Nudeln aus Weichweizenmehl und Eiern, meist zu Hause frisch zubereitet (industriell gefertigte Eiernudeln werden aus Hartweizenmehl gemacht).

• Nudeln aus Hartweizenmehl und Wasser. Industriell hergestellte Erzeugnisse kommen in erster Linie getrocknet in den Handel.

DIE URSPRÜNGE

Die Ursprünge der Nudeln sind geschichtlich nicht gesichert, man weiß nur, daß sie sehr alt sind. So wurde eine etruskische Wandmalerei gefunden, auf der angeblich Werkzeuge zu erkennen sind, wie sie für die Herstellung von Nudeln verwendet werden. Dabei handelt es sich jedoch eher um Vermutungen, denn aus römischer Zeit sind keine Hinweise auf dieses Nahrungsmittel überliefert.

In China wurden seit dem 1. Jahrhundert n. Chr. Nudeln hergestellt, und etwa ab dem Jahr 1000 gab es erste Nudelgeschäfte. Bezüglich der italienischen Historie existiert ein Genueser Dokument aus dem Jahr 1200, in dem ein gefüllter Nudelbehälter (»barisella«) beschrieben wird. Dieses Dokument belegt, daß es nicht Marco Polo war, der die ersten Nudeln aus China nach Italien mitbrachte, denn die Reise des tüchtigen Venezianers fand erst einige Jahrzehnte später statt.

Heute glaubt man, daß die Nudeln wie auch der Reis von den Arabern über Sizilien nach Italien eingeführt wurden. Der Ausdruck »maccheroni« hingegen erscheint erstmals in dem erwähnten Genueser Dokument, weshalb man annimmt, daß diese Pastasorte ligurischen Ursprungs ist. Vermutlich entwickelte sich die Verwendung von Nudeln zeitgleich in Sizilien und Ligurien, und zwar unabhängig voneinander und ohne gegenseitige Beeinflussung. Waren diese beiden Regionen die Urahnen, so war seit 1840 bis zum Ausbruch des Ersten Weltkriegs Neapel die Hauptstadt der Nudeln, als sich die Nudelmacher von Amalfi dort niederließen.

EINKAUFSTIP

Da Nudeln in der Regel abgepackt verkauft werden, brauchen Sie nur auf die Unversehrtheit der Verpackung und auf das Verfalldatum zu achten.

Da die beliebten Spaghetti anfangs mit den Händen gegessen wurden, mußten die feinen Adeligen zumindest bei offiziellen Anlässen auf den Verzehr verzichten, denn die Dreizackgabeln mit ihren langen, spitzen Zinken konnten noch nicht verwendet werden, weil die Verletzungsgefahr zu groß war. Erst unter der Herrschaft Ferdinando II. erfand ein Kammerherr namens Gennaro Spadaccini für Seine Majestät (und für die ganze Welt) eine kürzere Gabel mit vier Zinken, die es ermöglichte, die langen Nudeln auch bei offiziellen Banketten zu genießen.

KULINARISCHE EMPFEHLUNGEN

Dieses Buch machte Sie bereits mit einigen regionalen italienischen Nudelsaucen bekannt. Im folgenden stellen wir Ihnen weitere appetitanregende Saucenrezepte vor.

- Gekochte und kalt abgeschreckte Spaghetti mit kalten Saucen verfeinern, etwa mit einer Paprikasauce, mit Tomaten, Öl und Basilikum, mit Kaviar oder anderem Fischrogen wie Bottarga, rohen Meeresfrüchten, blanchierten Sojakeimen und vielem mehr.
- 50 Gramm weiße Bohnen weichkochen und darin große Schwertfischstücke und geschälte Garnelen garen. Mit Butterflocken vermischen und zu Papardelle servieren.
- Reichlich Zwiebeln in Butter dünsten und immer wieder mit etwas Wasser aufgießen. Reichlich geriebenen Käse (Grana, Fontina, Emmentaler oder Bitto) zugeben und die Pfanne vom Herd nehmen. Zwiebeln und Käse mit 1 Eigelb vermischen, damit der Käse cremig wird, aber keine Fäden zieht, und zu Pennette rigate servieren. Zum Schluß noch etwas frisch gemahlenen schwarzen Pfeffer darüber streuen.
- 1 in kleine Würfel geschnittene Aubergine etwa 3 Minuten in etwas Öl mit Knoblauch anbraten. 1 Handvoll kleine küchenfertige Tintenfische dazu geben und salzen. Sobald bei den Tintenfischen Wasser austritt, die Tintenfische herausnehmen. Die Auberginen zugedeckt zu einer cremigen Sauce einkochen. Zum Schluß die Tintenfische und etwas Öl untermischen und die Sauce zu dünnen Spaghetti oder Linguine servieren.

SERVIERVORSCHLÄGE

Grundsätzlich sollte man Eiernudeln und frische Nudeln anders würzen als getrocknete Nudeln.

Dünne Nudeln wie Capellini, Fedelini, Spaghettini oder Bavettine passen am besten zu leichten Saucen mit Fischen, Krustentieren oder Meeresfrüchten. Diese Nudeln eignen sich auch vorzüglich für kalte Nudelsalate.

Zu Spaghetti, Vermicelli und Bucatini passen besser würzigere Saucen wie Carbonara oder all'Amatriciana sowie Saucen aus schmackhaftem Gemüse, lange gekochte Tomatensaucen und deftige Fischsaucen. Lange, getrocknete Nudeln sollten am besten zu Fleischsaucen wie etwa Bolognese gereicht werden.

Kurze Nudelsorten eignen sich für alle Saucen, auch für die mit Fleisch, während ausgesprochen dicke Nudeln wie Rigatoni nicht zu feinen Saucen schmecken.

Eiernudeln passen sehr gut zu Fischsaucen, sind jedoch unübertroffen zu Fleischsaucen wie Bolognese, Hasen- und Fasansaucen oder Pilz- und Trüffelsaucen. Auch eine einfache Verfeinerung mit Butter und Käse ist für Eiernudeln gut geeignet.

WELCHER WEIN PASST DAZU?

Die Wahl des Weins richtet sich nach der Sauce. Bei feinen, leichten Saucen empfiehlt sich ein Weißwein, z. B. Gavi, Erbaluce, Vermentino, Locorotondo und Alcamo.

DIE BESTEN ADRESSEN

Qualitativ hochwertige Nudeln bekommt man in ganz Italien. Ausgezeichnete frische Nudeln werden in Salerno in der Pastificio Dota in Torre del Greco, Via Nazionale 1078, hergestellt, wo Sie unter vielen Produkten wählen können. Für frische Eiernudeln und gefüllte Nudeln wenden Sie sich am besten an La Sfogliatella in Bologna, Via Lame 28/30.

KALABRIEN UND BASILIKATA

Ein unverwechselbarer Geschmack

Die Verbindung zwischen Kalabrien mit seiner rund 700 Kilometer langen Küste am ionischen und tyrrhenischen Meer und der von den Regionen Kampanien, Apulien und Kalabrien eingeschlossenen Basilikata mag auf den ersten Blick verwundern. Doch in kulinarischer Hinsicht kennzeichnen diese beiden Regionen viele Gemeinsamkeiten, angefangen beim »Kult« um das Schwein und der kunstvollen Herstellung von Würsten wie der Salsiccia (anscheinend entstand die in ganz Italien geschätzte lange Salsiccia unter dem Namen *lucanica* oder *luganica* in der Basilikata, die früher Lukanien hieß), bis zu ihrer besonderen Vorliebe für Antipasti, bei denen alle möglichen Wurstsorten gereicht werden, etwa Capocollo, Coppa und Salami. Die Salamis der Basilikata sind durch die Zugabe von Chilischoten (Peperoncino) meist feurig-scharf und werden mit Fenchelsamen oder anderen Gewürzen verfeinert.

Blick auf Tropea in Kalabrien.

Der Besucher, der sich für die alten bäuerlichen Traditionen interessiert, wird in diesem südlichsten Abschnitt Italiens immer wieder fündig, denn hier trifft er auf eine Küche, die sich vor allem für »vollblütige« Charaktere eignet und in der man übertriebene Äußerlichkeiten zugunsten schmackhafter und einfacher, aber nahrhafter Speisen opfert. Eines der typischsten Gerichte der kalabrischen Küche ist Murseddu, mit Zwiebeln, Tomaten und Rotwein gebratene Kutteln und Ochseninnereien, die einst am frühen Morgen in der Osteria gegessen wurden, bevor die Schwerstarbeit auf den Feldern begann. Neben der Wurst teilen sich Kalabrien und Basilikata auch ihre Vorliebe für hausgemachte Nudeln: Die kalabresischen Maccaruni, eine Maccheroniart, die geformt werden, indem man den Nudelteig um eine Stricknadel wickelt, entsprechen den Minuich der Basilikata. Beide werden gewöhnlich mit einer Tomaten- oder hellen Fleischsauce aus verschiedenen Fleischsorten, darunter natürlich auch das allgegenwärtige Schweinefleisch, und mit geriebenem Pecorino bestreut serviert. Ein anderes typisches Nudelgericht wird mit Hülsenfrüchten verfeinert, deren Grundlage eine Mischung aus Knoblauch, Peperoncino (Chili), Schmalz und Schwarte ist – eine weitere Hommage an das beliebte Schweinefleisch. In den Trattorien gibt es häufig so typische Gerichte wie Làgane e ceci, breite hausgemachte Tagliatelle mit Kichererbsen (oder Bohnen oder Linsen).

Macht man sich auf die Suche nach den Unterschieden zwischen den beiden Regionen, beginnt man am besten mit einer Rundfahrt im kalabresischen Tropea, möglichst Anfang Juli. Dabei geht es nicht nur um den Besuch eines der schönsten Tourismuszentren an der tyrrhenischen Küste, sondern auch um die Teilnahme an der Sagra del pesce azzurro e della cipolla rossa, dem Fest zu Ehren der Fische und Zwiebeln. Dort kann man ausgezeichnete Sardellenspezialitäten probieren, wie Sardellen mit einer Mischung aus Semmel-

Ciaudedda, ein typisches Gericht aus der Basilikata, mit frischen Dicken Bohnen, Kartoffeln, Zwiebeln, Artischocken und Speck.

Tomaten trocknen in der Sonne Kalabriens.

bröseln, geriebenem Pecorino, Oregano, Petersilie und Knoblauch gefüllt, gegrillte Sardellen oder einen Auflauf mit Semmelbröseln und frischen Tomaten. Neben den Sardellen gibt es natürlich eine Vielzahl weiterer frischer und konservierter Fische wie etwa Sardinen, Makrelen, Hornhechten, Thunfisch und der schmackhafte Schwertfisch, der von Mitte April bis September die Straße von Messina durchquert. Schwertfisch kann auf unterschiedlichste Weise zubereitet werden, doch das vermutlich interessanteste Gericht heißt a Ghiotta, bei dem man dünne Fischscheiben mit geschnittenem Brot, Oliven und Kapern belegt, pfeffert und zu kleinen Röllchen formt, die in einer Pfanne in Öl und mit gedünsteten Tomaten gebraten werden. Bevor man die Meerenge wieder verläßt, sollte man sich noch die berühmten Bronzestatuen von Riace anschauen, die im Museo Nazionale della Magna Grecia in Reggio Calabria ausgestellt sind – zwei Monumentalstatuen von ungefähr zwei Metern Höhe, die 1972 an der ionischen Küste bei Riace aus dem Meer gefischt wurden und als die schönsten und besterhaltensten Bronzeskulpturen aus hellenistischer Zeit gelten, die je gefunden wurden. Aus Reggio kann man auch kulinarische Souvenirs, wie in Öl eingelegte Tomaten und Auberginen, gefüllte Oliven oder die etwas ausgefallenen Mustica, auf einer Holzplatte, bedeckt mit Peperoncino, getrocknete und in Öl eingelegte, frisch geschlüpfte Fische, mit nach Hause nehmen, die man entweder wie Kaviar aufs Brot streicht oder mit denen man den Geschmack von Saucen unterstreicht.

Die Reise führt weiter an der ionischen Küste entlang in die Basilikata, wo sich ebenfalls noch Überreste der Magna Grecia finden. Im ausgedehnten archäologischen Park von Metaponto erheben sich bis heute die Ruinen eines Apollo-Tempels, eines Theaters, eines Vasenmacherviertels und einer Nekropole, etwas weiter abseits stehen die 15 dorischen Säulen eines Heratempels aus dem 6. Jahrhundert v. Chr., die sogenannten *Tavole Palatine*.

Von dort ist es nicht mehr weit in die Provinz von Matera. Die gleichnamige Stadt ist vor allem wegen der *Sassi* berühmt, einer in Kalkfelsen geschlagenen alten Siedlung mit Grotten, Wohnungen und Stallungen. In kulinarischer Hinsicht ist in dieser Region der apulische Einfluß deutlich spürbar, das zeigt sich in zahlreichen Milchprodukten und Gemüsegerichten.

Tonstatue aus dem 4. Jh. v. Chr., die in einer Grabanlage bei Metaponto gefunden wurde.

Hier gibt es köstlichen Mozzarella, würzige Pecorinos aller Reifegrade, Caciocavallo und verschiedene Ricottaspezialitäten. Aus der Fülle der vegetarischen Spezialitäten hebt sich vor allem die Ciambotta hervor, bei der Kartoffeln, Auberginen und Paprikaschoten zuerst angebraten und dann langsam in einer Pfanne mit Tomaten und Knoblauch fertig gegart werden.

Làgane e ceci

Tagliatelle mit Kichererbsen

Zubereitungszeit
30 Minuten
zuzüglich Einweichzeit

Kochzeit
40 Minuten

Schwierigkeitsgrad
einfach

Zutaten für 4 Personen
Für die Nudeln:
- 400 g Mehl
- 4 Eier

Für die Sauce:
- 150 g Kichererbsen
- 6 EL Olivenöl extra vergine
- 1 Chilischote
- gehackte Petersilie (nach Belieben)
- 2 Knoblauchzehen
- Salz

Dazu schmeckt ein leichter Rotwein, z. B.
- Aglianico del Vulture giovane
- Rosso di Velletri

1 Die Kichererbsen mindestens 24 Stunden in kaltem Wasser einweichen, dabei das Wasser nach 12 Stunden wechseln. Die Kichererbsen im Schnellkochtopf nach Ertönen des Pfeiftons 30 Minuten garen, den Topf öffnen, das Wasser salzen, umrühren und die Kichererbsen 5 Minuten offen ziehen lassen.

2 Das Mehl sieben, anhäufeln, die Eier zugeben und alles zu einem glatten, elastischen Teig kneten. Den Teig dünn ausrollen, mit einem Messer etwa 3 Zentimeter breite Tagliatelle ausschneiden und die Nudeln zum Trocknen auf bemehlte Tücher legen.

3 Den Knoblauch abziehen und den grünen Sproß entfernen. Die Chilschote waschen, trocknen, mit dem Knoblauch anbraten und herausnehmen. Die Kichererbsen abgießen, abtropfen lassen und im Öl etwas ziehen lassen. Alles mit Salz abschmecken und nach Belieben die Petersilie darüber streuen.

4 Nudeln in kochendem Salzwasser bißfest garen, abgießen, mit der Sauce übergießen und servieren.

Làgane sind frisch zubereitete Nudeln, die in ganz Mittel- und Süditalien vor allem für Gerichte mit Hülsenfrüchten verwendet werden. Je nach Region variieren das verwendete Mehl und die Breite der Nudeln, die 1 bis 3 Zentimeter beträgt. In Kalabrien und der Basilikata werden sie aus Hartweizenmehl, in Apulien aus feinstem Weizenmehl hergestellt.

Alici alla reggina

Gebackene Sardellen

Zubereitungszeit
30 Minuten

Kochzeit
30 Minuten

Schwierigkeitsgrad
mittel

Zutaten für 4–6 Personen

- 1 kg frische Sardellen
- Salz, Pfeffer
- 2 Handvoll Petersilienblätter
- 1 Knoblauchzehe
- 50 g grüne Oliven
- Semmelbrösel
- 1 EL Kapern, in Salz eingelegt
- Olivenöl extra vergine

Dazu schmeckt ein trockener Weißwein, z. B.

- Bianco di Nicastro
- Bianco della
- Valdinievole

1 Köpfe und Flossen der Sardellen entfernen. Die Fische ausnehmen, waschen, mit Küchenpapier trockentupfen, aufklappen, salzen und pfeffern. Die Petersilie waschen und trockentupfen. Den Knoblauch abziehen, den grünen Sproß entfernen und zusammen mit der Petersilie kleinhacken. Die Oliven entkernen und in kleine Stücke schneiden. Die Kapern abspülen und trocknen. Alles in einer Schüssel mit 10 gehäuften Eßlöffeln Semmelbrösel vermengen und 5 Eßlöffel Öl unterrühren.

2 Den Backofen auf 170 °C vorheizen. Eine runde Auflaufform mit Öl bestreichen und mit Semmelbröseln ausstreuen. Den Boden der Form mit Sardellen belegen, etwas von der Kräutermischung darüber verteilen und so Schicht für Schicht fortfahren, bis alle Zutaten verbraucht sind. Die oberste Schicht nochmals mit Semmelbröseln bestreuen, etwas Olivenöl darüber gießen und alles 30 Minuten im Ofen backen. Wenn die Oberfläche goldbraun ist, die Form aus dem Ofen nehmen und die Fische sofort servieren.

Involtini di salsiccia

Kohlrouladen mit Salsiccia

Zubereitungszeit
30 Minuten

Kochzeit
30 Minuten

Schwierigkeitsgrad
einfach

Zutaten für 4 Personen

- 1 Knoblauchzehe
- 4 EL Olivenöl extra vergine
- 400 g pürierte Tomaten
- Salz, Pfeffer
- 8–12 Kohlblätter
- 450 g frische, mit Fenchelsamen gewürzte Salsiccia (ersatzweise Bratwurstbrät und etwas Fenchelsamen und Chilipulver)

Dazu schmeckt ein leichter Rotwein, z. B.

- Sant' Anna di Capo Rizzuto
- Velletri rosso

1 Knoblauch abziehen und den grünen Sproß entfernen. Die Zehe leicht zerdrücken, in einer Pfanne in Öl anbraten und herausnehmen. Die Tomaten zugeben, salzen, pfeffern und aufkochen.

2 Die Kohlblätter in kochendem Wasser weich dünsten, abgießen und trockentupfen. Die mittleren dicken Rippen herausschneiden und jeweils 2 Blatthälften leicht überlappend aneinanderlegen.

3 Die Salsiccia bzw. das Wurstbrät grob zerkleinern und ohne Fett anbraten, eventuell etwas Fenchel und Chilipulver zugeben. Sobald ein Teil des Fetts austritt, die Wurststücke auf den Kohlblättern verteilen, diese zu Rouladen aufrollen und mit Küchengarn zusammenbinden. Die Rouladen in der Tomatensauce bei mäßiger Hitze zugedeckt in etwa 20 Minuten weichkochen. Die Fäden entfernen, die Kohlrouladen mit der Tomatensauce übergießen und sofort servieren.

Calzoni alla moda di Melfi

Gefülltes Gebäck à la Melfi

Zubereitungszeit
50 Minuten
zuzüglich Einweichzeit

Kochzeit
70 Minuten

Schwierigkeitsgrad
mittel

Zutaten für 6–8 Personen

Für den Teig:

- 500 g Mehl
- Salz
- 100 g Zucker
- 4 Eier
- 1 Eigelb
- 150 g Butterschmalz
- 2 cl süßer Weißwein

Für die Füllung:

- 100 g Kichererbsen
- 500 g Eßkastanien
- Salz
- 1 Lorbeerblatt
- 50 g Kakaopulver
- 50 g Zucker
- 1 Messerspitze Zimtpulver
- einige EL aromatischer Likör

Außerdem:

- Butterschmalz oder Öl zum Fritieren

Dazu schmeckt ein milder Dessertwein, z. B.

- Malvasia di Rapolla amabile
- Moscato d'Asti

1 Die Kichererbsen 24 Stunden einweichen. Die Kastanien mit einem spitzen Messer an der flachen Seite einschneiden und in einem Schnellkochtopf mit etwas Salz und dem Lorbeerblatt in reichlich Wasser nach dem Pfeifton etwa 20 Minuten kochen. Die Kastanien abgießen und die Kichererbsen im selben Topf in frischem Wasser etwa 30 Minuten ab dem Pfeifton kochen, abgießen und abtropfen lassen. Die Kastanien schälen und die braune Haut entfernen. Kastanien und Kichererbsen fein in eine Schüssel passieren. Den Kakao dazusieben. Zucker, Zimt und Likör untermischen und die Füllung ruhen lassen.

2 Das Mehl mit 1 Prise Salz auf ein Nudelbrett sieben, mit Zucker vermischen, anhäufeln und eine Mulde hineindrücken. Eier, Eigelb, Butterschmalzflocken und Wein zufügen und alles zu einem glatten, festen Teig kneten. Den Teig ausrollen und die Füllung im Abstand von etwa 5 Zentimetern auf einer Teighälfte verteilen. Die andere Teighälfte darüber klappen, den Teig rund um die Füllung mit den Fingerkuppen festdrücken und mit dem Teigrädchen um die Füllung Quadrate ausschneiden. Das Fritierfett erhitzen. Die Calzoni darin in einigen Minuten goldbraun fritieren, herausheben, abtropfen lassen und sofort servieren.

KALABRIEN UND BASILIKATA

SPEZIALITÄTEN

Antipasti
Capicollo, Lampascioni in agrodolce, Mustica, Soppressata, Vecchiarelle infumicate

Primi
Cavatelli, Ciambotta, Ciaudedda, Fusilli al ragù, Làgane e ceci, Orecchiette alla materana, Strascinati

Secondi
Alici a beccafico, Cuturidd, Frittole, Mugnulatidd, Murseddu, Pesce spada alla ghiotta, Stigghiolata, Ventriceddi ripieni

Desserts
Cassatredde, Giurgiulena, Mustazzuol, Pitta n'chiusa, Sanguinaccio

TYPISCHE RESTAURANTS

Pezzolla
Via Roma 21, Accettura
Tel. 0835/675008, Samstag Ruhetag

Vecchio Luma
Località Sarnelli, Avigliano
Tel. 0971/87080, Freitag Ruhetag

Becco della Civetta
Vicolo I Maglietta 7, Castelmezzano
Tel. 0971/986249, Dienstag Ruhetag

Osteria del Gallo
Largo Nazionale 2, Marsicovetere
Tel. 0975/352045, Dienstag Ruhetag

Trattoria Lucana
Via Lucania 48, Matera
Tel. 0835/336117, Sonntag Ruhetag

Terrazzino sui Sassi
Vico San Giuseppe 7, Matera
Tel. 0835/332503
Dienstagabend geschlossen

La Fattoria sotto il Cielo
Contrada Petrucco, Pignola
Tel. 0971/420166

Antica Osteria Marconi
Viale Marconi 233-235, Potenza
Tel. 0971/56900
Sonntagabend/Montag geschlossen

Da Peppe
Corso Garibaldi 15, Rotonda
Tel. 0973/661251, Montag Ruhetag

Luna Rossa
Via Marconi 18, Terranova di Pollino
Tel. 0973/93254, Mittwoch Ruhetag

Fattoria
Via Magna Grecia 83, Catanzaro
Tel. 0961/780064-782809,
Montag Ruhetag

Al Ficodindia
Viale Kennedy, Crucoli
Tel. 0962/34637, Montag Ruhetag

Ciambotta aus Kalabrien (Gemüseeintopf)

La Capricciosa
Via Angelo Viscardi, Firmo
Tel. 0981/940297
Montag Ruhetag

Casina dei Mille
Strada Statale Ionica 106
Melito di Porto Salvo
Tel. 0965/787434
Sonntagabend geschlossen

Casa Janca
Via Riviera Prangi, Pizzo
Tel. 0963/264364, Mittwoch Ruhetag

Il Setaccio Osteria del Tempo Antico
Contrada Santa Rosa 62, Rende
Tel. 0984/837211, Sonntag Ruhetag

Bucatini à la Maratea

WEINE

Weißweine
Bianco di San Vito di Luzzi, Cirò
Melissa
Scavigna

Roséweine
Rosato di San Vito di Luzzi
Savuto
Scavigna

Rotweine
Aglianico del Vulture
Cirò, Donnici
Lamezia
Melissa
Pollino
Rosso di San Vito di Luzzi
Sant'Anna di Isola di Capo Rizzuto
Savuto
Scavigna

Dessertweine
Greco di Bianco

KÄSE

Caciocavallo
Caciocotto
Cacioricotta
Casieddu
Paddraccio
Pecorino
Provola
Provolone
Ricotta affumicata/Ricotta salata
Scamorza

EINKAUFSMÖGLICHKEITEN FÜR TYPISCHE REGIONALE PRODUKTE

Weine
Il Buongustaio
Piazza Vittorio Veneto 1, Matera

Wurst
Salumificio del Colle
Contrada Colle del Carroso
Mormanno (Cosenza)

Lucana Salumi
Via Gramsci 127, Picerno (Potenza)

Käse
Caseificio Pian della Spina
Via Pian della Spina
Filiano (Potenza)

La Fattoria sotto il Cielo
Contrada Pedrucco
Pignola (Potenza)

Lanzo
Via Daniele 10–12, Catanzaro

Fratelli Gentile
Via Bellavista 76, Carlopoli (Catanzaro)

SIZILIEN

Eine »barocke« Küche

Gedünstete Thunfischscheiben mit Petersiliensauce.

Die sizilianische Küche ist ihrem Wesen nach mit den kleinen Holzkarren vergleichbar, die ehedem beim Transport von Wein, Steinen oder Gemüse eine wichtige Rolle spielten, heute aber nur noch bei Festumzügen zu sehen sind. Das Museo Pitré in Palermo widmete diesen »carretti siciliani« sogar eine eigene Abteilung. Beim Anblick der dort ausgestellten Karren mit den vollständig mit Schnitzereien in Form von kleinen Figuren, Friesen und Arabesken verzierten Wagenrädern, den mit Szenen aus der Bibel oder aus alten Rittersagen versehenen Seitenteilen und dem mit Malereien geschmückten Zaumzeug sowie den berauschend prunkvollen Ornamenten und Federbüscheln traut man kaum seinen Augen. Und genau so ist die sizilianische Küche: farbenfroh, voller überraschender Details, ja fast schon überladen, und dabei unvergleichlich gut. In der Küche wie in der Kunst kommen hier alle Kulturen zusammen, die je in dieser Region ihre Spuren hinterlassen haben. Wilder Fenchel, Pinienkerne und Rosinen sind daher feste Bestandteile so typischer Gerichte wie der Pasta con le sarde, Nudeln mit Sardinen, als wolle man das Eigene mit der Eßkultur der Griechen, Araber und Spanier verbinden.
Die sizilianischen Nudelgerichte sind derart reich an Zutaten, daß sie für sich schon eine vollständige Mahlzeit darstellen. In Ragusa beispielsweise gibt es Makkaroni mit Tomatensauce, fein geschnittenem Kalbfleisch, Hühnerleber, Erbsen und Caciocavallo, einem sizilianischen Käse nach der Art eines würzigen Büffelkäses, die man, als wäre das nicht genug, auch noch in eine mit gebratenen Auberginenscheiben ausgelegte Form füllt. Auberginen spielen generell eine große Rolle, ob in der Pasta alla Norma – benannt nach einem der Meisterwerke des berühmten, aus Catania stammenden Komponisten Vincenzo Bellini –, oder in der Caponata, einer Gemüsebeilage aus gebratenen Auberginen, Sellerie, Tomaten, Zwiebeln, Kapern, Pinienkernen, Rosinen und Oliven, in die kühne Köche auch noch Kartoffeln und gebratene Paprikascheiben geben. Mehr geht nun wirklich nicht! Diese üppige Überladenheit paßt perfekt zum typisch barocken Stil einer Vielzahl sizilianischer Städte, angefangen bei Catania mit der ganz aus scharzem Lavagestein erbauten, imposanten Via Crociferi, über Acireale mit seinem Dom, den Palästen und vor allem natürlich der Basilica di S. Pietro e Paolo, bis hin zu Siracusa, Avola und schließlich dem barocken Kleinod Noto. Fischliebhaber tun gut daran, an Ferragosto, also am 15. August, nach Avola zu

Die typische Pasta alla Norma mit Tomaten, Auberginen und salzigem Ricotta.

kommen und das Fest der Dorfheiligen Santa Venera mitzufeiern, denn dann bekommt man am Abend an den Stränden mit den hell erleuchteten Fischerbooten überaus köstliche, mit Meerwasser zubereitete Fischsuppen.
Wem an Ferragosto der Trubel zu groß ist, kann am 23. Juni zur Sagra della pesca nach Aci Trezza kommen. Bei diesem Fest zu Ehren des Fischfangs gibt es feine Langusten, zartfleischigen Oktopus und intensiv schmeckende Seeigel.
Da Sizilien eine Insel ist, versteht es sich, daß die typischsten Gerichte mit Fisch zubereitet werden.

Rund um Messina beherrscht der Schwertfisch die Gastronomie. Auf ihrem immer gleichen Kurs ziehen die Schwertfische vom Sargassomeer zum Mittelmeer und passieren dabei zwischen April und September die Meerenge von Messina. In der Küche werden daraus Schwertfischkoteletts oder auch Schwertfischröllchen mit einer Füllung aus Semmelbröseln, Basilikum, Petersilie, Kapern, Provolone und Eiern.
An der Westspitze Siziliens kann man die historischen Thunfischfangstellen besichtigen. Sie bestehen aus Rückhaltenetzen, mit denen die Fische in Ufernähe zur »Mattanza« zusammengetrieben werden. Wer auf dieses grausame Schauspiel, bei dem die Thunfische regelrecht abgeschlachtet werden, lieber verzichten will, hält sich besser an Spaghetti alla bottarga. Dafür wird Thunfischrogen gepreßt und getrocknet, den man wie Käse über die Nudeln reiben kann. Arabische Atmosphäre verbreiten in der Gegend um Trapani Speisen aus Couscous mit Fleisch, Gemüse oder Fisch.

Auf einem Gebiet kann es jedoch keine andere Region mit Sizilien aufnehmen: Die Sizilianer sind unübertroffen in der Zubereitung von Süßspeisen, insbesondere solcher aus Mandeln.
In Agrigent etwa entstehen aus Marzipan täuschend echt aussehende Früchte, und gegen Ende des Winters kann man im Valle dei Templi das beeindruckende Schauspiel der Mandelblüte miterleben. An keinem anderen Ort, nicht einmal in Griechenland, stehen so viele Sakralbauten der griechischen Antike wie hier, und die duftenden, weißen Mandelblüten bilden den entsprechenden Rahmen für diese Monumentalanlage.
Aus Mandeln wird auch Torrone hergestellt, der hier in einer weicheren Version mit Pistazien und Honig erhältlich ist, sowie Osterlämmer, Granita und Eiscreme, die ohnehin eine sizilianische Spezialität ist. Ganz zu schweigen von der berühmten Cassata aus feinem Biskuitteig, Ricottacreme und kandierten Früchten, von den Cannoli, dünnen, knusprigen Röllchen mit einer Füllung aus Ricotta und Pistazien, und schließlich den Crispelle di riso, gebackenen Reispfannkuchen mit Honig, die es normalerweise am Namenstag des Heiligen Josef gibt.
Als Hommage an eine der wichtigsten Früchte Siziliens läßt man die Mahlzeit dann mit kandierten Orangenschalen und einem erstklassigen Likörwein wie etwa dem Passito di Pantelleria ausklingen.

Der Concordia-Tempel in Agrigent (oben).

Boote im kleinen Hafen von Aci Trezza (links).

Risotto alla marinara

Risotto mit Meeresfrüchten

Zubereitungszeit
30 Minuten

Kochzeit
40 Minuten

Schwierigkeitsgrad
einfach

Zutaten für 6–8 Personen

- 500 g Miesmuscheln
- 500 g Venusmuscheln
- Schale von 1 unbehandelten Zitrone
- 500 g Garnelen
- 100 g Babytintenfisch
- 1 Zwiebel
- 1 kleine Möhre
- 1 kleine Stange Sellerie
- 4 EL Olivenöl extra vergine
- 1/2 Glas trockener Weißwein
- 6 EL Tomatenpüree (aus der Dose)
- 1 Handvoll Basilikumblätter
- 500 g Arborioreis
- Salz
- 60 g geriebener Caciocavallo
- Chilipulver

Dazu schmeckt ein trockener Weißwein, z. B.

- Eloro bianco
- Bianco dell'Elba

1 Die Miesmuscheln entbarten und unter fließendem kaltem Wasser mit einem Messer abschaben. Die Venusmuscheln waschen. Alle Muscheln zugedeckt - erhitzen, bis sie sich öffnen. Das Fleisch aus den Schalen lösen und die Muschelflüssigkeit durch ein Sieb gießen. 1 1/2 Liter Wasser mit der Zitronenschale und etwas Salz aufkochen. Die Garnelen darin garen und aus den Schalen lösen. Kochwasser aufheben. Tintenfische putzen, waschen und klein schneiden.

2 Die Zwiebel abziehen. Möhre und Sellerie waschen, trocknen, putzen, mit der Zwiebel kleinhacken und alles in 4 Eßlöffeln Öl anbraten. Tintenfischstücke zufügen. Wenn die Flüssigkeit verkocht ist, die Garnelen und das Muschelfleisch zugeben. Alles gut verrühren und mit Wein ablöschen. Wenn er verdunstet ist, das Tomatenpüree und 2 Schöpflöffel kochenden Fischsud unterrühren. Alles etwa10 Minuten zugedeckt bei geringer Hitze garen. Die Basilikumblätter hacken.

3 Den Reis in Salzwasser halb gar kochen, abgießen, zu den Muscheln geben und unter ständigem Rühren bißfest garen, dabei schöpflöffelweise kochenden Fischsud zugeben (immer erst zugießen, wenn er die ganze Flüssigkeit aufgesogen hat). Basilikum, Käse und etwas Chilipulver darüber streuen und servieren.

Cannelloni alla siciliana

Cannelloni auf sizilianische Art

Zubereitungszeit
60 Minuten zuzüglich Marinierzeit

Kochzeit
150 Minuten

Schwierigkeitsgrad
mittel

Zutaten für 6 Personen

Für die Füllung:
- 500 g Rindfleisch vom Schlegel
- einige Speckstreifen
- 1 Zwiebel
- 1 Möhre
- 1 Selleriestange
- 1 Knoblauchzehe
- 1 Lorbeerblatt
- 750 ml Rotwein
- je einige Gewürznelken und Pfefferkörner
- 40 g Butterschmalz
- Salz, Pfeffer
- reifer Caciocavallo oder ein anderer Hartkäse
- 3 Eier
- Butterflöckchen
- Mehl zum Bestäuben
- Butter für die Form

Für den Nudelteig:
- 400 g Hartweizenmehl
- 4 Eier
- Öl zum Kochen

Dazu schmeckt ein leichter Rotwein, z. B.
- Etna rosso
- Oltrepò pavese Pinot nero

1 Das Fleisch waschen, trocknen und mit dem Speck spicken. Die Zwiebel abziehen. Möhre und Sellerie putzen, waschen, trocknen und mit der Zwiebel in Stücke schneiden. Den Knoblauch abziehen und leicht zerdrücken. Fleisch, Gemüse, Knoblauch, Zwiebel, Lorbeerblatt, Gewürznelken und Pfefferkörner in eine Schüssel geben, mit Wein übergießen und zugedeckt 12 Stunden ziehen lassen, dabei gelegentlich umrühren.

2 Das Fleisch aus der Marinade nehmen, mit Küchenpapier trockentupfen, mit Mehl bestäuben, im Butterschmalz anbraten und salzen und pfeffern. Marinade und Gemüse zufügen und alles bei niedriger Hitze zugedeckt mehrere Stunden garen, dabei ab und zu umrühren. Wenn die Sauce eingedickt und das Fleisch gar ist, das Fleisch herausnehmen, durch den Fleischwolf drehen und in eine Schüssel geben. Die Sauce durch ein Sieb streichen, zum Fleisch geben und beides mit 1 bis 2 Eßlöffel Caciocavallo verrühren, bis eine glatte, weiche Masse entsteht.

3 Das Mehl auf ein Nudelbrett sieben, anhäufeln, eine Mulde hineindrücken und die Eier hineinschlagen, leicht mit einer Gabel verquirlen und nach und nach mit dem Mehl verkneten. Den Teig mit den Handballen kneten und mehrmals kräftig auf das Nudelbrett schlagen, bis er weich, glatt und elastisch ist. Den Teig zu einer Kugel formen und mit einem Küchentuch zugedeckt 30 Minuten ruhen lassen.

4 Den Teig dünn ausrollen und in Rechtecke schneiden. Die Nudelplatten portionsweise in reichlich Salzwasser mit einigen Eßlöffeln Öl kochen, mit dem Schaumlöffel herausheben und nebeneinander auf einem Küchentuch ausbreiten.

5 Den Backofen auf 200 °C vorheizen. Eine feuerfeste, rechteckige Form ausbuttern. Aus der Füllung Röllchen formen. Je ein Röllchen auf eine Nudelplatte legen, aufrollen und dicht nebeneinander in die Form schichten. Die Cannelloni mit reichlich geriebenem Caciocavallo und Butterflöckchen bestreuen und etwa 20 Minuten im Ofen backen. Die Eier mit 1 Prise Salz verquirlen, über die Cannelloni gießen, die Temperatur auf 220 °C erhöhen und so lange überbacken, bis sich eine goldgelbe Kruste bildet. Sofort servieren.

Braciole di pesce spada alla siciliana

Schwertfischspieße auf sizilianische Art

Zubereitungszeit
30 Minuten

Kochzeit
25 Minuten

Schwierigkeitsgrad
mittel

Zutaten für 4 Personen
- 800 g Schwertfisch am Stück
- 1 Zwiebel
- 2 EL Kapern, in Salz eingelegt
- Olivenöl extra vergine
- 6 EL Semmelbrösel
- 2 EL geriebener Pecorino
- 1 Ei (nach Belieben)
- Lorbeerblätter
- Zitronensaft
- Salz, Pfeffer

Dazu schmeckt ein trockener Weißwein, z. B.
- Bianco dell'Etna
- Ribolla dei Colli orientali del Friuli

1 Den Schwertfisch waschen, trockentupfen und in 12 gleichgroße, rechteckige Scheiben von jeweils etwa 60 Gramm schneiden. Die Zwiebel abziehen und hacken, die Kapern waschen, trocknen und hacken.

2 Die Fischscheiben in einer Pfanne mit der Zwiebel in 2 Eßlöffel Öl kurz anbraten und vom Herd nehmen. In einer Schüssel Semmelbrösel, Kapern, Pecorino und Ei mit soviel Öl verrühren, bis eine weiche Masse entsteht. Die Fischscheiben damit bestreichen, aufrollen und abwechselnd mit den Lorbeerblättern auf Eisenspieße stecken.

3 In einem tiefen Teller 2 Eßlöffel durchgeseihten Zitronensaft und 1 Prise Salz mit einer Gabel gründlich verquirlen. Wenn sich das Salz gelöst hat, unter ständigem Rühren nach und nach 4 Eßlöffel Öl untermischen und die Marinade mit etwas frisch gemahlenem Pfeffer würzen.

4 Die Spieße in der Marinade wenden. Eine beschichtete große Pfanne erhitzen und die Fischspieße darin etwa 15 Minuten braten, dabei häufig wenden und immer wieder mit etwas Marinade beträufeln. Sofort servieren.

Frittedda

Geschmortes Gemüse

Zubereitungszeit
20 Minuten
zuzüglich Ruhezeit

Kochzeit
30 Minuten

Schwierigkeitsgrad
einfach

Zutaten für 4 Personen

- 6 Artischocken
- Zitronensaft
- 1 große Zwiebel
- 120 ml Olivenöl extra vergine
- 300 g frische Dicke Bohnen, enthülst
- 300 g frische Erbsen, enthülst
- Salz, Pfeffer
- 1/2 Glas Weißweinessig
- 1 TL Zucker

Dazu schmeckt ein leichter Rotwein, z. B.

- Corvo rosso
- Copertino rosso

1 Von den Artischocken die harten Blätter und den Strunk entfernen. Die Böden mit einem scharfen Messer glatt abschneiden, halbieren und eventuelles Heu im Inneren entfernen. Die Böden in feine Spalten schneiden und in Zitronenwasser legen. Die Zwiebel abziehen und grob hacken.

2 Die Zwiebelstücke in einigen Eßlöffeln Wasser und 4 Eßlöffeln Öl weich dünsten. Wenn die Stücke zerfallen, zuerst die Artischocken, dann die Dicken Bohnen und zum Schluß die Erbsen zugeben. Das Gemüse salzen und pfeffern, mit 1 Glas heißem Wasser übergießen und zugedeckt bei mäßiger Hitze etwa 20 Minuten schmoren.

3 enn das Gemüse weich und das Wasser verdampft ist, Weißweinessig und Zucker zugeben. Den Essig bei starker Hitze unter ständigem Rühren fast vollständig einkochen lassen. Das Gemüse abgekühlt bei Zimmertemperatur servieren.

Jelu i muluni

Wassermelonengelee

Zubereitungszeit
30 Minuten
zuzüglich Ruhezeit

Kochzeit
5 Minuten

Schwierigkeitsgrad
einfach

Zutaten für 8–10 Personen

- 1 Wassermelone à 3 kg
- 150 g Kartoffelstärke
- 300 g Zucker
- 1 Stückchen Zimtstange
- Salz
- 100 g kandierte Kürbisstücke
- 100 g Zartbitterschokolade

1 Die Melone in Scheiben schneiden und die Schalen, Kerne und Fasern entfernen. Das Fruchtfleisch durch ein feines Sieb streichen. Das Melonenmus auf 2 Kilogramm abwiegen und in einen Topf mit schwerem Boden geben.

2 In einer kleinen Schüssel das Stärkemehl mit einem Schneebesen unter kräftigem Schlagen in etwas Melonenmus auflösen, dabei darauf achten, daß sich keine Klümpchen bilden, und zu dem übrigen Mus in den Topf geben. Den Zucker, die Zimtstange und 1 kleine Prise Salz unterrühren. Die kandierten Kürbiswürfel klein schneiden.

3 Das Mus bei schwacher Hitze und unter ständigem Rühren zum Kochen bringen und 5 Minuten unter Rühren kochen.

4 Die Zimtstange entfernen und die kandierten Kürbiswürfel zugeben. Ausreichend Förmchen kalt auswaschen und mit dem Mus füllen, dabei aufpassen, daß die kandierten Kürbisstückchen gleichmäßig verteilt sind. Das Gelee abkühlen lassen und bis zum Servieren in den Kühlschrank stellen.

5 Die Schokolade in kleine Stückchen schneiden oder raspeln. Das Gelee aus den Förmchen auf eisgekühlte Teller stürzen, damit es nicht schmilzt, die Schokostückchen rund um das Gelee verteilen und sofort servieren.

In Palermo gibt es auch das berühmte exquisite Jasmingelee, hergestellt aus einem Kaltwasserauszug von Jasminblüten.

Cassata

Ricottatorte

Zubereitungszeit
90 Minuten
zuzüglich Kühlzeit

Kochzeit
5 Minuten

Schwierigkeitsgrad
nicht ganz einfach

Zutaten für 10–12 Personen

- 250 g Zucker
- 1 Vanillestange
- 500 g gemischte kandierte Früchte
- 150 g Zartbitterschokolade
- 500 g Biskuitboden
- 800 g Ricottakäse
- 1 Prise Zimt
- 20 g Pistazienkerne
- 4 EL Maraschino
- Aprikosengelee
- 250 g Puderzucker
- 2–3 EL Orangenblütenwasser
- grüne Lebensmittelfarbe

1 Den Zucker zusammen mit der Vanillestange und 3 Eßlöffeln Wasser in einen Topf geben. Bei geringer Hitze solange rühren, bis sich der Zucker aufgelöst hat, und abkühlen lassen.

2 300 Gramm schöne kandierte Früchte zum Garnieren beiseite legen, den Rest klein würfeln. Die Schokolade zerkleinern. Eine Springform von 26 Zentimeter Durchmesser mit Backpapier auslegen.

3 Den Biskuitboden in etwa 1 Zentimeter dicke Scheiben auseinanderschneiden. Den Boden und die Ränder der Springform mit einer Scheibe auskleiden und gut festdrücken, dabei darauf achten, daß keine Zwischenräume entstehen.

4 Den Ricottakäse durch ein Sieb in eine Schüssel drücken und mit einem Schneebesen schaumig schlagen. Aus dem aufgelösten Zucker die Vanilleschote entfernen. Den Zucker, das Zimtpulver, die Schokostückchen und die gewürfelten kandierten Früchte unterrühren. Die Pistazien und den Maraschino zugeben. Die Creme auf dem Biskuit verteilen, glattstreichen, mit dem restlichen Biskuit abdecken und die Form 12 Stunden in den Kühlschrank stellen.

5 Einige Eßlöffel Aprikosengelee mit 50 Gramm Puderzucker vermischen und unter ständigem Rühren vorsichtig solange bei geringer Hitze erwärmen, bis sie Fäden zieht. Die Cassata aus dem Kühlschrank nehmen, auf eine Platte stürzen und mit dem Aprikosengelee bestreichen.

6 Den restlichen Puderzucker bei niedriger Hitze auflösen, auf eine Marmorplatte gießen und mit dem Orangenblütenwasser und einigen Tropfen Lebensmittelfarbe mischen. Mit einem Holzspatel solange verrühren, bis die Glasur elastisch, transparent und dickflüssig ist. Die Glasur in die Mitte der Cassata gießen und mit dem Spatel oben und an den Rändern verstreichen. Aus den restlichen kandierten Früchten Blüten oder Blätter schneiden und die Torte damit verzieren. Die Cassata bis zum Servieren in den Kühlschrank stellen.

SIZILIEN

SPEZIALITÄTEN

Antipasti
Arancini di riso
Caponata
Scacce ripiene
Tonno in agrodolce

Primi
Cuscus alla trapanese
Gattò di patate
Maccheroni con i broccoli arriminati
Pasta alla Norma
Pasta con le sarde
Spaghetti ai ricci di mare
Spaghetti alla bottarga
Timballo di maccheroni

Secondi
Ammucca ammucca
Braciole di pesce spada
Coniglio alla stimpirata
Falsomagro
Involtini di pesce spada
Panata alla palermitana
Sarde a beccafico

Desserts
Cannoli
Cappidduzzi
Cassata
Cubaita
Gelo d'anguria
Pasticcio di San Giuseppe

TYPISCHE RESTAURANTS

La Lampara
Via Pasubio 49, Catania
Tel. 095/383237
Mittwoch Ruhetag

Leon d'Oro
Via Emporium 102, Agrigento
Tel. 0922/414400, Montag Ruhetag

Sformato di melanzane (Auberginenauflauf)

Don Ciccio
Via del Cavaliere 87, Bagheria
Tel. 091/932442, Mittwoch/Sonntag Ruhetag

La Brocca d'u cinc'oru
Corso Savoia 49a, Acireale
Tel. 095/607196-7648155, Sonntagabend und Montag geschlossen

Cortese
Viale Sicilia 166, Caltanissetta
Tel. 0934/591686, Montag Ruhetag

Chicchirichi
Ogliastrello Castelmola, Castelmola
Tel. 0942/28201, Mittwoch Ruhetag

Al Gabbiano
Via Giordano Bruno 128, Catania
Tel. 095/537842, Sonntag Ruhetag

Trattoria Casalinga
Via Biondi 19, Catania
Tel. 095/311319, Sonntag Ruhetag

La Brace
Via XXV Novembre 10, Cefalù
Tel. 0921/23570, Montag Ruhetag

Villa Miraglia
Bosco della Miraglia, Cesarò
Tel. 095/696585

Monte San Giuliano
Vicolo San Rocco 7, Erice
Tel. 0923/869595, Montag Ruhetag

Egadi
Via Colombo 17, Favignana
Tel. 0923/921232, geöffnet Mitte Mai bis Ende September

Fattoria delle Torri
Vicolo Napolitano 17, Modica
Tel. 0932/751286
Montag Ruhetag

Ai Cascinari
Via d'Ossuna 43-45, Palermo
Tel. 091/6519804, Montag Ruhetag

Capricci di Sicilia
Via Istituto Pignatelli 6, Palermo
Tel. 091/327777, Montag Ruhetag

Da Rosario
Via Giacomo Cusmano 25, Palermo
Tel. 091/6112330-322992, Sonntag Ruhetag

I Grilli
Largo Cavalieri di Malta 2, Palermo
Tel. 091/334130, Montag Ruhetag

Osteria Fratelli Lo Bianco
Via Emerico Amari 104, Palermo
Tel. 091/585816
Sonntag Ruhetag

Santandrea
Piazza Sant'Andrea 4, Palermo
Tel. 091/334999, Dienstag Ruhetag

Al Fogher
Bellia 1-SS 117 bis Piazza Armerina
Tel. 0935/684123, Montag Ruhetag

Antica Macina
Via Giusti 129, Ragusa
Tel. 0932/248096-621287
Montag Ruhetag

Eremo della Giubilana
Giubiliana, Ragusa
Tel. 0932/669119, Montag Ruhetag

Veneziano
Via Romano 8a, Randazzo
Tel. 095/7991353-921418,
Sonntagabend und Montag geschlossen

Hostaria del Vicolo
Vicolo Sammaritano 10, Sciacca
Tel. 0925/23071, Sonntag- und Montagabend geschlossen

Vecchio Fienile
Strada Provinciale 18, 4 km, Scicli
Tel. 0932/930377, Mittwoch Ruhetag

Darsena
Riva Garibaldi 6, Syrakus
Tel. 0931/66104, Mittwoch Ruhetag

Trattoria del Porto
Via Ammiraglio Staiti 45, Trapani
Tel. 0923/547822, Montag Ruhetag

Archimede
Via Gemmellaro 8, Syrakus
Tel. 0931/69701
Sonntagabend geschlossen

Mamma Lia
Via San Giacomo 1, Ustica
Tel. 091/8449594

Pignulata di Messina (sizilianische Nascherei)

WEINE

Weißweine
Bianco d'Alcamo
Etna
Grecanico

Roséweine
Eloro
Etna
Nardo

Rotweine
Cerasuolo di Vittoria
Eloro
Etna
Faro

Dessertweine
Malvasia delle Lipari
Marsala
Moscato di Noto
Moscato di Pantelleria
Moscato di Siracusa
Passito di Pantelleria

KÄSE

Caciocavallo
Cascavaddu
Guastedda Pecorino
Piacintinu
Primusali
Provula
Ragusano
Ricotta
Tumazzu

EINKAUFSMÖGLICHKEITEN FÜR TYPISCHE REGIONALE PRODUKTE

Weine
Azienda Agricola Poggio di Bortolone
Bortolomi 19, Chiaramonte Gulfi

Enoteca Picone
Via Marconi 36, Palermo

Wurst
Cooperativa La Collina
Via Umberto 1, Sant'Angelo di Brolo

Da Filippo
Via Stabile 19, Palermo

Käse
Giorgio Cannata
Via Marchesa Tedeschi 32, Modica

Casa del formaggio
Corso Italia 330, Ragusa

Gelato

Gelato – das beliebte Speiseeis – ist eine bemerkenswerte kulinarische Erfindung und geht auf eine lange Tradition zurück, auch wenn es sich erst mit den modernen Kühlgeräten wirklich verbreitet hat. Die Italiener, allen voran die Neapoletaner und Sizilianer, sind wahre Meister der Eisherstellung und lassen ihrer Kunst mit tausenden von Geschmacksrichtungen und Farben freien Lauf.

Bereits die Griechen der Antike, später die Römer und vor diesen die Chinesen, liebten eiskalte Getränke. Dafür mischten sie einfach Fruchtstückchen und Honig mit Schnee und Eis. Vor dem Siegeszug der modernen Technologie blieben eisgekühlte Getränke während des Sommers allerdings ein Traum, den sich nur Könige und Königinnen erfüllen konnten. Für sie brachte man den Schnee in die tiefen Schloßkeller, wo er gepreßt zur Kühlung von Getränken oder zur Zubereitung von Sorbets verwendet wurde.

Im 16. Jahrhundert erschien erstmals ein Speiseeis, das der uns heute geläufigen Form am nächsten kommt und angeblich von dem Florentiner Architekten Bernardo Buontalenti hergestellt wurde. Nach Frankreich gelangte es zum ersten Mal durch die Heirat von Caterina de Medici mit dem französischen König Heinrich II., denn als die Adelige nach Paris übersiedelte, hatte sie ihre florentinischen Eishersteller und Konditoren im Gefolge, die mit den neuesten Techniken eine Art Wassereis, oder genauer gesagt, den Vorläufer des heutigen Sorbets herstellten. Richtige Eiscreme aus Sahne gab es allerdings erst im folgenden Jahrhundert: 1650 erfand ein englischer Konditor ein cremiges Eis auf der Basis von Sahne und Eiern, dessen Rezeptur lange Zeit geheim gehalten wurde, so daß nur Karl I. von England und einige wenige Privilegierte in diesen neuartigen, kühlschmelzenden Genuß kamen.

Knapp dreißig Jahre später verbreitete sich das Sahneeis schließlich dank eines Italieners in allen Bevölkerungsschichten. Der sizilianische Adelige Francesco Procopio dei Coltelli lüftete das Geheimnis. In seinem Café Procope in Paris servierte man erlesene Sorbets und Eiscremes, wodurch es bald in ganz Europa berühmt und zum Treffpunkt von Literaten, Schriftstellern und Künstlern wurde. Heute gibt es Eis auf der ganzen Welt, das beste aber in Sizilien.

HERSTELLUNG

Sahneeis besteht aus einer Mischung von Sahne, Milch, Eigelb und Zucker, die je nach Geschmack mit Früchten, Mokka, Schokolade, Vanille, Krokant und vielem anderem mehr aromatisiert wird.

Milchspeiseeis wird dagegen hauptsächlich für Fruchteis verarbeitet und besteht aus einer Mischung von konserviertem Fruchtsaft oder Fruchtsirup und Milch. Durch das Fehlen von Sahne und Eiern ist dieses Eis nicht ganz so üppig und leichter verdaulich als Sahneeis.

Am frischesten schmecken Sorbets, die genaugenommen kein Speiseeis sind, da sie nur aus Fruchtsaft oder pürierten Früchten (oder Gemüse) und Zucker hergestellt werden.

KULINARISCHE EMPFEHLUNGEN

Eis schmeckt eigentlich immer, sei es am Nachmittag, nach dem Abendessen oder als krönender Abschluß eines ausgiebigen Menüs. Als Dessert kann es sogar verdauungsfördernd wirken, weil durch die Kälte mehr Blut in den Magen gelangt. Anstelle von Sahneeis wird oft ein Sorbet als Dessert gereicht, weil es weniger schwer ist. Früher – und zum Teil auch heute noch – servierte man zwischen zwei Gängen eines Menüs ein Zitronensorbet als geschmackliche Erfrischung und um den Magen auf die folgenden Speisen einzustimmen. Zu diesem Zweck eignen sich auch pikante selbstgemachte Sorbets aus Gemüse (etwa Sellerie, Tomaten oder Karotten) oder Früchten.

• Zum Dessert ein mit Birnenschnaps getränktes Birnensorbet servieren.

• Ein Croissant im Backofen erwärmen, in der Mitte durchschneiden, mit Sahne- oder Schokoeis füllen und wieder zusammensetzen.

• Einen Früchteteller mit geschmacklich abgestimmten Eissorten anrichten.

• In die Mitte eines Salattellers ein Salatblatt mit einem Gemüsesorbet setzen.

SELBSTGEMACHTES SORBET

Selbstgemachtes Eis hat den Vorteil, daß man nicht nur die Zutaten nach Geschmack aussuchen, sondern auch die Qualität der verwendeten Zutaten kontrollieren kann.
Sorbets und einige andere Eissorten lassen sich auch ohne Eismaschine ganz einfach zubereiten: (Frisch gepreßten) Fruchtsaft in einen Metallbehälter füllen, in den Gefrierschrank stellen und nach etwa 30 Minuten umrühren. Das Sorbet weitere fünfmal alle 20 Minuten umrühren, bis eine cremige Masse entsteht. In gut gekühlte Dessertschalen füllen und als Nachtisch bzw. fruchtigen Zwischengang servieren.

WELCHER WEIN PASST DAZU?

Zu Eis trinkt man generell keinen Wein. Zu Fruchtsorbets paßt dagegen ein halbtrockener Sekt oder ein Champagner sehr gut.

DIE BESTEN ADRESSEN

In Neapel ist ein Besuch in der Gelateria Bilancione, Via Posillipo 238/b, ein absolutes »Muß«; probieren sollte man dort unbedingt die Sorten Fior de Latte und Nocciola. In der Via Scarlatti 130 befindet sich die Soave Gelateria Latticini mit Eistorten sowie Eis in über 20 Geschmacksrichtungen.
Wer im August oder September nach Palermo kommt, darf sich keinesfalls, neben vielen anderen Eissorten, das seltene Jasmineis von Sebastiano Compagno, Via Roma 15, entgehen lassen.
In Bagheria kann man in der Gelateria Anni 20, Via Giovanni XXIII 116, neben vielen anderen köstlichen Geschmacksrichtungen, auch das »Bagheria«, ein Eis auf der Basis von herrlich erfrischenden Zitrusfrüchten probieren.
Zum Schluß noch eine Empfehlung für Norditalien: Die Pasticceria Strumia, Via Vittorio Emanuele 9, Sommariva Bosco (Cuneo) bietet sogar ein Eis aus Piemonteser Weinen, darunter eines mit dem betörenden Duft von Moscato, dem bekannten Süßwein des Piemont, an.

SARDINIEN

Das Meer und die Traditionen der Schäfer

Blühender Myrtenbusch (rechts).

Man sagt, das wahre Sardinien zeige sich zwischen Oktober und September in den vom Tourismus unberührten und von der berühmten Costa Smeralda abgelegenen Gebieten. Dort, im Herzen einer von der Landwirtschaft, insbesondere der Weidewirtschaft, geprägten Natur, leben noch heute Menschen, die ihrer Heimat verbunden sind und ihre ursprünglichen Traditionen pflegen. Die sardische Küche ist seit jeher von der Lebensweise der Schäfer geprägt.

Überreste eines punischen Hauses in Nora.

Daher gibt es hier eine Vielzahl von Brotvarianten, aus denen sich vor allem die Fresa und das Pane carasau hervorheben. Denn was kann man bequemer mitnehmen als ein Stück Brot? Das Pane carasau ist ein überaus haltbares Brot, das ohne Hefe zubereitet wird und so dünn ist, daß es wie ein Notenblatt zusammengerollt werden kann. Daher nennt man es hier auch »carta da musica« (Notenblatt). Ein Land mit vielen Weiden liefert natürlich auch Fleisch und Milchprodukte, und da auf Sardinien Schafe im Vergleich zu Kühen weit überwiegen, entstehen hier ausgezeichnete Pecorinos wie etwa der Casu marzu, der zwar nicht gerade ansehnlich ist, aber exzellent schmeckt.

Zu den besonderen Käsespezialitäten gehört ferner der Fiore sardo, der entweder in jungem Zustand oder als reifer Pecorino verzehrt wird. Kuhmilchkäse bleibt hier übrigens den Kindern vorbehalten, weil daraus kleine Puppen oder Tiere geformt werden, die sogenannten »gioghittus de casu«, die die Mahlzeiten heiterer gestalten sollen. Das interessanteste Gericht unter den Fleischzubereitungen ist und bleibt das Milchspanferkel, das nach alter Tradition, »a carraxiu«, zubereitet wird. Dazu hebt man ein Erdloch aus, macht darin eine Holzglut, deckt diese mit Myrtenzweigen ab und legt das Spanferkel hinein. Dann wird es mit Myrtenzweigen und Glut zugedeckt und gegart. Überhaupt bereitet man auf Sardinien vieles mit Myrte zu, so z. B. einen ausgezeichneten Schnaps.

Eines der ungewöhnlichsten Gerichte ist diesbezüglich die Tacula, über Dampf gegarte Drosseln oder Amseln, die zusammen mit Myrtenblättern in Säcke gelegt werden, damit sie beim Abkühlen das ganze Aroma der Pflanze annehmen.

Die Tacula wird besonders häufig in Cagliari zubereitet, dem idealen Ausgangspunkt für die Erkundung des südwestlichen Teils von Sardinien, in dem sich noch die Spuren der Phönizier und

Spaghetti mit Seeigel und Peperoncino (rechts).

Überreste einer vorgeschichtlichen Zivilisation, der Nuraghenkultur, erhalten haben. Nach dem Besuch von Cagliari und einem Abstecher ins dortige Museo Archeologico Nazionale, in dem eine interessante Sammlung von Statuetten der Nuraghenzeit aufbewahrt wird, fährt man am besten nach Nora, einer antiken phönizischen Siedlung, die zuerst von den Karthagern, später von den Römern bewohnt wurde. Fährt man in nördlicher Richtung weiter, sollte man nicht auf einen Abstecher zur geheimnisvollen Nekropole von Montessu, zum Nuraghen »Su casteddu« und zum römisch-punischen Tempel in Antas verzichten. Noch haben wir das sardische Meer nicht erwähnt, das in Italien seinesgleichen sucht, und dies nicht nur aufgrund der Klarheit des Wassers, sondern vor allem wegen der Schönheit der vom Wind zu den bizzarrsten Formen modellierten Küsten. Wie nirgends sonst ist das Meer reich an Fischen, von den wertvollen Langusten, die man kocht oder brät und lediglich mit Öl, Salz und Zitronensaft verfeinert, über Doraden, Seezungen, Seebarsch, Tintenfische, Thunfische und Meeräschen bis hin zu den einfachsten Meerbarben. Meeräschen und Thunfisch sind auch die Zutat für die berühmte Bottarga, eine regionale Spezialität, bei der man den Fischrogen in Salzlake einlegt und in Quadrate gepreßt zum Trocknen aufhängt. Ein weiteres besonderes Gericht ist die Cassòla, eine Fischsuppe, von der die Einwohner sagen, das sie nur dann gut schmecke, wenn sie von den Fischern selbst zubereitet wird. Dieses Gericht kann man auch in einem der faszinierenden Küstenorte des Nordens, in Santa Teresa Gallura, genießen oder aber in Capo Testa mit seinen vom Wind verwitterten Felsgebilden, die den bedeutendsten Künstlern würdig wären. Es gibt aber noch einen anderen Grund für einen Besuch, denn Anfang September findet hier ein Fest zu Ehren der Fische statt, bei dem man die Gaben des Meeres bewundern und kosten kann und zu dem ein herrlicher regionaler Vermentino getrunken wird. Bei der Weiterfahrt bietet sich als nächstes Ziel Alghero an, wo im nahegelegenen Gebiet des Capo Caccia noch heute Gänsegeier nisten, jene majestätischen Raubvögel, deren Flügelspannweite bis 2,50 Meter reicht, und wo man hin und wieder auf Wanderfalken trifft. Nach einer ausgedehnten Wanderung ist ein Teller Nudeln mit der typischen Sauce von Alghero aus Oliven, Venusmuscheln, Knoblauch, Kapern und Petersilie ein »Muß«. Dazu trinkt man einen Nuragus, einen der besten Weißweine der Insel. Wechselt man dann zu einer Flasche Vernaccia oder Malvasia, sollte man dazu die süßen Ravioli probieren, die Seadas, auch Sebadas genannt, aus Oliena in der Provinz Nuoro. Damit schließt sich der Kreis, wir kehren zu den Schäfern und ihren leicht säuerlichen Frischkäsen zurück, die als süßer Nachtisch auch in köstliche Focaccine gefüllt, gebraten und mit bitterem Honig bestrichen werden.

Römischer Tempel in Antas nahe Iglesiente (erbaut auf den Ruinen eines punischen Tempels).

Bronzestatuette der Nuraghenkultur im Museo Archeologico Nazionale von Cagliari.

Angiulottos de casu

Käseravioli

Zubereitungszeit
30 Minuten
zuzüglich Ruhezeit

Kochzeit
10 Minuten

Schwierigkeitsgrad
mittel

Zutaten für 6 Personen
- 400 g Hartweizenmehl
- 1 EL Olivenöl extra vergine
- 500 g frischer Pecorino oder Schafmilch-Ricotta
- 1 Messerspitze Safran
- 2–3 Eier
- Salz, Pfeffer
- geriebener reifer Pecorino
- 100 g Butter

Dazu schmeckt ein trockener Weißwein, z. B.
- Vermentino di Gallura
- Trebbiano di Romagna

1 Das Mehl auf ein Nudelbrett sieben, anhäufeln und in die Mitte eine Mulde drücken. Das Öl und etwas lauwarmes Wasser hineingeben und alles zu einem glatten, festen Teig kneten. Den Teig zu einer Kugel formen und mit einem Tuch bedeckt etwa 30 Minuten ruhen lassen.

2 Den Pecorino reiben und mit Safran und 1 bis 2 Eiern verrühren, bis eine weiche Masse entsteht. Die Masse salzen und nach Belieben pfeffern.

3 Den Teig dünn ausziehen. In einer kleinen Schüssel 1 Ei mit 1 Prise Salz und einigen Eßlöffeln Wasser verrühren und den Teig damit bestreichen. Teelöffelweise kleine Häufchen von der Käsemasse auf die Hälfte des Teigs setzen, die andere Teighälfte darüber legen, rund um die Füllungen festdrücken und quadratische Ravioli ausschneiden. Die Ravioli in reichlich kochendem Salzwasser bißfest kochen, abgießen und abtropfen lassen. Mit geriebenem Pecorino bestreuen, mit zerlassener Butter übergießen und servieren.

Zuppa di aragoste

Langustensuppe

Zubereitungszeit
20 Minuten

Kochzeit
30 Minuten

Schwierigkeitsgrad
mittel

Zutaten für 4 Personen

- 2 kleine Langusten à ca. 400 g
- 1 Handvoll Petersilienblätter
- 2 Knoblauchzehen
- Olivenöl extra vergine
- 400 g geschälte Tomaten (aus der Dose)
- 1 TL grobkörniges Meersalz
- Salz, Pfeffer
- ital. Weißrot in Scheiben

Dazu schmeckt ein weicher, aromatischer Weißwein, z. B.

- Vermentino di Gallura
- Alto Adige Riesling italico

1 Die Langusten unter fließendem kaltem Wasser waschen, längs halbieren und den Darm und das Sandsäckchen entfernen. Die Petersilie waschen und trocknen. Den Knoblauch abziehen, den grünen Sproß entfernen und 1 Zehe mit der Petersilie kleinhacken.

2 Petersilie und Knoblauch in 8 Eßlöffeln Öl anbraten. Die Langusten zufügen und braten, bis die Schalen rot sind, herausnehmen und warm stellen.

3 Die Tomaten in die Pfanne geben, mit einer Gabel zerdrücken, bei mäßiger Hitze etwa 10 Minuten kochen. Das Meersalz in 1 Schöpflöffel kochendem Wasser auflösen, das Wasser zur Sauce schütten und alles etwa 5 Minuten bei starker Hitze kochen. Die Langustenstücke dazu geben und weitere 10 Minuten kochen. Nach Belieben alles mit Salz und Pfeffer abschmecken.

4 Die Weißbrotscheiben mit der restlichen Knoblauchzehe einreiben, im Backofen oder auf dem Grill rösten und auf 4 Tellern anrichten. Die Suppe über das Brot gießen, jeweils 1/2 Languste dazulegen und sofort servieren.

Pudda e martaucci

Huhn mit Myrte

Zubereitungszeit
20 Minuten
zuzüglich Ruhezeit

Kochzeit
90 Minuten

Schwierigkeitsgrad
einfach

Zutaten für 6 Personen
- 1 Huhn à 1,5 kg
- Salz
- einige Petersilienstiele
- 1 Zwiebel
- 1 Möhre
- 1 Stange Staudensellerie
- reichlich Myrtenzweige und -blätter

Dazu schmeckt ein leichter Rotwein, z. B.
- Monica de Sardegna
- Lacrima di Morro d'Alba

1 Das Huhn gründlich innen und außen waschen und trockentupfen. Innen etwas salzen und die Keulen mit Küchengarn am Rumpf festbinden. Die Zwiebel abziehen. Petersilie, Möhre und Sellerie putzen und waschen.

2 In einem Topf reichlich Wasser zum Kochen bringen und Zwiebel, Möhre, Petersilie und Sellerie zufügen. Das Wasser salzen, das Huhn hineinlegen und zugedeckt bei mäßiger Hitze etwa 90 Minuten kochen.

3 Das Huhn herausnehmen und abtropfen lassen. Eine tiefe Platte mit Myrtenzweigen auslegen und das Huhn darauf legen. Myrtenblätter darüber streuen und das Huhn mit einer zweiten Platte abdecken. Die Platte beschweren und das Huhn 12 Stunden ziehen lassen. Die Myrtenzweige und -blätter entfernen, das Huhn portionieren und servieren.

Myrte findet man als Topfpflanze im Supermarkt oder bei gut sortierten Gemüsehändlern.

Seadas

Fritierte süße Ravioli

Zubereitungszeit
30 Minuten
zuzüglich Ruhezeit

Backzeit
15 Minuten

Schwierigkeitsgrad
mittel

Zutaten für 14–15 Stück
- 300 g Mehl
- Salz
- 2 Eier
- 50 g weiche Butter in kleinen Stücken
- 300 g frischer Pecorino
- fein abgeriebene Schale von je 1 unbehandelten Zitrone und Orange
- reichlich Öl zum Fritieren
- 100 g Honig
- Saft von 1 Orange

Dazu schmeckt ein Likör- oder Dessertwein, z. B.
- Vernaccia di Oristano
- Vin Santo della Valdinievole

1 Das Mehl mit 1 Prise Salz auf ein Nudelbrett sieben, anhäufeln und eine Mulde in die Mitte drücken. Eier und Butter zugeben und alles zu einem glatten, festen Teig verkneten. Den Teig zu einer Kugel formen und in einer Schüssel zugedeckt 30 Minuten an einem kühlen Ort ruhen lassen.

2 In der Zwischenzeit den Pecorino grob reiben und die abgeriebene Zitronen- und Orangenschale gut untermischen.

3 Den Teig relativ dünn ausziehen und daraus Kreise von etwa 10 Zentimetern Durchmesser ausschneiden. In die Mitte jedes Teigkreises etwas von der Füllung geben, die Teigränder darüber klappen und gut zusammendrücken.

4 Reichlich Fritieröl auf 175 °C erhitzen. Die Teigstücke mit der Schaumkelle portionsweise hineinheben und von beiden Seiten goldgelb fritieren. Die Seadas auf Küchenpapier abtropfen lassen, auf einer Servierplatte anrichten und warm stellen.

5 Den Honig im Wasserbad erwärmen. Den Orangensaft durch ein Sieb dazu gießen und umrühren. Den Honig über die Seadas gießen und servieren.

Seadas, auch Sebadas oder Sevadas genannt, werden traditionell mit einem speziellen Honig (*ranzigu*) serviert, der aus den Pollen des Erdbeerbaums gewonnen wird und leicht bitter schmeckt.

SARDINIEN

Zuppa di pesce all'isolana (sardische Fischsuppe)

SPEZIALITÄTEN

Antipasti
Bottarga di muggine in insalata
Peisceddu scabecciaus
Tataliu

Primi
Angiulottos de casu
Culingiones
Culurgiones ogliastrini
Maccarrones furriaos
Malloreddus alla campidanese
Pane frattau
Pilau
Zuppa barbaricina
Zuppa gallurese

Secondi
Aragosta alla catalana
Burrida
Cassola
Cordula arrosto
Ghisau
Pecora in umido
Porcetto arrosto
Tacula

Desserts
Gueffos
Pabassinos
Pardulas
Seadas

TYPISCHE RESTAURANTS

La Singular
Via Arduino 45, Alghero
Tel. 079/982098, Montag Ruhetag

Golgo
Golgo, Baunei, Tel. 0337/811828

Il Caminetto
Via Battisti 8, Cabras
Tel. 0783/391139, Montag Ruhetag

Crackers
Corso Vittorio Emanuele 195, Cagliari
Tel. 070/653912, Mittwoch Ruhetag

Lillicu
Via Sardegna 78, Cagliari
Tel. 070/652970, Sonntag Ruhetag

Da Pasqualino
Via Roma 99, Calasetta
Tel. 0781/88473, Dienstag Ruhetag

Desogos
Via Cugia 6, Cuglieri
Tel. 0785/39198, Montag Ruhetag

Ispinigoli
Strada statale 125, km 210, Dorgali
Tel. 0784/94293-95268

Da Riccardo
Via Nazionale 4, Flussio
Tel. 0785/34752, Dienstag Ruhetag

Pan di zucchero
Via Centrale 365, Iglesias
Tel. 0781/47114, Montag Ruhetag

Su Talleri
Corso Umberto I 228, Macomer
Tel. 0785/71699, Sonntag Ruhetag

Pisturri
Pisturri, Magomadas
Tel. 0785/35530

Il Rifugio
Vicolo del Pozzo 4, Nuoro
Tel. 0784/232355, Mittwoch Ruhetag

Ci Kappa
Via Martin Luther King 2-4, Oliena
Tel. 0784/288024, Montag Ruhetag

Monte Maccione
Monte Maccione, Oliena
Tel. 0784/288363

Ai Monti del Gennargentu
Settiles, Orgosolo, Tel. 0784/402374

Craf
Via de Castro 34, Oristano
Tel. 0783/70669, Sonntag Ruhetag

Da Zia Giovanna
Via Sulis 11-Via Aspruni 35, Padria
Tel. 079/807074, Samstag Ruhetag

Da Nino
Corso IV Novembre 26, Sorgono
Tel. 0784/60127, Sonntag Ruhetag

Cibò Qubó
Via Merceddì 193, Terralba
Tel. 0783/83730, Dienstag Ruhetag

Spinu

Antica Trattoria del Vico
Vicolo Martiri 10, Teulada
Tel. 070/9270701, Dienstag Ruhetag

Da Lenin
Via San Gemiliano 19, Tortoli
Tel. 0782/624422, Sonntag Ruhetag

Lo Spiedo d'Ogliastra
Via Zinnias 23, Tortoli
Tel. 0782/62385

WEINE

Weißweine
Malvasia di Cagliari
Nuragus
Trebbiano d'Arborea
Vermentino di Gallura

Roséweine
Carignano del Sulcis
Mandrolisai

Rotweine
Campidano di Terralba
Cannonau
Carignano del Sulcis
Girò
Mandrolisai
Monica

Dessertweine
Girò di Cagliari liquoroso
Malvasia di Bosa
Malvasia di Cagliari liquoroso
Monica di Cagliari liquoroso
Moscato di Cagliari
Moscato di Gallura
Moscato di Tempio Pausania
Moscato di Sorso Sennori
Nasco di Cagliari
Vernaccia di Oristano

KÄSE

Bonassai
Caciotta
Casu Ascedu
Casu Becciu
Casu Spiattatu
Dolce Sardo
Fiore Sardo
Fresa
Ircano
Pecorino

EINKAUFSMÖGLICHKEITEN FÜR TYPISCHE REGIONALE PRODUKTE

Weine
Il Ghiotto
Piazza Civica 23, Alghero

Fratelli Mutzu
Sa Serra, Buddusò

Azienda Zedda Piras
Via Clusa 125, Cagliari

Enoteca Biuoni
Via Aldo Moro 119, Olbia

Wurst
Il Ghiotto
Piazza Civica 23, Alghero

Salumificio Ma. Gi. Ca.
Is Bangius, Marrubiu

Käse
Il Ghiotto
Piazza Civica 23, Alghero

Caseificio Cuozzo
Via Cagliari 23, Oristano

Bottarga

Bottarga wird aus Fischrogen hergestellt und ist eine sardische Inselspezialität, die vor allem jenen schmeckt, die ein intensives Aroma schätzen. Mit dem wachsenden Konsum auf Sardinien wurden auch Bottargagerichte immer beliebter.

HERSTELLUNG

Bottarga wird in Handarbeit aus Rogen, den Fischeiern, hergestellt, der zuerst gesalzen, dann gepreßt und zuletzt vier bis fünf Monate lang getrocknet wird.
Die bekannteste Bottarga stammt von Meeräschen und wird in quadratischer Form angeboten. Sie ist haselnußbraun mit einer leicht Rosa- oder Bernsteintönung. Ihr Aroma erinnert an Seeigel, sie sollte aber möglichst nicht zu salzig schmecken.
Es wird auch Bottarga aus Thunfisch angeboten, die zwar etwas kräftiger ist als die Meeräschenbottarga, aber bei den Inselbewohnern als minderwertiger gilt.
Nur relativ selten auf dem Markt ist hingegen die Seebarschbottarga, die noch delikater schmeckt als die Meeräschenbottarga.

AUFBEWAHRUNG

Im Kühlschrank bleibt Bottarga monatelang frisch, wenn man sie in Alufolie einwickelt. Bei vakuumverpackter Bottarga sollte man auf das Verfallsdatum achten. Am besten bleiben Geschmack und Konsistenz erhalten, wenn man die Bottarga mit einem guten Olivenöl übergießt und höchstens drei Wochen im Kühlschrank aufbewahrt. Danach schmeckt die Bottarga nicht mehr, doch das durchgeseihte Öl läßt sich für Spaghetti- oder Salatsaucen verwenden und kann noch monatelang im Kühlschrank aufbewahrt werden.

EINKAUFSTIPS

- Eine gute Bottarga darf weder zu feucht noch zu trocken sein. Sie sollte sich fest, aber nicht hart anfühlen.
- Kaufen Sie keine zu dunkle oder zu braune Bottarga, die meist alt und hart ist.
- Der Geruch sollte würzig-aromatisch sein, aber nicht an gesalzene Sardellenfilets erinnern.
- Beste Qualität bekommen Sie in der Regel bei vakuumverpackten Produkten mit aufgedrucktem Haltbarkeitsdatum.
- Nicht empfehlenswert ist dagegen geriebene Bottarga, die als Nebenprodukt meistens viel zu stark gesalzen ist.
- Ein rundes Loch in der Bottarga von nicht mehr als fünf Millimeter Durchmesser muß keineswegs minderwertige Qualität bedeuten: Meeräschenbottargas werden meist paarweise zum Trocknen aufgehängt. Damit sie besser trocknen können, hält man sie durch einen Stab auseinander, der diese Löcher verursacht.

KULINARISCHE EMPFEHLUNGEN

Bottarga verleiht vielen Vorspeisen, Nudelgerichten und Salaten ein ausgefallenes, aber delikates Aroma, das Feinschmecker und Kenner zu schätzen wissen.

• Bottarga in dünne Scheiben schneiden und mit frisch aufgeschnittenen, nur mit 1 Schuß Öl angemachten Tomatenscheiben vermischen.

• Bottarga in Scheiben schneiden, zerbrökkeln oder reiben und zusammen mit 1 abgezogenen ganzen Knoblauchzehe in eine Schüssel geben. Bottarga und Knoblauch mit Olivenöl übergießen, 1 Stunde ziehen lassen und als Sauce zu Nudeln servieren.

• Bottarga in Scheiben schneiden und über ein nur mit Öl und Zitronensaft angemachtes Fischcarpaccio geben.

• Bottarga in hauchdünne Scheiben schneiden und auf geräuchertem Lachs servieren.

• Bottarga fein reiben und weichgekochte Eier mit jeweils 1 Teelöffel geriebener Bottarga würzen.

• Bottarga in dünne Scheiben schneiden und unter grünen Salat mischen, der zuvor mit Olivenöl, Zitronensaft und etwas Salz angemacht wurde.

• Bottarga sollte grundsätzlich nicht mitgekocht, sondern roh dem fertigen Gericht zugefügt werden. Bottarga paßt auch nicht zu Gerichten, die mit (geriebenem) Käse zubereitet werden.

SERVIERVORSCHLÄGE

Zum Aufschneiden der Bottarga verwendet man am besten ein scharfes Messer oder – noch einfacher – einen richtigen Trüffelhobel.

Zum Reiben von harten Bottargastücken ist die geriffelte Klinge eines Messers sehr gut geeignet.

WELCHER WEIN PASST DAZU?

Zu Bottarga paßt am besten ein Vernaccia di Oristano oder ein anderer weicher Weißwein wie etwa ein Vermentino. Verwendet man Bottarga als Zutat zu anderen Gerichten, eignet sich ein trockener Sekt oder ein trockener Sherry sehr gut.

DIE BESTEN ADRESSEN

Bottarga wird in allen Küstengebieten des Mittelmeeres hergestellt, von der Provence über Sizilien bis nach Tunesien.

Der wichtigste Bottargaproduzent ist jedoch Sardinien, denn die zahlreichen Lagunen der Insel sind der ideale Lebensraum für Meeräschen.

Die beste Bottarga bekommt man bei den Fischhändlern in Alghero, Oristano und Carloforte.

In Sardinien kann man auch hausgemachte Bottarga probieren. Dabei wird der Rogen zuerst einige Stunden in Salzwasser gelegt und dann ungepreßt zum Trocknen im Freien aufgehängt.

Rezeptregister

Italienisch

Deutsch

Rezepte für jeden Anlaß

Vorspeisen

Suppen

Fleisch und Geflügel

Kulinarisches Sachregister

Sehenswürdigkeiten und Feste